新编21世纪财务管理系列教材

证券投资学

刘俊彦　张志强　编著

Securities Investment

中国人民大学出版社
· 北京 ·

内容简介

本书以中国资本市场为背景，结合中国证券投资的实践，力求将证券投资的核心知识框架系统地呈现给读者。在编写上，“精而不杂，简而不繁”，力求用简洁的方式阐述证券投资学的基本理论和方法。全书共10章，分为三大部分。

第一部分：第1～3章讲解投资的基础知识。第1章导论介绍投资的概念与分类，投资系统中的投资主体、投资对象、投资工具和投资环境等基本要素，以及投资过程。第2章金融市场主要以中国金融市场为背景，介绍金融市场的功能、分类、运行，以及中国证券市场的主要价格指数。第3章金融工具介绍中国货币市场、债券市场、股票市场和金融衍生品市场的主要金融工具，以及证券投资基金的基本知识。

第二部分：第4～5章讲解证券分析的基本分析方法，系统讲解债券和股票投资的基本分析法，以及如何进行债券和股票的估值。

第三部分：第6～10章讲解证券投资的基本理论，包括收益与风险的度量、投资组合理论、资本资产定价模型、套利定价理论和期权定价模型。在借鉴西方现代投资理论的基础上，结合中国证券市场的实际情况进行介绍，使读者更好地将投资理论与中国的证券投资实践相结合。

作者简介

刘俊彦 中国人民大学商学院副教授，主要从事财务管理学、会计学、投资学的教学和科研工作。研究领域为公司财务管理、证券投资、资本市场、公司治理、财务分析等。出版《财务管理学》《筹资管理学》《财务管理机制论》等著作。

张志强 中国人民大学商学院副教授，美国纽约大学斯特恩商学院访问学者。研究领域为财务与金融。在证券价值评估、资本资产定价、资本结构决策等领域有独创模型，擅长运用期权定价方法解决财务与金融难题。

前言

时至今日，我国证券市场已经走过 30 多个春秋。上海证券交易所从最初的“老八股”发展到今天 2 000 多只股票上市，深圳证券交易所从最初的“老五股”发展到今天 2 600 多只股票上市。2021 年 11 月 15 日，北京证券交易所正式开业。经过 30 多年的时间，我国股票市场已经发展成为全球第二大股票市场。截至 2021 年 10 月，我国股票市场的投资者数量近两亿。证券投资成为我国居民财富管理的一个重要方面。证券市场的蓬勃发展也催生了人们对金融投资知识的学习热情。

本书主要为高等院校的证券投资课程编写。本书编写的基本原则是以中国资本市场为背景，结合中国证券投资的实践，同时吸收西方金融学的理论和方法，力求将证券投资的核心知识框架系统地呈现给读者。古希腊诗人卡利马科斯说：“一部大书就是一个大灾难。”我们对此深有同感。我们在多年的教学经历中深深体会到学生为“大部头”教材所累，深受学习之苦。为此，本教材的编写理念是“精而不杂，简而不繁”，力求用简洁的方式阐述投资学的基本理论和方法。在互联网时代，人们获取信息非常便利和快捷。读者在阅读本书时，可以登录相关财经网站查阅最新的财经资讯和资料，如东方财富网、新浪财经、和讯网等。投资理财不能纸上谈兵。缺乏投资经验的读者在学习本书的同时，经常浏览相关财经网站能增进对金融市场的感性认知，提高自己的“财商”。

本书共包括 10 章内容，可分为三大部分。第 1～3 章讲解了投资的基础知识，介绍了金融市场与金融工具。第 4、5 章讲解了证券分析的基本方法，包括债券投资与股票投资。第 6～10 章讲解了投资的基本理论，包括收益与风险的度量、马科维茨的投资组合理论、市场均衡状态下的资本资产定价模型和套利定价理论，并介绍了期权基本知识和期权定价模型。每章后面都配有思考与练习题，以供学生课后练习。

本书由中国人民大学商学院刘俊彦和张志强编写。刘俊彦撰写了第1～3章、第6～9章，张志强撰写了第4章、第5章和第10章，由刘俊彦对全书审阅定稿。感谢中国人民大学出版社编辑陈永凤的帮助和支持。由于作者水平所限，本书可能存在不足之处，恭请广大师生和读者提出宝贵的意见和建议。

刘俊彦　张志强

目录

第 9 章
套利定价理论

第 10 章
期权与期权定价

第1章
导 论

学习目标

1. 掌握投资的概念和分类。
2. 掌握投资系统的各个要素。
3. 理解投资计划制定的意义及包括的内容。
4. 了解投资政策说明书的内容。
5. 了解资产配置的内容。
6. 了解投资组合监控、调整的重要性。
7. 理解业绩评价的含义。

1.1 什么是投资

1.1.1 投资的定义

在经济生活中，投资是一种常见的经济活动。无论是个人还是企业，经常会有各种不同的投资活动。如何理解投资的概念，人们会有不同的观点。在经济学上，投资是指用于购买设备、存货和建筑物的支出，投资形成了物质资本。对于企业来说，通过投资形成物质资本，是为了将来能够生产出更多的物品和服务。投资包括固定资产投资和存货投资两大类。固定资产投资是指企业购买新厂房、新设备、新商业用房以及家庭购买新住房的支出。存货投资是指企业持有的存货的价值增加（或减少），它是一定时期企业生产物品与销售物品的差额，可能是正值，也可能是负值。

本书从投资的过程来定义投资，这与经济学上投资的定义有所不同。**投资**（investment）就是投资者目前投入一定数量的资源以期在将来获得收益的活动。如果资源和收益都采取货币的形式表示，那么投资就是现在投入一定金额的货币以期将来获得更多的货币。投资的目的是取得收益，并预期能够获得以下几个方面的补偿：（1）投入资金的时间价值；（2）预期的通货膨胀；（3）未来收益的不确定性，即风险。例如，投资者购买公司债券进行投资，他希望获得投入资金的时间价值补偿、未来的通货膨胀补偿以及购买公司债券所承担的风险补偿。

考察投资与消费之间的关系，可以将投资理解为：为了将来可能的不确定的消费而牺牲现在消费的价值的行为。人们取得的收入会在当前消费与投资之间进行分配，如果收入超过了当前消费的支出，其结余就形成了储蓄。储蓄者通过定期存款，购买债券、股票、共同基金或者实物资产，将货币转化为不同类型的资产，这些资产预期在将来可以带来收益，用于增加未来的消费。由于将来取得的收益具有不确定性，所以通过投资获得未来消费存在不确定性。投资者在进行投资时，要对现在的消费与未来的不确定的消费进行权衡，以实现效用最大化。

1.1.2 实物资产与金融资产

投资是一个将收入变换为资产的过程。这些资产就是投资媒介或者投资对象，主要包括实物资产与金融资产两大类。

实物资产（real assets）是指在使用过程中能够为人们生产物品或提供服务的资产。实物资产在使用过程中可以创造财富和收入，主要包括土地、建筑物、机械设备、存货等具有实物形态的资产，也包括可用于生产物品和提供服务的知识。一个社会的物质财富最终取决于该社会经济的生产能力，这种生产能力是经济中实物资产的函数。

金融资产（financial assets）是指对实物资产及其所创造的未来收益具有索取权的凭证。金融资产是以价值形态存在的资产，代表一种索取实物资产及其收益的权利。金融资产主要包括货币、应收款项、贷款、股权投资、债权投资和金融衍生工具等。

金融工具只有当它们为投资者持有时才能称为投资者的金融资产，如果孤立地考察中央银行所发行的货币和企业所发行的股票、债券，不能说它们是金融资产，因为对发行它们的中央银行和企业来说，货币和股票、债券是一种负债。因此，不能简单地将货币、股票、债券等称为金融资产，而应称之为金融工具。金融工具只有对其持有者来说才是金融资产。金融资产可以在有组织的金融市场上进行交易，它能够在市场交易中为其所有者提供即期或远期的货币收入。

实物资产为经济创造净利润，而金融资产仅仅实现收益或财富在投资者之间的分配。例如，投资者可以购买公司发行的股票，公司用发行股票筹集到的资金购买厂房、设备、存货等实物资产，公司通过这些实物资产创造了利润，应当向投资者分配股利。因此，投资者持有金融资产的收益最终还是来源于实物资产所创造的利润。

由于金融资产是一种凭证，对于发行者来说属于金融负债，对于投资者来说属于金融资产，金融资产与金融负债是可以相互抵消的，因此，对于企业或者家庭来说，其财富总额包括拥有的实物资产与金融资产之和，而对于整个社会来说，社会财富总额仅仅包括各种实物资产之和。只有实物资产才代表社会的净财富，金融资产仅代表人们对实物资产的索取权。

本书所讲的投资主要是金融市场上的投资，所涉及的投资对象是金融资产。后面所讲的投资理论和投资分析方法也是针对证券投资的，不涉及对实业投资项目的分析。

1.1.3 投资与投机的区别

投资与投机都是经济活动中十分常见的经济行为，前面已经讨论了投资的概念。下面探讨一下投资与投机二者的差别。

投机（speculation）是指人们根据对市场行情的判断，旨在通过短期的买卖交易来赚取商品或资产的价差收益的行为。本杰明·格雷厄姆在《证券分析》一书中明确地区分了投资与投机，“投资业务以深入分析为基础，确保本金的安全，并获得适当的回报；不满足这些要求的活动就是投机”。在实业经营活动中，投机行为并不常见，但在金融市场上，投机活动比较活跃，如在股票市场上经常会有交易者频繁地进行短线交易以博取价差收益。一般来说，与投资相比，投机具有如下特点：（1）出于短期的目的。投机者不希望长期持有资产，只是利用短期的价格波动来赚取收益。（2）承担更大的风险。投机活动对盈利没有一个稳定的预期，多数情况下价格波动本身没有很大的确定性，这就导致投机者会面临更大亏损的可能性。（3）缺乏合乎逻辑的深入分析。投机活动可能并非完全没有分析，但这种分析并不像投资分析那样具有严格的逻辑性，有的时候更带有赌的成分。

只要投机者不违法，多数的投机活动是允许的。投机行为本身面临盈利与亏损的双重可能性，投机者的盈利取决于其对行情的判断力和投机的技巧。投机并非完全是不明智之举，有时投机是有积极作用的，如果没有投机，那么初创时期未经检验的公司，如早期的亚马逊网站，很难筹集到发展所需要的资金。投机交易实现了风险的转移，如在期货市场上，套期保值者通过期货交易将商品价格波动的风险转移给愿意承担风险的投机者。然而，在下列情况下，投机是一种非明智的行为：（1）自以为是在投资，实则是投机；（2）在缺乏足够的知识和技巧的情况下，把投机当成一件严肃的事情来做；（3）投入的资金过多，超出了自己承受亏损的范围。

1.1.4 投资的分类

投资可以按照不同的标准进行分类，下面介绍几种不同的分类方式。

1. 实物投资与金融投资

按照投资的方向不同，投资可以分为实物投资与金融投资。

实物投资是指投资者将资金用于购置实物资产的投资活动，如企业购建固定资产和流动资产，家庭购买房产等。对于企业来说，实物投资形成了生产经营活动所需要的各种资产，提高了生产经营能力，这是企业从事生产经营活动的物质基础。

金融投资，也称证券投资，是指投资者通过购买股票、债券等金融工具进行的投资活动。金融投资通常是通过投资者在金融市场上购买金融资产来实现的，投资者并不从事具体的经营活动，而是通过持有发行人发行的证券来获取股利或利息收益。金融投资按照具体持有的证券种类不同，又可以分为股票投资、债券投资和金融衍生工具投资。这部分内容本书后面会详细介绍。

2. 股权投资与债权投资

按照投资者的权益不同，投资可以分为股权投资与债权投资。

股权投资是指投资者拥有被投资企业所有权的投资活动，如投资者直接向企业投入资金成为企业的所有者，或者通过购买公司发行的股票成为公司的股东。股权投资具有如下特征：（1）投资者不能要求被投资企业返还本金；（2）投资者可以转让其股权；（3）投资者有权参与企业的经营决策；（4）投资者享有分红的权利；（5）投资者对被投资企业的剩余财产拥有索取权。股权投资最常见的投资形式是股票投资，这也是本书后面的重点内容。

债权投资是指投资者通过出借资金进行的投资活动，如投资者购买政府债券、公司债券或者直接借出资金。债权投资具有如下特征：（1）具有一定的期限，债务人需要按合同约定的期限偿还本金和支付利息；（2）投资者无权参与被投资企业的经营决策；（3）在被投资企业清算时，债权投资者的受偿权优先于股权投资者。

3. 短期投资与长期投资

按照投资期限不同，投资可以分为短期投资与长期投资。

短期投资是指投资者准备随时变现、持有时间不超过 1 年的投资活动，如购买短期债券以及不准备长期持有的股票等。短期投资对资产的流动性要求较高，投资者需要变现时，可以随时出售资产。

长期投资是指投资者不准备在 1 年内变现的投资，如长期债券投资、长期股票投资和长期其他股权投资等。投资者进行长期投资，不仅要谋取投资收益，而且要借助于投资的长期持有，对被投资企业实行控制，或者对被投资企业的经营决策、财务决策施加重大影响。

1.2　投资系统

"系统"（system）一词来源于古希腊语 systεmα，意为部分组成的整体。一般系统论的创始人贝塔朗菲（L. Von Bertalanffy）认为："系统是相互联系相互作用的诸元素的综合体。"一般来说，系统可以定义为由若干要素以一定结构形式联结构成的具有某种功能的有机整体。这个定义包括了要素、结构和功能等内涵。系统是由各种要素构成的，各种要素之间相互联系、相互作用。世界上任何事物都可以看成是一个系统，大至渺茫的宇宙，小至微观的原子。例如，企业是一个系统，它是由人、物资、机器和其他资源在一定的目标下组成的一体化系统，它的成长和发展同时受到这些组成要素的影响。同时，企业还是社会这个大系统中的一个子系统，企业目标的实现不仅取决于内部条件，还取决于外部条件，如资源、市场、社会技术水平、法律制度等。

投资是一个复杂的系统。投资系统包括投资主体、投资对象、投资工具、投资环境等基本要素，各个要素之间相互联系、相互作用，从而形成了相应的风险与收益特性。投资者做投资决策时，要全面分析投资系统中各个要素的特征，深刻理解各个要素之间的相互关系。下面将具体介绍投资系统的各个要素。

1.2.1　投资主体

在金融市场上，投资者是投资活动的主体，他们通过持有各种金融资产进行投资活动，以期获得投资收益。投资者是金融市场的主要参与者，也是金融市场的资金供给者。不同的投资者有不同的目标，对于风险和收益的要求也存在很大的差异。

在我国，按照投资者的性质不同，可以将投资者分为三大类：个人投资者、专业机构投资者和一般法人投资者。

个人投资者主要是指自然人投资者，在我国股票市场上通常被称为散户投资者，这些投资者进行投资的目的千差万别，短期投资目标包括为子女教育或家庭大额支出积累资金等，长期目标包括资产保值和升值、退休后获得稳定收入等。在许多国家，个人投资者是通过固定缴款（defined contribution，DC）养老金计划来进行投资的，如美国的401(k）计划、英国的养老金组合计划、澳大利亚的养老金计划。在我国，个人投资者主要以个人身份开立证券账户进行投资。受专业知识、能力、时间、信息、资金的约束，个人投资者要想长期稳定地获得优异的投资业绩具有很大的难度。

专业机构投资者是指用自有资金或者向公众筹集的资金进行证券投资活动的法人机构，包括证券公司、保险公司、基金公司、养老基金等。根据Wind的统计口径，我国证券市场的专业机构投资者按账户主体类别可以分为合格境外机构投资者（QFII）、保险公司、财务公司、证券投资基金、基金管理公司（自营）、企业年金、券商自营、券商集合理财、社保基金、信托公司、阳光私募、银行等12个类别。专业机构投资者大多是财务投资者，它们通过多样化的投资组合进行分散投资，并不谋求对被投资公司的控制权。专业机构投资者有专业的团队对投资进行管理，在专业知识、管理能力、信息、资金量等方面比个人投资者明显具有优势，在美国等发达国家的金融市场上，专业机构投资者已经成为最主要的投资者。

一般法人投资者主要是指专业机构投资者以外的其他法人投资者，包括企业、事业单位法人和社会团体法人等。一般法人投资者大部分是公司的发起人投资者，通常被称为公司的原始股东。这类投资者在公司中的持股数量大，通常所持股份会有一定的限售期限。一般法人投资者通常都会长期持有股份，尤其是公司的大股东，他们更在意对公司的控制权，而对股价的短期波动不会像散户那样关心。

据中国证券登记结算有限责任公司（简称“中证登”）的数据，截至2021年10月份，我国股票市场中，投资者数量共有19 469.72万，其中自然人投资者数量为19 424.07万，占比99.77%，非自然人投资者数量为45.65万，占比为0.23%。由此可见，在我国股票市场中，投资者以个人投资者为主，这是目前我国股票市场的一个重要特征。从投资者持股市值占比来看，据中国证券监督管理委员会（简称“中国证监会”）数据，截至2020年年底，境内外机构投资者持股占比约23.44%。可见，专业机构投资者持股占比明显偏低。

1.2.2 投资对象

投资对象是投资活动的客体，投资对象的价值属性直接影响着投资者的收益与风险。金融市场本身并不会为投资者创造收益，金融交易活动只会使收益或风险在交易者之间发生转移，当甲投资者出售某项资产给乙投资者时，与该项资产相关的未来收益与风险便同时由甲投资者转移给了乙投资者。但是，如果将全体投资者看作一个整体，其全部财富并不会因为这种交易而实现增长，交易只是使财富在不同的投资者之间实现再分配，在这个过程中，有人盈利，有人亏损。从收益的本源上看，收益只能来自投资对象本身的价值增长，投资对象的价值增加会为投资者带来收益；反之，投资对象的价值下降会为投资者造成损失。在投资活动中，常见的投资对象有公司（包括其股权资产和债权资产）、大宗商品、黄金、货币、不动产等，不同的投资对象具有不同的收益和风险特性，其价值变动会受到各种因素的影响。投资决策的一项重要工作就是对影响投资对象价值的各种因素进行分析与判断。例如，如果投资者购买了一家公司的股权资产进行长期投资，那么其未来的收益或损失主要取决于该公司的经营状况和发展前景，投资者需要对影响该公司经营活动的各种因素进行分析。如果投资者购买了一项不动产（如住房）进行投资，就需要分析影响该不动产价值的各种因素，如地理位置、人口变动、不动产所在地区的经济发展状况等。

1.2.3　投资工具

投资工具（investment instrument）是投资者对投资对象进行投资时使用的媒介，它通常是一种凭证或合约。因为许多投资工具可以在金融市场上交易，故也称为**金融工具**（financial instrument）。金融市场上常见的投资工具有股票、债券、期货合约、期权合约、各种资产支持证券（asset-backed security，ABS）、房地产投资信托基金（real estate investment trust，REITs）等。这些金融工具对于其持有者来说就是金融资产，是投资者进行某项投资活动的交易媒介。例如，投资者要想对一家股份公司进行股权投资，就可以通过购买该公司所发行的股票进行投资，在这里，股份公司是投资者的投资对象，股票是进行投资的工具。有的投资活动投资对象与投资工具是分开的，如股票投资，投资对象是股份公司，投资工具是股票。有的投资活动投资对象与投资工具合而为一，如黄金投资，投资对象与投资工具都是黄金。本书后面章节将详细介绍各种投资工具。

1.2.4　投资环境

投资环境是投资系统的重要因素之一，它是指影响投资活动的各种外部因素。投资环境既会影响投资主体的行为，也会影响投资对象的风险与收益状况。不同国家、不同时期的投资环境可能会存在重大的差异，投资者在进行投资决策时，应当深入分析投资环境的状态及其变化。投资环境包括的内容非常广泛，如国际关系、政治制度、经济形势、文化传统、宗教信仰、地理位置、自然环境等。下面介绍几种重要的投资环境：经济环境、法律环境、金融环境和社会文化环境等。

1. 经济环境

经济环境是影响投资活动的各种经济因素，如经济周期、经济发展水平、通货膨胀、国家的经济政策等。

（1）**经济周期**（business cycle）也称商业周期，是指经济活动有规律地扩张和收缩而形成的周期性波动的现象。这种现象表现为宏观经济活动交替出现的扩张与收缩，并且循环往复，周而复始。经济周期是指大体上经历复苏、繁荣、衰退、萧条几个阶段的循环。在经济复苏阶段，经济活动日益活跃，企业不断采购存货以扩大生产经营规模，金融机构不断扩张信用，宏观经济恢复增长。在经济繁荣阶段，市场需求更加旺盛，企业盈利不断增长，企业增加固定资产投资以扩张产能，宏观经济快速增长，就业人数不断增加。当整个社会产能扩张完成之后，就会出现供给大于需求的状况，经济开始进入减速的衰退阶段，企业收缩生产经营规模，减少投资，以获得稳定的收益。当经济不断下行进入萧条阶段时，破产企业不断增加，失业率上升，整个社会产能不断收缩。投资者做投资分析时，必须对经济周期进行深入的研究，以判断经济周期的发展阶段，为资产配置提供决策依据。

（2）经济发展水平是一个相对的概念，指一个国家所处的经济发展阶段。在世界范围内进行比较，通常按照经济发展水平不同，将国家划分为发达国家、发展中国家和不发达国家三种类型，以此来说明不同国家经济发展水平的差异。不同的经济发展水平对投资活动具有重要的影响，它既影响投资的收益与风险状况，又影响投资的方向和资产配置。

（3）通货膨胀不仅会影响消费者的购买力，还会影响投资者的投资收益。在不同的通货膨胀水平下，各类资产的风险和收益会有较大差异，投资者应当根据通货膨胀状况，进行合理的资产配置。

（4）国家的经济政策，如经济的发展计划、产业政策、财税政策、金融政策、外汇政策、外贸政策、货币政策等，对投资活动会有重大影响。顺应经济政策的导向，就会降低投资风险，获得较好的投资收益。

2. 法律环境

法律环境是指影响投资活动的各种法律、法规和规章，如企业组织法律和法规、会计法律法规和会计准则、税法等。投资活动都是在一定的法律环境下进行的，投资者在进行投资决策时，必须事先了解有关的法律法规，这既可以使投资合法合规，又可以规避风险。

3. 金融环境

金融环境是整个金融市场的各种因素和状况的总和，是投资活动的最直接影响因素，如金融市场监管状况、市场成熟度、投资者结构、投融资条件、市场准入条件、金融工具种类等。金融市场是资金融通的场所，企业的筹资活动和投资者的投资活动大多是在金融市场上进行的。在金融市场上，人们利用不同的金融工具进行各种金融交易，这些交易是在一定的环境下进行的。因此，熟悉金融环境是做好投资的基本前提。

4. 社会文化环境

社会文化环境是指在一种社会形态下形成的信念、价值观、宗教信仰、道德规范、审美观念以及世代相传的风俗习惯等被社会公认的各种行为规范。社会文化环境属于一种软环境，不像法律、政策、经济等环境那样直接影响投资活动，社会文化环境对投资的影响是间接的、潜移默化的。在做投资决策时，需要对影响投资活动的各种社会文化环境进行了解和分析，如教育状况、科技水平、价值观、社会道德水平、宗教信仰、社会习俗、社会治安状况等。

1.3 投资过程

投资过程（investment process）是指一个投资者或者投资组合管理者（如基金经理）根据投资目标制定投资计划，并按照投资计划建立投资组合和对投资组合进行监控、调整、业绩评价的流程。投资过程是一个连续而系统的流程，对于投资组合管理是十分必要的。虽然没有唯一正确的投资过程，但是，在投资组合管理中事先明确一个完整的流程，有利于投资者有条不紊地管理和监控投资活动是否符合所制定的投资目标。

一个完整的投资过程应当包括五项内容：明确投资目标、确定限制因素、制定投资政策与策略、监控和调整投资组合、业绩评价。一般可以分为三个步骤：计划、执行和反馈，这三个步骤构成一个动态的反馈回路。图1-1和表1-1描述了投资过程的各个步骤及其内容。

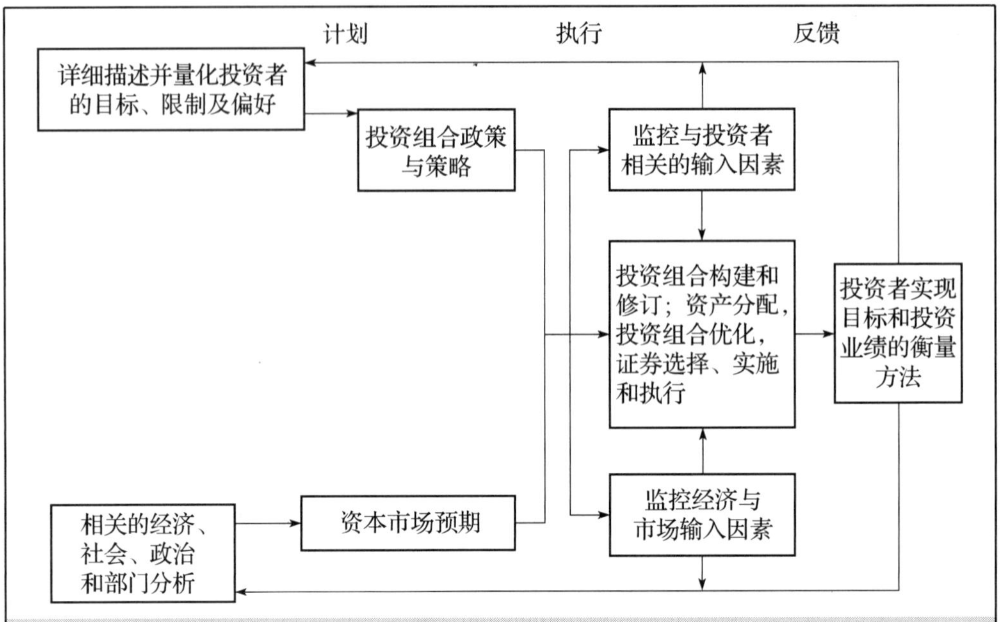

图 1-1　投资过程

表 1-1　投资过程的步骤

1. 计划
（1）明确投资的目标与限制
（2）制定投资政策说明书
（3）确立资本市场预期
（4）构建战略性资产配置
2. 执行
（1）资产配置
（2）证券分析和选择
（3）构建投资组合
3. 反馈
（1）监控与调整
（2）业绩评价

1.3.1　计划

投资过程的第一个步骤就是制定投资计划。计划包括四项内容：明确投资的目标和限制、制定投资政策说明书、确立资本市场预期、构建战略性资产配置。

1. 明确投资的目标与限制

投资计划的首要任务是了解投资者的需求，明确投资的目标和限制因素。投资者的需求是多种多样的，非常具有个性化。无论是个人投资者还是投资组合管理者，都要根据投资者的需求来制定明确的投资目标，并明确投资的限制因素。

(1) 投资目标。投资目标包含了投资者要求的风险与收益两个目标，二者是相互关联、不可分割的，较高的收益目标对应着较高的风险水平。基于风险与收益的权衡，投资者必须了解在追求目标收益的情况下可以承受的风险水平是多少，要平衡收益目标与风险承受水平。个人投资者的风险承受程度取决于他们的风险承受能力和风险承担意愿。风险承受能力与家庭的财务状况、收入水平等因素有关，较好的财务状况和收入水平能增强投资者的风险承受能力。有些投资者虽然有能力承担较高的风险，但是风险承担意愿较低。对风险的态度取决于个人风险偏好，风险偏好不仅受个人的心理因素影响，也与投资者的生活状况和生活阅历等因素有关。如老年投资者不像年轻人那样有更长的时间去弥补所发生的损失，他们有更多的生活经验，可能经历了更多的市场震荡，对于风险有更深的体会，因此，老年投资者可能比年轻的投资者更加谨慎。

(2) 投资限制。投资限制是指投资者进行投资活动时的约束条件，投资者的风险与收益目标是在一定约束条件之下设定的。即使有相同的风险承受能力和风险承担意愿，不同的家庭和机构也可能会选择不同的投资组合，因为他们面临不同的投资限制。投资限制因素主要包括：流动性需求、投资期限、税收、法律与监管要求、特殊需求等。

流动性需求是投资者在特定时点对现金的需求。这种需求可能是事先可以预期的现金需求，如子女留学的费用；也可能是没有被预期的临时需求，如大病的医疗费用。不同的资产具有不同的流动性，如果一种资产能够以市场公允价格快速变现，这种资产就具有良好的流动性。投资组合必须满足投资者对流动性的需求。如果投资者在未来需要现金，不能及时地以公允价格变现资产，或者不得不卖掉流动性较差的资产而蒙受经济损失，这种风险就是流动性风险。流动性风险产生的原因主要有两个：资产方的原因（资产流动性）和负债方的原因（流动性要求）。投资者在制定投资计划时，应考虑流动性限制因素。

投资期限是指与投资目标相匹配的时间期限，它确定了投资的计划终止日期。投资目标及其相应的投资期限可以是短期的、长期的或者二者兼而有之。投资期限较短的投资者通常更喜欢流动性较高和风险较低的投资工具，因为在短期内弥补投资损失比较困难；投资期限较长的投资者对流动性需求较低，并且能够承受较大的期间波动。

税收会影响投资者的收益水平，所有的投资业绩均通过税后收益测算。税收政策会对投资决策产生重要影响，投资者在制定投资计划时，应当详细了解税收政策，以便获得更好的税后收益。

法律与监管要求是指约束投资行为的各种法律法规和监管政策。政府或市场监管部门为了规范投资者行为或者出于对风险的考虑，会颁布各种法律法规与政策来限制投资者的投资活动。投资者在投资活动中必须遵守这些法律法规与政策，合法合规地进行投资。

特殊需求是约束投资活动的一些个性化的特殊因素。比如，一所大学的捐赠基金可能因为其道德目标或出于对社会责任的考虑而明确约定不能投资一些特定的项目。个人投资者可能因为个人健康原因或者其他个人特殊情况而对投资组合有特殊的要求。

2. 制定投资政策说明书

投资政策说明书（investment policy statement，IPS）是对投资项目的计划和实施进行说明的指导性文件。同时，投资政策说明书明确界定了投资活动中各利益主体的权利、利益与责任。表 1-2 是一份个人投资者投资政策说明书的基本结构。

表 1-2 个人投资者投资政策说明书的基本结构

1. 范围和目标
定义背景
定义投资者
定义结构
2. 监管
明确投资决策和决策责任
描述投资策略说明书的评价过程
描述雇佣或解雇外部顾问所需要承担的责任
分派资产分配决策责任
分派风险管理责任
3. 投资、收益和风险目标
描述整个投资目标
阐述收益、分配和风险要求
阐述投资者的风险承受能力
描述相关限制

描述其他相关要素
4. 风险管理
确定业绩衡量
明确风险度量的适度频率
定义投资组合重新平衡的过程

3. 确立资本市场预期

投资者或者投资组合管理者在制定投资计划时，应当对经济、政治、法律、金融市场、社会文化等各种投资环境因素进行分析，对各种投资工具的风险与收益特征进行研究，根据这些分析与研究，对资本市场的风险与收益形成合理的预期，为构建投资组合做好基础工作。

4. 构建战略性资产配置

投资计划的最后一项任务是构建战略性资产配置。投资者或投资组合管理者应当结合投资政策说明书和所确立的资本市场预期来决定各种大类资产配置的权重目标，确定投资组合中各大类资产投资权重的上限和下限，这样就从战略上确定了资产配置的方向和比重。比如，投资组合管理者根据投资目标和限制，并结合资本市场的预期，确定在投资组合中现金、债券、股票、不动产等大类资产的配置比重。战略性资产配置是一种资产配置的框架性安排，它规定了未来投资的方向，不涉及具体的证券选择。

1.3.2 执行

投资管理过程的第二个步骤是执行投资计划，也就是投资者或投资组合管理者根据投资政策说明书构建一个合适的投资组合。在执行步骤中，需完成三项任务：**资产配置**（asset allocation）、**证券分析**（security analysis）和**证券选择**（security selection）、构建**投资组合**（portfolio）。

1. 资产配置

投资者或投资组合管理者要根据投资政策说明书中所确定的战略性资产配置框架，制定一个更加具体的资产配置方案，在各大类资产中具体安排细分资产类别的资产配置比例，例如，在股票类资产配置中，具体安排各个行业的股票配置比例。表 1－3 和表 1－4 分别反映了华夏成长证券投资基金 2021 年中期的战略性资产配置情况和股票投资在各个行业的具体配置情况。

表 1-3 华夏成长证券投资基金 2021 年中期的战略性资产配置 单位：元

序号	项目	金额	占基金总资产的比例(%)
1	权益投资	3 384 590 848.70	75.58
	其中：股票	3 384 590 848.70	75.58
2	基金投资		
3	固定收益投资	965 087 948.10	21.55
	其中：债券	965 087 948.10	21.55
4	贵金属投资		
5	金融衍生品投资		
6	买入返售金融资产		
7	银行存款和结算备付金合计	105 409 553.03	2.35
8	其他各项资产	23 188 873.69	0.52
9	合计	4 478 277 223.52	100.00

表 1-4 华夏成长证券投资基金 2021 年中期股票投资的行业配置 单位：元

代码	行业类别	公允价值	占基金资产净值比例(%)
A	农、林、牧、渔业	11 290.28	0.00
B	采矿业		
C	制造业	2 417 921 968.87	54.59
D	电力、热力、燃气及水生产和供应业	13 020.39	0.00
E	建筑业	25 371.37	0.00
F	批发和零售业	148 664 721.91	3.36
G	交通运输、仓储和邮政业		
H	住宿和餐饮业		
I	信息传输、软件和信息技术服务业	59 684.07	0.00
J	金融业		
K	房地产业		
L	租赁和商务服务业	134 037 932.50	3.03
M	科学研究和技术服务业	294 801 469.82	6.66
N	水利、环境和公共设施管理业	44 438.33	0.00
O	居民服务、修理和其他服务业		
P	教育	48 639 645.08	1.10
Q	卫生和社会工作	266 707 254.08	6.02
R	文化、体育和娱乐业	73 664 052.00	1.66
S	综合		
	合计	3 384 590 848.70	76.42

从表 1－3 可以看出，华夏成长证券投资基金的战略性资产配置更侧重于股票类资产，这符合该基金追求较高成长性的投资目标。表 1－4 所反映的股票类资产的行业配置则是对权益投资的细化，在行业配置上明显侧重于制造业股票，这是由其追求高成长性的目标所决定的。

2. 证券分析和证券选择

完成具体的资产配置之后，投资者或投资组合管理者的任务是进行个别证券的分析和选择。在进行证券分析与选择时，通常有两种路径：**自上而下**（top down）和**自下而上**（bottom up）。自上而下的分析是从宏观经济形势出发，基于目前和预测的经济环境，评估市场和行业的变化趋势，以期投资未来表现优秀的行业，并从这些行业中选择具体的公司。自上而下分析的重点是宏观经济趋势和行业发展前景。自下而上的分析不强调经济周期或行业分析，而是主要关注特殊公司经营情况，直接选择具有优秀的管理水平和良好业务发展前景的公司进行投资。自下而上分析的重点是公司特性。投资者在进行证券分析和选择时，可以将自上而下的观点与自下而上的见解相结合，运用其掌握的行业和公司的详细信息，评估每一家公司未来的预期收益和风险水平，对证券进行估值并选择投资标的。

3. 构建投资组合

在充分考虑目标资产配置、证券分析和投资者需求的基础上，可以构建一个合适的投资组合。投资组合中包含不同风险和收益的证券，这种分散化的投资可以较好地分散风险，有利于实现与风险水平相适应的预期收益。投资组合的构建是投资计划的具体落实，包括证券交易。当投资者选定具体的证券之后，要将购买证券的交易指令发给证券经纪人，完成证券的交易。

1.3.3 反馈

对任何商业行为而言，反馈和控制都是实现商业目标的重要组成部分。在投资管理过程中，反馈是最后也是必要的一个步骤。反馈包括对市场环境和投资情况的各种变化进行监控、对投资组合进行调整和修正、对投资业绩进行评价。

1. 监控与调整

投资组合构建之后，需要对其进行监控和检查。监控和检查的范围包括：市场环境变化、公司基本面的变化、证券价格的变化。这些变化出现后，需要分析和检查所持有的证券是否符合最初购买时的预期，必要的时候需要对投资组合进行调整。

2. **业绩评价**

最后，投资者需要定期对投资组合的业绩表现进行计算，以评估是否达到了最初制定的投资目标。业绩评价既是对投资的阶段性评估，也是对投资中存在问题的总结和剖析，对于完善投资组合具有重要的意义。对投资业绩的评价包括三个部分：业绩度量、业绩归因和业绩评估。投资者需要对这三部分内容进行总结，并向客户反馈。

本章重要名词

投资	实物资产	金融资产	投机	投资工具
金融工具	投资过程	投资政策说明书	自上而下	自下而上

思考与练习题

思考题

1. 如何理解投资与投机的区别？

2. 如何理解实物资产与金融资产的区别？

3. 为什么说投资是一个复杂的系统？投资系统包括哪些要素？

4. 对于投资组合管理者来说，投资过程是怎样的？其重要意义是什么？

5. 证券分析中，自上而下的分析和自下而上的分析有何差异？你认为哪种方法更有优势？

练习题

1. 如果一个国家的住房价格在短期内涨了一倍：

a. 社会会因此更加富有吗？

b. 只拥有一套自住房的人变得富有了吗？

c. 会不会导致某些人的经济状况更糟糕？

2. 房地产市场曾经发生过开发商降价导致的“房闹”事件。如果你买了一套50平方米的自住房，这是你首次置业，每平方米20 000元。3年后房价跌至每平方米10 000元。

a. 你是否发生了经济损失？你的生活状况是否因此变得糟糕？

b. 房价上涨对你有利，还是房价下跌对你有利？

c. 什么人会因此遭受经济损失？

3. 你认为下面的行为属于投资还是投机？或者两者都不是？

a. 买入并打算长期持有一只股票。

b. 购买一只信用等级很低的公司债券。

c. 购买一幅著名画家的画。

d. 购买一套住房。

4. 你认为撰写投资政策说明书的目的包括以下哪些内容?

a. 符合监管的要求。

b. 更好地向投资者说明投资计划。

c. 明确责任与义务。

5. 在编写投资政策说明书时，以下哪个选项最难量化?

a. 投资周期。

b. 客观风险承受力。

c. 主观风险容忍度。

6. 一位36岁的客户是政府机关的公务员，其妻子是中学教师，他们有两个上小学的孩子，有一套住房，无负债和其他负担。请你为该客户确定投资政策说明书的如下内容：

a. 投资周期与目标。

b. 对收益与风险的要求。

c. 风险承受能力。

第2章
金融市场

学习目标

1. 掌握金融市场的概念与功能。
2. 掌握金融市场的分类及其含义。
3. 理解金融中介机构。
4. 理解股票的发行审核制度。
5. 掌握股票发行程序、方式和发行定价。
6. 了解证券交易程序和证券市场监管。
7. 了解股票市场价格指数的编制。
8. 理解股票市场价格指数的分类。

2.1 金融市场的概念与功能

2.1.1 金融市场的概念

市场是人们进行交易活动的场所。市场参与者在市场上进行产品、服务或者某种资源的交换，满足各自的需要。在市场经济中，通过价格信号的引领，各种资源在社会不同部门之间流动，从而实现资源配置。按照交易的对象不同，市场可以分为商品市场和要素市场两大类。在商品市场上，人们进行商品和服务的交易；在要素市场上，人们进行劳动力、资本等生产要素的交易。

金融市场属于要素市场，它是资金融通的场所。在金融市场上，人们借助各种金融工具进行资金交易，实现了资金在不同经济部门之间的流动。整个社会通过金融市场上的金融交易活动，最终实现社会实物资源的配置。从广义上讲，金融市场应当包括所有的资金融通活动，如银行和非银行金融机构的资金借贷活动、企业发行债券或股票的融资活动、投资者购买债券和股票的投资活动等。但是，在市场经济高度发达的国家，金融交易相当大的部分是通过证券交易实现的，因此，从狭义上讲，金融市场可以理解成是证券市场，如股票市场、债券市场等。金融市场可以是有形的市场，也可以是无形的市场。无形的市场主要是通过通信网络进行交易活动。

2.1.2　金融市场的功能

在金融市场上，人们交易各种金融资产，如股票、债券、期权合约等。如前所述，只有实物资产才代表经济中的财富数量，也只有运用实物资产从事生产经营活动才能创造新的财富。金融资产仅仅代表人们对实物资产的索取权。虽然在金融市场上交易金融资产并不会创造任何财富，但是，金融市场在经济活动中具有十分重要的功能。金融市场的功能主要体现在以下五个方面：筹资与投资功能、资源配置功能、资产定价功能、资产流通功能、风险管理功能。

1. 筹资与投资功能

筹资与投资功能，也可以称为资金融通功能，即资金需求方和资金供给方通过金融市场上的资金交易实现资金的融通，资金需求方筹集到所需要的资金，资金供给方找到了投资的对象。在金融市场上，个人、企业和政府部门既可以是筹资方，也可以是投资者，他们参与金融交易的目的不同，如个人可能因为购房、消费等需求向金融机构借款，企业可能为了扩大生产经营规模在金融市场上筹资，政府可能出于财政支出的安排发行政府债券筹集资金。当他们拥有闲余资金时，可以在金融市场上购买金融资产进行投资以获得投资收益。企业通常是金融市场上最主要的筹资者，例如，珠海格力电器股份有限公司（以下简称“格力电器”）的资产负债表显示，其2018年6月30日的资产总额为2 191亿元，规模如此之大的公司所需要的资金不可能由单一的业主提供，公司生产经营所需要的资金主要在金融市场上筹集，2018年的半年报显示，格力电器拥有约46万个股东。这说明有约46万名个人或者机构投资者通过持有格力电器公司股票进行投资。

金融市场上的筹资与投资主要分为两大类：债权类和股权类。在金融市场上，企业可以通过向金融机构借贷或者向投资者发行债券的方式筹资，所筹集的资金属于企业的债务资金，相应的投资方进行的投资属于债权投资。企业也可以通过发行股票的方式来筹集股权资金，投资者购买公司发行的股票会成为公司的股权投资者，也就是公司的股东。由此可见，金融市场是企业筹集生产经营所需资金的重要场所，也是投资者进行投资的重要渠道，金融市场对实体经济发挥着重要的支持作用。

2. 资源配置功能

金融市场的资源配置功能是指通过金融资产的价格引导资金流向最有增长潜力的企业和领域，从而实现资金的优化配置。以股票市场为例，股票价格是对公司当前业绩和未来发展前景的综合反映。优秀的公司可以在未来给投资者更好的投资回报，其股价就会上涨，公司在金融市场上更容易筹集资金，公司因而不断扩大经营规模，为投资者带来丰厚的回报，同时为社会创造更多的财富，从而实现资源的优化配置。

当然，金融市场配置资源并不总是有效的。有的行业可能正好处在风口上，这个行业的公司就会成为热点，大量资金涌入这些公司，公司股价大涨，形成金融泡沫，但泡沫破裂之后公司就迅速衰落了，如2000年的互联网泡沫。这种资源配置是无效的，造成了资源的严重浪费。金融市场的资源配置效率取决于市场的有效性，越是有效的市场，越能实现资源的优化配置。

3. 资产定价功能

资产定价是指对金融资产的价值进行评价，这是金融市场的一个重要功能。在金融市场上，人们通过对金融资产风险与收益的权衡，评估金融资产的合理价值，并以这个价值作为交易的基础。金融资产的价格是通过无数市场参与者的竞争形成的，假定所有的市场参与者都是理性的，那么市场就会变得非常“聪明”，可以为金融资产提供合理的、公允的价值，并以此作为交易的价格。金融市场通过这种资产定价，巧妙地实现各类资产的风险与收益的均衡，从而满足不同风险偏好的投资者的需求。金融资产的正确定价是资源优化配置的前提。正如前面所讲的，金融市场并非永远是有效的，时常会出现错误的定价，使金融资产的价格偏离其真实价值，时而高估，时而低估。

4. 资产流通功能

金融市场为人们买卖金融资产提供了交易场所。在金融市场上，金融资产的持有者可以将资产出售、变现，为金融资产提供流动性，发挥资产流通功能。以股票市场为例，股份公司发行股票筹集的资金属于股权资本，没有偿还期限，如果没有股票市场，股东将无法出售、变现股票。金融市场的这种流通功能提高了金融资产的吸引力，增加了人们持有金融资产的意愿。可以想象，如果没有股票市场，股份公司发行股票会十分困难，无法筹集到生产经营所需要的资金，因为没有多少人愿意持有流动性差的资产。尽管金融市场提供了流动性，但是，不同的金融资产具有不同的流动性，这主要取决于金融资产本身的性质、期限以及交易条件。

5. 风险管理功能

金融市场可以实现经济活动中风险的重新分配，为人们进行风险管理提供便利。人们的风险偏好不同，金融市场上存在风险不同的金融工具，能够实现风险的分散和转移，使人们各取所需。在金融市场上，通过不同的金融工具，具有风险偏好的投资者承担高风险，以获得高收益，厌恶风险的投资者选择低风险的金融工具，以规避风险。例如，一家公司为了扩大经营规模，需要在金融市场上筹集资金，公司可以既发行公司债券，又发行普通股，不愿意承担较大经营风险的投资者可以选择购买公司债券，以获得固定的收益，风险较小，而愿意承担较大风险的投资者可以选择购买股票，以获得较高的收益。不同金融工具实现了风险在债权投资者和股权投资者之间的重新分配。在期货市场上，不愿意承担较大风险的企业可以通过套期保值将风险转移给愿意承担风险的期货投机者，从而实现风险管理。金融市场为投资者提供了管理风险的工具，人们购买债券、股票和基金产品，就是选择不同的风险管理工具，以应对未来的不确定性。投资者可以通过买卖不同性质、不同期限、不同风险和收益的证券构建投资组合，分散投资风险。

2.2　金融市场的分类

金融市场作为资金交易的一个要素市场，是一个大的系统，在这个大的金融市场系统中实现不同性质的资金交易。各种资金的风险不同、期限不同、属性不同，金融市场的参与者可以根据各自的需要选择不同的金融工具实现资金交易。本节主要介绍金融市场的各种分类。

2.2.1　按照交易对象分类

金融市场按照交易的对象不同，可以分为四大类：货币市场、资本市场、外汇市场和黄金市场，如图2-1所示。

- 金融市场
  - 货币市场
    - 短期借贷市场
    - 短期政府债券市场
  - 资本市场
    - 储蓄市场
    - 证券市场
      - 长期债券市场
      - 股票市场
      - 基金市场
      - 金融衍生工具市场
    - 长期借贷市场
    - 保险市场
    - 融资租赁市场
  - 外汇市场
  - 黄金市场

图 2－1 金融市场（按照交易对象分类）

1. 货币市场

货币市场是短期融资市场，是期限在 1 年以内的短期资金的交易场所。货币市场上交易的都是变现能力极强的短期的固定收益证券或票据。货币市场的参与者以机构投资者为主，个人通常以购买货币市场基金的方式参与货币市场。货币市场一般没有确定的交易场所，大多是通过通信网络进行交易。货币市场可以分为短期借贷市场和短期政府债券市场。货币市场上交易的金融工具主要是期限短、变现能力强、流动性好、风险低的债券或债务凭证，如短期国库券、商业票据、银行承兑票据、大额存单、回购协议等。本书第 3 章将详细介绍这些金融工具。

2. 资本市场

资本市场是期限在 1 年以上的长期资金的交易市场。资金需求者可以在资本市场上通过不同的金融工具筹集长期资金，投资者也可以在这个市场上进行长期投资。资本市场主要包括长期借贷市场和证券市场，此外，还有储蓄市场、保险市场、融资租赁市场等。资本市场上交易的资金期限较长，风险也比货币市场大得多。

在资本市场中，证券市场是非常重要的市场，参与者众多。证券市场按照交易对象不同主要分为长期债券市场、股票市场、基金市场和金融衍生工具市场（如期货市场、期权市场）。证券市场的金融工具非常丰富，如各类长期债券、普通股、优先股、共同基金、期货合约、期权合约等，本书第 3 章将详细介绍这些金融工具。下面主要介绍一下证券市场的其他分类。

（1）按照功能不同，证券市场可分为一级市场和二级市场。

一级市场（primary market）也称发行市场，是发行股票、债券进行筹资活动的市场。在这个市场上，资金需求者与资金供给者通过股票、债券等金融工具进行资金交易，筹资方发行证券筹集资金，投资方认购证券进行投资。

二级市场（secondary market）也称交易市场，是已发行证券的交易、流通市场。投资者在二级市场上交易股票和债券。二级市场为证券提供了一个流通、变现的场所，极大地提高了证券的流动性，同时，也为投资者提供了便捷的投资场所。

（2）按上市条件不同，证券市场可分为主板市场和创业板市场。

主板市场也称一板市场，是一个国家或地区股票发行、上市的主要市场。主板市场对发行公司的营业期限、股本规模、盈利水平等方面要求较高，通常具有较大规模的成熟企业才能在主板市场上市。

创业板市场也称为二板市场，是处于高速成长阶段的中小型公司发行股票和上市的市场，许多规模较小的高科技公司可能无法达到主板上市的标准，往往会选择在创业板上市。如我国深圳证券交易所的创业板市场、美国的纳斯达克证券市场。创业板上市的公司在上市之初规模较小，可能具有较高的成长性，但也有较大的风险，一些公司通过多年的发展可能会成为大型公司，如微软公司 1986 年在美国纳斯达克上市，如今已经成为一家规模庞大的公司。我国股票市场除了主板市场和创业板市场，2019 年 6 月上海证券交易所设立了科创板市场，主要服务于符合国家战略、突破关键核心技术、市场认可度高的科技创新企业。

（3）按组织形式不同，证券市场可分为场内交易市场和场外交易市场。

场内交易市场又称证券交易所市场或集中交易市场，是指由证券交易所组织的集中交易市场，有固定的交易场所和交易活动时间。证券交易所按照国家法律法规的规定，对证券交易活动进行组织、规范和监督，以保证市场交易活动的公平、有序和高效率。场内交易市场是最重要的证券交易市场，其特点是：集中交易、公开竞价、经纪制度和严格监管。

场外交易市场也称柜台市场或店头交易，是在证券交易所之外进行证券交易的市场。场外交易市场一般通过证券交易商来进行交易，以协议价格成交。场外交易市场不需要一个固定的交易场所，买卖双方分散于全国各地，买卖主要通过电话、计算机系统进行。场外交易市场上的买卖对象可以是上市的证券，也可以是未上市证券。全国中小企业股份转让系统（即新三板市场）就是一个全国性的场外交易市场。

3. 外汇市场

外汇市场是指进行外汇交易的场所。在国际支付中，需要进行各种货币的兑换，这样就产生了外汇交易的需求。比如出口商取得外汇收入，可能需要将外币兑换成本国货币，进口商则需要将本国货币兑换成外币用于支付进口货款。有的时候人们还需要将持有的某一种外币兑换成另一种外币，如将日元兑换成美元。从外汇市场的组织形式上看，国际上的外汇市场主要有两种类型：一种是有形的外汇市场，这种外汇市场有固定的交易场所，外汇交易者按规定的时间到外汇交易所进行外汇交易，如法国的巴黎、德国的法兰克福都有这样的外汇交易市场。另一种是无形的外汇市场，这种市场没有固定的交易场所，外汇交易者通过通信网络实现外汇交易，比如纽约、东京、香港等外汇市场。

外汇市场的参与者主要有商业银行、外汇经纪人、中央银行、进出口商、外汇投机者等。外汇市场上的交易活动主要有即期外汇交易（现汇交易）、远期外汇交易、外汇期货交易、外汇期权交易、外汇掉期交易等。

1994 年我国外汇管理体制进行了重大改革，取消外汇留成、上缴和额度管理，实行银行结售汇制度，建立全国统一的银行间外汇市场。这样，我国境内外汇市场就可分为结售汇市场和银行间外汇批发市场。结售汇市场是外汇指定银行与客户之间的外汇零售市场，在这个市场上，企业和个人可以按照外汇管理的规定办理结汇、售汇和付汇业务。银行间外汇批发市场是指经国家外汇管理局批准可以经营外汇业务的境内金融机构（包括银行、非银行金融机构和外资金融机构）之间通过中国外汇交易中心进行人民币与外币之间交易的市场。银行间外汇批发市场的交易平台是中国外汇交易中心暨全国银行间同业拆借中心，该中心于 1994 年 4 月成立，其主要职能包括：为银行间货币市场、债券市场、外汇市场的现货及衍生产品提供交易服务；承担市场交易的日常监测工作；为中央银行货币政策操作、传导提供服务；根据中国人民银行的授权，发布人民币汇率中间价、上海银行间同业拆放利率（Shibor）、贷款基础利率（LPR）、人民币参考汇率、CFETS 人民币汇率指数等。

4. 黄金市场

黄金市场是指集中进行黄金买卖和金币兑换的交易市场。在历史上，黄金曾长期作为货币成为经济活动中的支付手段。20 世纪 70 年代黄金非货币化之后，黄金依然被各国作为储备资产。黄金由于其特别的自然属性和历史上的货币属性，依然是人们喜欢的投资和储存对象。投资黄金可以帮助投资者应对经济的不确定性，规避风险。黄金交易一般都有一个固定的场所，目前世界著名的黄金交易市场有英国伦敦黄金交易所、瑞士苏黎世黄金交易所、新加坡黄金交易所、中国香港黄金交易所、东京黄金交易所等。在我国，2002年成立了上海黄金交易所，截至2017年年末，上海黄金交易所已有会员253家。黄金市场的参与者可分为金商、银行、对冲基金等金融机构，各个法人机构，私人投资者等。人们可以通过购买黄金现货、纸黄金、黄金期货、黄金基金等方式进行黄金投资。

2.2.2 按照交易的交割期限分类

金融市场按照金融交易的交割期限不同，可以分为现货市场和期货市场。

现货市场（spot markets）是市场上的买卖双方成交后须在若干个交易日内办理交割的金融市场。现货交易包括现金交易和固定方式交易两种方式。现金交易是指成交日和结算交割日在同一天发生的买卖交易；固定方式交易则是指成交日和结算交割日之间相隔几个交易日，一般在1～3天以内完成结算交割。随着互联网技术的发展，现货电子交易产生了。现货电子交易也称为大宗商品电子交易或现货仓单交易，是以现货仓单作为交易标的物，采用计算机网络进行集中竞价买卖，统一撮合成交，统一结算付款，价格行情实时显示的交易方式。现货电子交易方式极大地提高了交易的便捷性和交易效率。

期货市场（future market）是买卖双方按照所达成的协议进行交易，并在预定的未来某一日期进行交割的交易市场。广义上的期货市场包括期货交易所、结算所或结算公司、经纪公司和期货交易者；狭义上的期货市场仅指期货交易所。期货交易所制定各种商品或资产的标准化的期货合约，交易双方在期货交易所通过买卖期货合约的方式进行期货交易。

2.3 金融市场的运行

金融市场是一个复杂而庞大的系统，参与者众多，为了保证金融市场的公平交易和有效运行，必须有一整套法律法规来规范各种交易活动，同时，还要有保证市场运行的组织机构，这些机构包括证券公司、证券服务机构、证券交易所和市场监管机构等。下面将介绍证券市场中的主要金融中介机构以及证券市场是如何运行的。

2.3.1 金融中介

金融中介是为金融市场的各类市场参与者提供金融产品和服务，以顺利完成金融交易的金融机构。金融中介作为中间方，可以为金融市场上的买卖双方提供信息、咨询、经纪服务、结算服务等，这些服务有利于提高金融市场交易的效率。下面介绍金融市场的一些主要金融中介机构。

1. 证券公司

证券公司是依法设立的经营证券业务的法人企业。在不同的国家，证券公司有着不同的称谓，在美国称作投资银行（investment bank）或者证券经纪商（broker-dealer），在英国称作商人银行（merchant bank），日本、中国等东亚国家通常将专营证券业务的金融机构称为证券公司（securities company）。有些国家，如德国，实行银行业与证券业混业经营。在我国，实行商业银行业务与证券业务分业经营，设立证券公司必须经国务院证券监督管理机构审查批准。证券公司具有证券交易所的会员资格，其业务范围包括：证券经纪；证券投资咨询；与证券交易、证券投资活动有关的财务顾问；证券承销与保荐；证券自营；证券资产管理等。证券经纪业务是证券公司作为证券买卖双方之间的中介，根据客户的交易指令帮助双方完成交易，买卖双方需向证券公司支付交易手续费。证券投资咨询、财务顾问、证券承销与保荐等业务属于证券公司的投资银行业务。证券自营业务和证券资产管理业务是证券公司作为证券交易商，用自有资金或者受客户委托管理的资金从事证券交易以实现资产的保值与增值。

在我国，对证券公司实施分类管理，以区分证券公司的风险管理能力和综合业务能力，便于对证券公司进行监督管理。2009 年 5 月 26 日，中国证监会公布了《证券公司分类监管规定》，中国证监会根据证券公司评价计分的高低，将证券公司分为 A（AAA，AA，A），B（BBB，BB，B），C（CCC，CC，C），D，E 等 5 大类 11 个级别。中国证监会及其派出机构根据证券公司分类结果对不同类别的证券公司实施区别对待的监管政策。

2. 证券登记结算公司

证券登记结算公司是为证券交易提供集中登记、存管与结算服务的机构。在我国，为证券交易提供登记结算服务的机构是中国证券登记结算有限责任公司，其主要职能包括：证券账户、结算账户的设立和管理；证券的存管和过户；证券持有人名册登记及权益登记；证券和资金的清算交收及相关管理；受发行人的委托派发证券权益；提供与证券登记结算业务有关的查询、信息、咨询和培训服务等。

3. 证券交易所

证券交易所是为证券集中交易提供场所和设施，组织和监督证券交易的机构。我国有两大证券交易所：上海证券交易所和深圳证券交易所。在历史上，证券经纪人和交易商在交易所大厅见面并协商交易，交易所根据证券经纪人和交易商的指令来完成交易活动。现代的交易所主要是通过电子交易网络来完成证券交易活动。为了维护证券交易的公平和交易秩序，证券交易所需制定交易规则，提供交易信息，及时公布证券交易价格，并对各市场参与者实施监督。证券交易所要对在本交易所上市的公司进行监管，包括要求上市公司依法及时披露财务信息和重大事项，对上市公司的董事、监事、高级管理人员的证券交易行为进行监管。

证券交易所可分为会员制证券交易所和公司制证券交易所两种。

（1）会员制证券交易所。会员制证券交易所是由证券公司依法自愿设立的旨在提供证券集中交易服务的非营利法人，是不以营利为目的，由会员自治自律、互相约束，参与经营的会员可以参加股票交易中的股票买卖与交割的交易所。世界上许多著名的证券交易所属于会员制证券交易所，如纽约证券交易所、东京证券交易所。我国的上海证券交易所和深圳证券交易所都是会员制证券交易所。

会员制证券交易所的会员不是交易所的股东，需向交易所缴纳会员费、席位费。会员制证券交易所的最高权力机关为会员大会，执行机构为理事会。交易所理事会的职责主要有：决定政策，并由总经理负责编制预算，送请成员大会审定；维持会员纪律，对违反规章的会员给予罚款、停止营业与除名处分；批准新会员进入；核定新股票上市；决定如何将上市股票分配到交易厅专柜等。

证券公司向证券交易所提出申请，经证券交易所理事会批准后，方可成为交易所的会员。只有具备会员资格的证券经营机构才能在证券交易所进行场内交易，投资者只有通过会员才能进行证券买卖，证券成交之后需向会员支付佣金费用，因此，会员联接证券买卖双方，发挥证券流通的中介职能。

（2）公司制证券交易所。公司制证券交易所是投资者出资设立的，为证券交易与交割提供交易场所和服务，以营利为目的的企业法人。公司制证券交易所只提供场地、设备、人员等，在政府主管机构的管理与监督下，吸收各类证券商在集中的交易市场内自由地买卖并集中交割，但不参与本所上市证券的买卖。从股票交易实践可以看出，这种证券交易所要收取发行公司的上市费与证券成交的佣金，其主要收入来自买卖成交额的一定比例。经营这种交易所的人员不能参与证券买卖，从而在一定限度上可以保证交易的公平。

4. 证券服务机构

证券服务机构是指为证券市场参与者提供投资咨询、财务顾问、资信评级、资产评估、审计等服务的机构，如证券咨询公司、信用评级公司、资产评估公司、会计师事务所等。证券市场的有效运行离不开这些机构所提供的服务。例如，股份公司发行股票筹集资金，除了需要由证券公司保荐和承销，还需要会计师事务所出具审计报告、资产评估公司出具资产评估报告等，投资者购买股票投资时，可能需要证券咨询公司提供投资建议。

2.3.2 证券发行

在证券市场上，公司可以通过发行股票或债券为投资项目筹集资金。前面已经介绍过，公司发行证券的市场为一级市场。在一级市场上，公司新发行的证券要由证券公司作为承销商推销给公众投资者。各种证券的发行都需要履行一定的法律程序，其发行程序大同小异，下面以发行股票为例来说明证券的发行过程。

1. 股票的发行审核制度

股票是股份有限公司为筹集股权资本而发行的有价证券，是持股人拥有公司所有权的凭证。股份公司发行股票需要履行一定的审核程序。股票发行审核制度是国家证券监督管理部门对发行人申报的发行股票的资料进行审核以判断其是否符合发行条件的制度。不同的国家和地区有不同的证券发行审核制度。证券发行前的审核对保护投资者利益，维护市场公平和有效运行具有重要的作用。公司**首次公开发行股票**（initial public offering，IPO）和**增发股票**（seasoned equity offering）都需要由证券监督管理部门进行审核，但首次公开发行更加严格。首次公开发行股票主要有三种审核制度：审批制、核准制和注册制。

（1）审批制。审批制是我国股票市场发展初期采用的发行审核制度，证券监督管理部门采用行政和计划的办法分配股票发行指标和额度，由地方政府或行业主管部门根据发行指标推荐公司发行股票。审批制下公司发行股票的关键是争夺股票发行指标和额度，证券监督管理部门行使实质性审批职能，证券中介机构的主要职能是进行技术指导。这种审批制是典型的计划配置资源，没有发挥市场配置资源的功能。

（2）核准制。核准制是目前我国采用的股票发行审核制度，证券监督管理部门对股票发行申请人是否符合法律规定的发行条件进行实质性审核，并据此做出发行人是否符合发行条件的价值判断和是否核准发行申请的决定。

在核准制下，证券监督管理部门不仅要审核发行人提交的申请材料的完备性和规范性，还要对发行人的经营业务、财务状况、发展前景、发行数量和筹资规模等进行实质审查，以判断发行人是否具备发行条件。证券监督管理部门有权否决不符合规定条件的股票发行申请。

（3）注册制。注册制主要是指发行人申请发行股票时，必须依法将公开的各种资料完全准确地向证券监督管理部门申报。证券监督管理部门对发行申请人的申报材料的全面性、准确性、真实性和及时性进行形式审查，而不对发行公司股票做出投资价值判断。这是一种市场化程度较高的发行审核制度，在这种制度下，对发行公司的投资价值与风险、未来发展前景的判断交给投资者。我国股票发行制度的改革方向是建立市场化的发行制度，逐步向注册制过渡。

2. 股票的发行程序

各国对股票的发行程序都有严格的法律规定，未经法定程序发行的股票无效。根据我国《上市公司证券发行管理办法》的规定，上市公司应按照下列程序申请发行股票。

（1）公司董事会应当依法作出决议，包括本次股票发行的方案、本次募集资金使用的可行性报告和前次募集资金使用的报告以及其他必须明确的事项等，并提请股东大会批准。

（2）公司股东大会就发行股票作出决定。决定内容至少应当包括本次发行股票的种类和数量、发行方式、发行对象及向原股东配售的安排、定价方式或价格区间、募集资金用途、决议的有效期、对董事会办理本次发行具体事宜的授权以及其他必须明确的事项。

（3）公司申请公开发行股票或者非公开发行新股，应当由保荐人保荐，并向中国证监会申报。保荐人应当按照中国证监会的有关规定编制和报送发行申请文件。

（4）中国证监会依照法定的程序审核发行股票的申请，并作出核准或者不予核准的决定。

（5）公司获准发行股票的核准后，应在规定的期限内发行股票。发行公司与主承销商需要办理发行的各种事项，如发布发行公告、询价、路演、发售股票、办理上市等。

3. 股票的发行方式

股票的发行方式分为公募发行与私募发行两种方式。

（1）公募发行。公募发行也称公开发行，是指股票发行人通过证券承销商向不特定的社会公众公开发售股票。在公募发行的方式下，所有合法的社会投资者都可以参加认购。为了保障广大投资者的利益，各国对公募发行股票都有严格的要求，发行人在公开发行股票之前，必须对公司的经营状况、财务状况、重大风险、募集资金用途等做出详细的信息披露。我国规定公司在首次公开发行股票时，必须采用公募发行方式。

公募发行信息披露的重要文件是**招股说明书**（prospectus）。根据法律法规的规定，发行人公开发行股票时必须披露招股说明书，这是给投资者提供信息的重要文件。招股说明书的主要内容包括：发行人及其控股股东的基本情况，本次发行股票的基本情况，公司重大的风险因素，公司的主要业务情况，公司治理，近年的财务会计信息，公司管理层对公司经营状况的分析与未来规划，募集资金运用，股利分配政策，以及保荐机构、律师、审计机构等中介机构的声明等。

（2）私募发行。私募发行也称定向发行或非公开发行，是指发行人面向少数合格的投资者发售股票的方式。合格的投资者拥有足够的知识和经验去识别他们投资所承担的风险。私募发行的对象一般是与发行人有特定关系的投资者，如发行人的股东、员工或与发行人有密切关系的机构投资者。私募发行手续简单，不受公开发行的规章限制，可节省发行时间和费用。我国上市公司在再融资发行中，可以采用面向特定投资者的定向增发的方式。

一级市场的股票发行过程可以用图 2－2 表示。

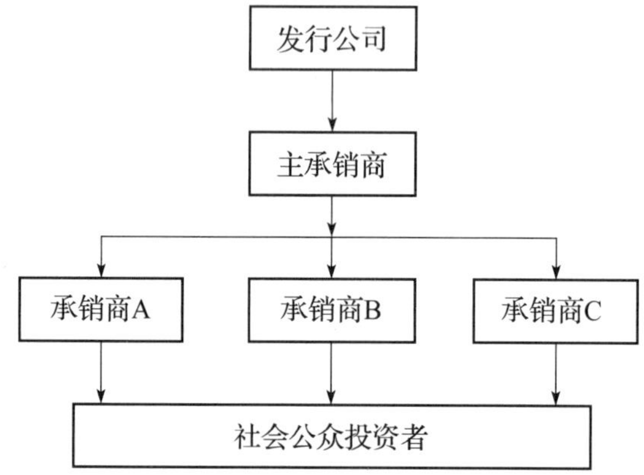

图 2－2　一级市场股票发行过程

4. 股票发行价格

股票发行价格是指发行公司将股票出售给投资人的价格。股票发行价格的确定对发行公司和投资者都有重大影响。如果股票发行价格定得过高，发行公司会筹集到更多的资金，也降低了筹资成本，但是，过高的发行价格会影响投资者认购股票后的投资收益，因此，过高定价可能会减少投资者认购数量，导致发行失败。反之，股票发行价格定得过低，可能无法满足发行人的筹资需求，也会损害原有股东的利益。对于增发股票融资，股票二级市场的价格可以作为定价的参照标准，但是，对于首次公开发行股票，由于没有二级市场价格作为参考，发行价格的确定更加复杂。下面主要讨论首次公开发行股票的定价问题。

首次公开发行股票的发行价格也称新股发行价格，是指获准发行股票的公司与其承销商共同确定的将股票公开发售给投资者的价格。首次公开发行股票定价是指新股进入市场之前的定价，是对即将进入市场的股票价值的事前判断，这决定了要十分精确地确定新股发行价格是相当困难的，也是不太现实的。然而，新股发行价格的确定是新股发行中最重要的环节和内容，新股发行价格的高低决定着新股发行成功与否，关系到各参与主体的根本利益，并会影响到股票上市后的具体表现。一般来说，新股发行价格的确定需要考虑的因素包括：公司的资产状况、经营业绩、发展前景、股票发行数量、行业特点及股票市场状况等。

我国新股发行采用两种定价方式：固定价格方式和累计投标方式。

(1) 固定价格方式。固定价格方式是在股票公开发行前由发行公司与承销商协商确定一个固定的发行价格，并以这个价格向投资者发售股票。固定价格方式是一种比较简单的定价方式，在一些新兴市场中比较常用。在 2005 年之前，我国新股发行定价采用固定价格方式，证监会对发行新股规定了发行市盈率的上限，发行公司和承销商在限定的市盈率之下根据市场状况确定一个固定的发行价格。这种定价方式没有充分发挥市场的定价功能。

(2) 累计投标方式。累计投标方式也称询价制，是指发行公司及其承销商向机构投资者或者合格的个人投资者通过累计投标询价的方式确定新股发行价格。累计投标方式源自美国证券市场，它较好地发挥了市场的定价功能。在累计投标方式下，证券承销商与发行人先商定一个定价区间，在招股说明书和分析报告完成以后，通过路演等方式向投资者介绍发行公司的情况及股价定位，并向投资者询价，逐步积累订单，发现不同价格下的需求量。路演结束后，承销商根据累计投标情况确定一个基本反映供需关系的价格区间。如果在价格区间范围内认购量很少，就调低发行价格或推迟发行；如果超额认购非常多，就调高发行价格。发行价格确定后，证券承销商按确定的价格先配售股票给接受其定价的询价对象，再留出一定比例的股票向公众投资者发售。我国从 2005 年开始新股发行定价采用询价制。

2.3.3 证券交易

公司在一级市场上向投资者发售证券之后，便可以用筹集到的资金扩大生产经营活动，而投资者则成为公司证券的持有人。如果公司发行的是债券，那么公司需要在约定的债券到期日偿还投资者本金；如果公司发行的是股票，那么公司可以长期使用这笔资金直至公司清算为止，在持续经营期间不必偿还投资者本金。许多投资者买入证券之后，需要在一段时间以后卖出证券来变现，以满足自己某一方面的需要。有些投资者在公司发行证券时没有认购，但日后想购买公司证券进行投资。这样就产生了证券的流动性需求。二级市场为这些投资者进行证券交易提供了便利。在一个流动性良好的市场中，当交易者想买卖证券时，他们能以较低的交易费用进行证券交易。良好的流动性不仅为投资者提供了证券流通的便利，还可以降低一级市场上发行公司的筹资成本，因为投资者愿意为流动性好的证券支付更高的价格。

在二级市场上，投资者需要通过经纪人在证券交易所或者场外进行交易。良好的市场组织结构和交易规则可以保证证券交易的公开、公平、公正和有效率。二级市场的证券交易过程可以用图 2－3 表示。

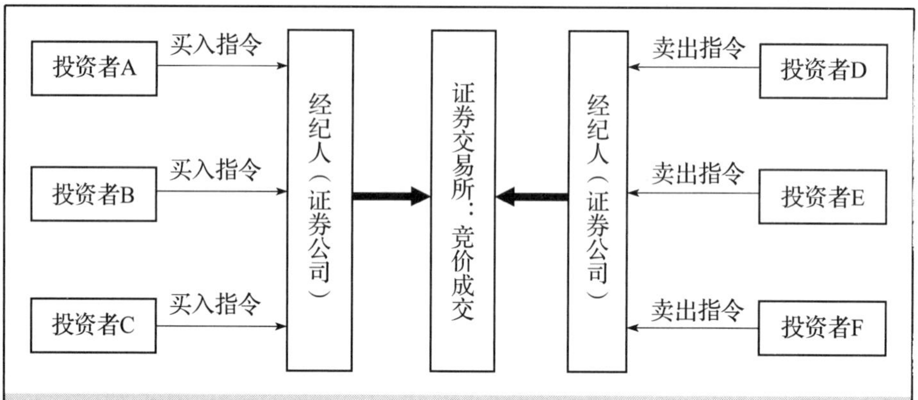

图 2－3 二级市场证券交易过程

1. 证券交易程序

证券交易程序是指交易者在二级市场上买入或卖出证券的交易流程。证券交易程序的主要步骤包括：开户、委托、成交、清算、交割、过户。

（1）开户。投资者买卖证券首先必须开设账户。账户分为证券账户和资金账户。证券账户是指证券登记机构为投资者开设的，用于准确记载投资者所持有的证券种类、名称、数量及相应权益和变动情况的一种账册。投资者在开设证券账户的同时，即已委托证券登记机构为其管理证券资料，办理登记、结算和交割业务。投资者在开设证券账户的同时还要开设资金账户，即保证金账户，并将资金存入资金账户才能进行证券交易。为了保证客户资金的安全，我国实行客户交易结算资金第三方存管，简称第三方存管，即客户的交易结算资金统一交由第三方存管机构存管，第三方存管机构通常由商业银行担任。在第三方存管模式下，投资者的证券账户与资金账户严格进行分离管理。证券公司不再向客户提供交易结算资金存取服务，只负责客户证券交易、股份管理和清算交收等。存管银行负责管理客户交易结算资金管理账户和客户交易结算资金汇总账户，向客户提供交易结算资金存取服务，并为证券公司完成与登记结算公司和场外交收主体之间的法人资金交收提供结算支持。

（2）委托。投资者不能直接进入证券交易所买卖证券，只能通过交易所的会员进行交易。证券交易所的会员通常是证券经营机构，即证券公司。投资者买卖证券须委托证券公司办理，投资者向证券公司下达买进或卖出证券的指令，称为委托。证券公司在全国各地设有许多证券营业部，接受客户委托，在证券交易所内为客户代理证券交易。早期的委托指令主要是柜台递单委托和电话自动委托，现在投资者主要通过互联网自动委托。

（3）成交。投资者发出委托指令后，证券公司将客户的委托指令传送到证券交易所的主机进行撮合成交。证券成交采用竞价机制，竞价分为集合竞价和连续竞价。集合竞价是指证券交易所将一段时间内接收的买卖申报一次性集中撮合成交的竞价方式。我国上海证券交易所和深圳证券交易所在开盘和收盘时都采用集合竞价方式确定成交价格，上午 9:15 至 9:25 为开盘集合竞价时间，产生当日的开盘价格，下午 14:57 至 15:00 为收盘集合竞价时间，产生当日的收盘价格。在集合竞价方式下，成交价格的确定原则是：第一，在有效价格范围内选取成交量最大的价格；第二，高于基准价格的买入申报与低于基准价格的卖出申报全部成交；第三，与基准价格相同的买卖双方中有一方申报全部成交。证券交易所对投资者申报的委托进行逐笔连续的撮合成交的过程称为连续竞价。我国证券市场的连续竞价时间为上午 9:30 至 11:30，下午 13:00 至 14:57。在连续竞价时间段内，所有的证券买卖价格都由连续竞价产生，证券交易所接到投资者的买卖委托指令后，按“价格优先，时间优先”的原则进行撮合成交。当最高买入申报价格与最低卖出申报价格相同时，以该价格为成交价格；当买入申报价格高于卖出申报价格时，以申报在先的价格为成交价格。

（4）清算和交割。清算是指在证券买卖双方成交以后，将各证券公司的证券买卖的数量和金额分别予以抵销，然后通过证券登记结算公司交割净额。交割是指证券卖方将卖出证券交付给买方，买方将买入证券的价款交付给卖方的行为。证券清算在交易成交当天进行。证券交割则是券商在事先约好的时间内，对清算余额办理交割和转让。我国目前A股、基金和债券的交割方式均采用T+1。由于B股的结算交割涉及境内、境外以及托管银行，程序较为复杂，因此采用T+3的交割方式。

（5）过户。过户是指买入证券的投资者到证券发行公司或其指定的代理机构去办理证券登记变更的手续。证券过户是证券交易的最后程序。上海证券交易所和深圳证券交易所都采用电子化交易，过户手续由计算机自动完成。

证券交易程序可用图2-4表示。

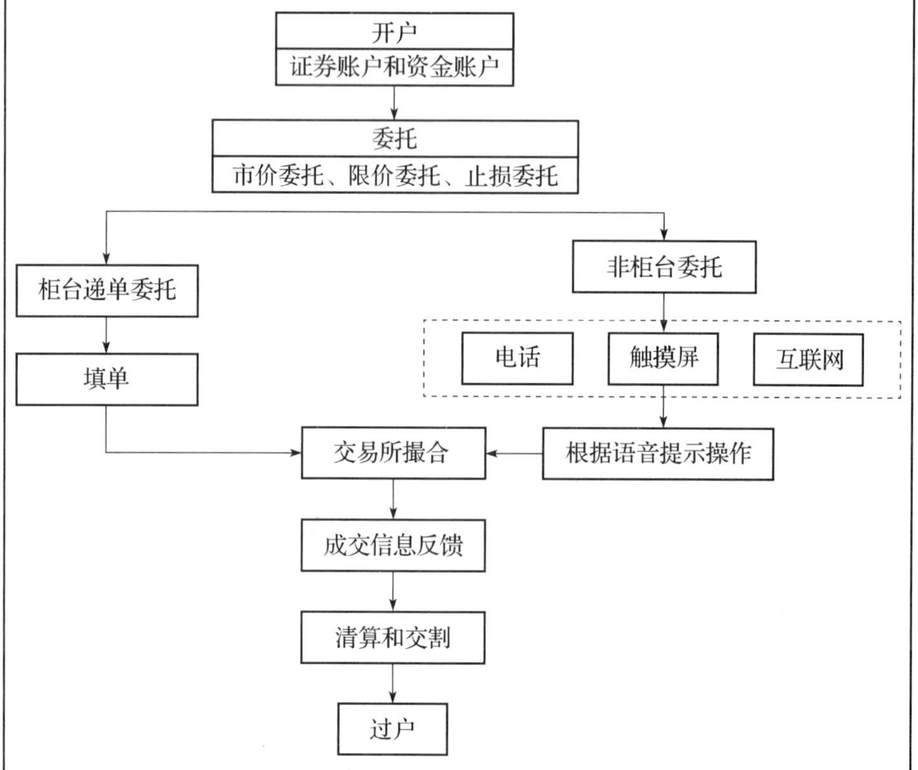

图2-4 证券交易程序

2. **交易指令**

投资者的交易委托指令可分为市价委托指令、限价委托指令和止损委托指令。

（1）市价委托指令。**市价委托指令**（market order）是指投资者进行交易委托时，按照当时市场价格立即执行的买入或卖出的指令。市价委托指令只发出买卖数量而不指定委托价格，经纪人接到市价委托指令后应以最快的速度并尽可能以当时市场上最好的价格执行这一指令。采用市价委托指令买卖证券的优点是成交迅速，一般在客户急于买入或卖出证券时采用，但是，当市场价格波动较大时，容易出现买入成交价格较高或卖出成交价格较低的情况。

（2）限价委托指令。**限价委托指令**（price-contingent order）是指投资者向证券经纪人发出的低于当前市场价格的买入价格，或高于当前市场价格的卖出价格的买卖委托指令。当市场价格达到其设定的价格时才能成交，证券经纪人只会在客户委托的价格限制内进行交易。采用限价委托指令时，可以按照投资者的预期价格成交，但成交速度相对较慢，有时会无法成交。限价委托指令一般以价格优先和时间优先的原则排序。在成交之前，投资者可以撤销限价委托指令。

（3）止损委托指令。**止损委托指令**（stop order）又称为停损指令，投资者设定一个止损价格，市场价格触及设定的价格水平即变为市价指令予以执行。投资者利用止损委托指令可以有效地锁定利润，或者将损失限制在一定的范围内。投资者在采用止损委托指令时，必须明确设定止损价格。对卖单来说，止损价格必须低于下单时的市场价格；对买单来说，止损价格必须高于下单时的市场价格。当市场价格触及止损价格时，止损委托指令立即被执行，可视为有条件的市价委托。

3. 融资融券交易

融资融券交易（securities margin trading）也称证券信用交易或保证金交易，是指投资者向具有融资融券业务资格的证券公司提供担保物，借入资金买入证券，或借入证券并卖出的交易活动。从世界范围来看，融资融券制度是一项基本的信用交易制度。我国上海证券交易所和深圳证券交易所于2010年3月31日起正式开通融资融券交易系统，开启了融资融券交易业务。融资融券交易分为融资交易和融券交易两类，投资者向证券公司借入资金买入证券叫融资交易，即买空交易；投资者向证券公司借入证券卖出叫融券交易，即卖空交易。

当投资者预期某股票价格会上涨但又缺少足额的资金买入时，可以通过缴纳一定的保证金向证券公司借入资金购买股票，等到股价涨到一定程度时再卖出以获取价差，这就是买空交易。在买空交易中，投资者需要开设保证金账户，按照证券公司规定的初始保证金比例存入一定数量的资金作为保证金，其余资金向证券公司借入。为了控制风险，证券公司通常设定一个维持保证金比例，当投资者的实际保证金比例低于设定的维持保证金比例时，投资者需要追加保证金。融资期间，证券公司对客户融资买入的股票有控制权，当融资买入的股票价格下跌时，投资者要在规定时间内补交维持保证金，否则证券公司可以代客户平仓了结。投资者可以随时卖出融资买入的股票，以所得价款偿还融资本息，或者随时自备现金偿还融资，到期无法归还的，证券公司有权强行平仓卖出客户的股票。买空交易的风险在于股票价格并没有如投资者所预期的那样上涨而是下跌，由于投资者使用杠杆进行交易，风险会放大。

当投资者判断某股票被高估并判断其价格会下跌时，可以通过缴纳一定的保证金向证券公司借入股票并按当时市场价格卖出，在将来股价下跌时再买回股票偿还给证券公司，这就是卖空交易。卖空交易同样需要缴纳一定比例保证金，证券公司设定维持保证金比例。如果股票价格上涨，投资者账面会发生亏损，账户的保证金就会减少，当保证金低于设定的维持保证金比例时，卖空投资者就会收到补充保证金的催缴通知，投资者需要追加保证金，否则证券公司有权以客户保证金购入股票平仓。卖空交易的风险在于股票价格并没有如投资者所预期的那样下跌而是上涨，由于投资者使用了杠杆交易，风险会放大。

在完善的市场体系下，信用交易制度能发挥价格稳定器的作用，即当市场过度投机或者做庄导致某一股票价格暴涨时，投资者可通过融券卖出方式沽出股票，从而促使股价下跌；反之，当某一股票价值被低估时，投资者可通过融资买进方式购入股票，从而促使股价上涨。

2.3.4 证券市场监管

证券市场监管是指证券管理机关运用法律、经济以及必要的行政手段，对证券的募集、发行、交易等行为以及证券投资中介机构的行为进行监督与管理。证券市场是一个复杂的金融系统，参与者人数众多，金融工具五花八门，交易活动十分复杂，并且存在严重的信息不对称问题。在利益的驱使下，证券市场交易活动可能会存在各种违法违规行为，阻碍市场的公平交易，给投资者造成财产损失。为此，各国对证券市场都有严格的监管制度。下面主要讨论证券市场的监管制度。

1. 证券市场的违规行为

证券市场监管主要是针对各种市场违规行为进行监督与管理。在证券交易活动中，常见的市场违规行为有欺诈客户行为、操纵市场行为、内幕交易行为等。

（1）欺诈客户行为。证券市场的欺诈客户行为主要是金融中介机构在为客户提供金融服务过程中，采用不诚实或欺骗的手段损害客户利益的行为。欺诈客户行为主要包括：违背客户的委托为其买卖证券；挪用客户证券或资金；未经客户委托，擅自为客户买卖证券或假借客户名义买卖证券；为牟取佣金收入，诱使客户进行不必要的证券买卖；传播虚假或误导投资者的信息；等等。

（2）操纵市场行为。证券市场的操纵市场行为是指个人或机构背离市场自由竞争和供求关系原则，人为地操纵证券价格，以引诱他人参与证券交易，牟取私利的行为。操纵市场行为主要包括：单独或合谋通过集中资金优势、持股优势或信息优势，操纵证券交易价格；以散布谣言或传播虚假信息等手段影响证券发行与交易；为制造证券的虚假价格，与他人串通，进行不转移证券所有权的虚买虚卖；以自己的不同账户在相同的时间内进行价格和数量相近、方向相反的交易；出售或者要约出售其并不持有的证券，扰乱证券市场秩序；以抬高或压低证券交易价格为目的，连续交易某种证券；利用职务便利，人为地压低或者抬高证券价格；证券投资咨询机构及股评人士利用媒介及其他传播手段制造和传播虚假信息，扰乱市场正常运行；上市公司买卖或与他人串通买卖本公司的股票牟利。

（3）内幕交易行为。证券市场的内幕交易行为是指内幕信息知情者为达到获利或避损的目的，利用其特殊地位或机会获取内幕信息进行证券交易的行为。内幕交易违反了证券市场"公开、公平、公正"的原则，侵犯了广大投资者的平等知情权和财产权。内幕信息是指为内幕人员所知悉、尚未公开披露的可能影响证券市场价格的重大信息。接触或者获得内幕信息的人员称为内幕人员。根据《中华人民共和国证券法》的规定，证券交易内幕信息的知情人包括：发行人的董事、监事、高级管理人员；持有公司 5%以上股份的股东及其董事、监事、高级管理人员，公司的实际控制人及其董事、监事、高级管理人员；发行人控股的公司及其董事、监事、高级管理人员；由于所任公司职务可以获取公司有关内幕信息的人员；证券监督管理机构工作人员以及由于法定职责对证券的发行、交易进行管理的其他人员；保荐人、承销的证券公司、证券交易所、证券登记结算机构、证券服务机构的有关人员；国务院证券监督管理机构规定的其他人。大量的研究证明，那些对投资者有用的信息在向公众披露之前就已经泄露给某些交易者了。例如，公司宣告增加股利发放或者签订重大的经营合同之前，公司的股票价格提前几天就开始上涨了。但是，有时在利好消息公布当天股价仍会明显上涨，这说明内幕人员没有把股价抬升到与利好消息相对应的水平。

2. 证券市场的监管模式

各国对证券市场有不同的监管模式，一般来说，证券市场监管模式可以分为集中型监管模式、自律型监管模式和中间型监管模式三种类型。

（1）集中型监管模式。在集中型监管模式下，由政府下属的部门或由直接隶属于立法机关的国家证券监管机构对证券市场进行集中统一监管，而各种自律性组织，如证券交易所、行业协会等只起协助作用。采用集中型监管模式的代表国家有美国、日本、韩国、新加坡等。

（2）自律型监管模式。在自律型监管模式下，不需设立全国性的证券管理机构，而是靠证券市场的参与者，如证券交易所、证券商协会等组织进行自我监管。采用这种监管模式的国家通常没有制定直接的证券市场管理法规，而是通过一些间接的法规来制约证券市场的活动。英国是自律型监管模式的典型代表。

（3）中间型监管模式。中间型监管模式是介于集中型监管模式和自律型监管模式之间的一种模式，它既强调集中统一的立法监管，又强调自律管理，可以说是集中型监管模式和自律型监管模式两者相互协调、渗透的产物。中间型监管模式有时也被称为分级监管体制，包括二级监管和三级监管两种类型。二级监管是指中央政府和自律机构相结合的监管；三级监管是指中央、地方两级政府和自律机构相结合的监管。德国、意大利、泰国、约旦等国都采取这种监管模式。

3. 我国的证券市场监管

我国证券市场发展较晚，市场监管是在证券市场的发展过程中不断形成和完善的。1992 年 10 月，国务院证券委员会和中国证监会宣告成立，标志着我国证券市场统一监管体制开始形成。国务院证券委员会是国家对证券市场进行统一宏观管理的主管机构。中国证监会是国务院证券委员会的监管执行机构，依照法律法规对证券市场进行监管。1998 年 4 月，国务院进行了机构改革，取消了国务院证券委员会，同时改设中国证监会为国务院下设的一个政府机构。中国证监会按照国务院授权和相关法律法规对证券市场进行集中、统一监管。它的主要职责是：依法制定有关证券市场监督管理的规章、规则，负责监督有关法律法规的执行，负责保护投资者的合法权益，对全国的证券发行、证券交易、中介机构的行为等依法实施全面监管，维持公平有序的证券市场。中国证监会在省、自治区、直辖市和计划单列市设立了 36 个证券监管局作为派出机构，并在上海证券交易所和深圳证券交易所设证券监管专员办事处。目前，我国证券市场形成了五位一体的监管体系，即中国证监会及派出机构、交易所、行业协会和投资者保护基金公司的监管和自律体系。

2.4 金融市场价格指数

在金融市场上，人们交易各种金融资产，如股票、债券、期货合约等，这些金融资产的市场价格每天都在变动。如果投资者持有一个证券组合，他无法通过关注组合中各个证券的价格变化来全面了解整个投资组合的业绩状况，此时，他需要通过一个反映整个投资组合的价值指数来衡量其收益率的变化情况。为了反映各类金融资产价格的变动情况，有关机构编制了各类金融市场价格指数，如股票市场价格指数、债券市场价格指数、公司债券价格指数、各类商品期货市场价格指数等。金融市场价格指数种类繁多，本节主要介绍股票市场价格指数。

2.4.1 金融市场价格指数的作用

金融市场价格指数是用来反映金融市场上某类金融资产市场价格的总体水平及其变动情况的指标。根据金融资产的类别不同，可以分为股票市场价格指数、债券市场价格指数、商品期货市场价格指数等。投资者在购买各种金融资产时，都十分关心这些市场价格指数的水平及其变化情况。金融市场价格指数对于人们选择投资标的和衡量投资业绩具有重要的作用，其作用具体表现在以下四个方面。

1. 投资组合业绩评价的基准

一个综合的股票市场价格指数或者债券市场价格指数可以作为评价投资组合业绩的基准。市场价格指数可以反映出某一特定时期内整个市场或者市场某一组成部分的整体收益率和风险情况，它可以作为衡量基金经理业绩的基准。如果一个投资者随机从证券市场中选择大量的股票或债券组成一个投资组合，该投资组合的收益率应该大致与市场平均收益率相当。一名优秀的基金经理可以在长期内持续获得高于市场平均收益率的收益水平。

2. 有助于投资者进行指数化投资

大量的研究表明，大多数基金经理的投资收益率很难长期持续超过风险调整后的市场价格指数的收益率。这种现象在成熟市场中表现得尤为明显。如果这个结论成立，那么投资者明智的选择就是投资于反映市场价格指数的投资组合，即进行指数化投资。各类跟踪市场价格指数的指数基金便应运而生，如交易所交易型基金（ETF），这些基金的目的就是跟踪某一个特定的市场价格指数，从而获得与市场价格指数相近的收益率。

3. 市场总体运行情况的衡量指标

证券市场价格指数较好地反映了市场总体的运行状况。证券分析师、基金经理和学术研究者都会利用证券市场价格指数来研究影响市场总体价格波动的因素。不同的市场价格指数也可以用来比较各类资产经风险调整后的收益率。

4. 作为技术分析的基础

技术分析师利用市场价格指数的图形来分析市场价格的变化，预测未来市场价格变化的趋势。市场价格指数图形可以连续地描述出历史上市场总体的运行情况，许多投资者根据这些图形来观察市场整体价格和成交量变化，并以此为基础预测未来价格走势，为其交易提供决策依据。

2.4.2 股票市场价格指数的编制

1. 股票市场价格指数的编制程序

股票市场价格指数的编制程序主要包括以下四个步骤：

(1) 选择样本股。样本股的选择需要根据价格指数的编制目标而定。价格指数可以反映股票市场的整体运行状态，也可以只反映某一类股票的运行状态。如上证综合指数（简称上证指数，SSE Index，指数代码 000001）是综合反映上海证券市场全部股票的价格表现的指数，其样本股包括在上海证券交易所上市的全部股票，包括 A 股和 B 股。沪深 300 指数主要反映在上海和深圳两个证券交易所上市的规模大、流动性好的 300 家大型公司股票的价格表现，该指数并不代表两个市场中的小公司股票。还有些股票价格指数只反映某一行业上市股票的价格变化，如上证行业分类指数将上海证券交易所上市公司按其所属行业分成五大类别：工业类、商业类、房地产业类、公用事业类和综合业类，分别编制了各个行业指数，以反映各个行业上市股票的价格表现。样本股的规模、范围和来源都非常重要。样本股对于所代表的总体来说必须具有代表性，否则样本就没有任何意义。样本股可以通过完全随机选择产生，也可以通过非随机选择方法产生。非随机选择方法主要是为了反映特定样本的重要特色而设计的。

(2) 确定指数的基期。为了反映样本股票价格变动的情况，通常选定某一日期作为价格指数的基期，基期日股票价格指数可以定为 100 或 1 000 等整数，以后各个时期的股票价格与基期价格进行比较，计算出指数的数值。如上证综合指数是 1991 年 7 月 15 日正式发布的，但其基期日是 1990 年 12 月 19 日，基期日的指数基点定为 100 点。

(3) 确定样本股的权重。股票价格指数的编制需要确定各个样本股在指数计算中的权重。不同的权重确定方法会影响指数的计算结果，从而影响指数的变化能否真实地反映市场总体的变化情况。在计算股票价格指数时，样本股的权重主要有三种：价格加权（price weighting）、市值加权（market-value weigh-

ting）和等权重加权（equal weighting），对应计算出的股票价格指数称为价格加权指数（价格加权平均指数）、市值加权指数和等权重加权指数。这些加权方法将在本节后面详细介绍。

（4）选定计算方法，计算股票价格指数。从数学角度来看，股票价格指数的计算方法主要有算术平均法、几何平均法和加权平均法三种。

采用算术平均法时，样本股票的价格平均数是各个股票价格的算术平均数。在计算股票价格指数时，首先要选定具有代表性的样本股票，并以某一日期作为基期，确定基期指数，比如基期指数定为100点，然后将报告期样本股票的价格平均数与基期样本股票的价格平均数相比，再乘以基期指数即得出该报告期的股票价格平均指数。

采用几何平均法时，报告期和基期的股票价格平均数都采用样本股票价格的几何平均数。国际金融市场上有一部分比较有影响力的股票指数是采用几何平均法编制的，其中以伦敦金融时报指数和美国证券交易所价值线混合指数为代表。

采用加权平均法时，首先按样本股票在市场上的不同地位赋予其不同的权重，地位重要的股票权重大，地位次要的股票权重小；然后将各样本股票的价格与其权重相乘后求和，再与总权重数相除，得到按加权平均法计算的报告期和基期的样本股票价格平均数；最后计算股票价格指数。样本股票的权重可以采用股票的总市值，也可以采用股票的自由流通市值。与前两种计算方法相比，加权平均法计算出的股票价格指数能更真实地反映市场整体走势，标准普尔500指数就是采用这种方法计算的。

2. 价格加权指数的计算

价格加权指数（price-weighted index）是采用价格加权法计算出来的股票价格指数。在计算价格加权指数时，首先采用算术平均法计算出报告期样本股票价格平均值和基期样本股票价格平均值，然后用报告期样本股票价格平均值与基期样本股票价格平均值的比值乘以基期股票价格指数，得出的结果就是报告期的股票价格指数。其计算可用公式（2-1）表示：

$$I_t = \frac{\sum_{i=1}^{n} \frac{P_{it}}{n}}{\sum_{i=1}^{n} \frac{P_{i0}}{n}} \times I_0 \tag{2-1}$$

公式（2-1）中，I_t 表示报告期股票价格指数；I_0 表示确定的基期股票价格指数；P_{it} 表示报告期第 i 个样本股票的价格；P_{i0} 表示基期第 i 个样本股票的价格；n 表示样本股票的数量。

美国的道琼斯指数就是采用价格加权法计算的。道琼斯指数是在1884年由道琼斯公司的创始人查尔斯·亨利·道（Charles Henry Dow）开始编制的一种算术平均股价指数。其全称为股票价格平均指数，是世界上历史最为悠久的股票价格指数。最初的道琼斯股票价格平均指数是根据 11 种具有代表性的铁路公司的股票，采用算术平均法编制而成。目前的道琼斯股票价格平均指数共分四组：第一组是工业股票价格平均指数，由 30 种有代表性的大型工商业公司的股票组成；第二组是运输业股票价格平均指数，包括 20 种有代表性的运输业公司的股票；第三组是公用事业股票价格平均指数，由代表美国公用事业的 15 家煤气公司和电力公司的股票组成；第四组是平均价格综合指数，它是综合前三组股票价格平均指数 65 种股票而得出的综合指数。现在，人们通常所说的道琼斯股票价格指数主要是指道琼斯工业股票价格平均指数。

道琼斯工业股票价格平均指数在 1896 年 5 月 26 日首次公布时是 40.94 美元，包含美国工业中最重要的 12 种股票，1916 年该指数中的股票数目增加到 20 种，在 1928 年增加到 30 种。该指数采用简单的算术平均法，即用所有成分股的价格总和除以股票的数目得出。道琼斯工业股票价格平均指数就是其成分股价格的简单平均数，即该指数包含的 30 只成分股的价格总和除以 30。因此，道琼斯工业股票价格平均指数变化的百分比即为 30 只股票平均价格变化的百分比。该指数的计算方法说明，道琼斯工业股票价格平均指数变化的百分比也就是由 30 只成分股（且每只股票仅持有 1 股）组成的投资组合的收益率（不包括股利）。该投资组合的价值等于 30 只股票的价格之和，投资于每家公司的金额与该公司的股价成比例，因此道琼斯工业股票价格平均指数被称为价格加权平均（price-weighted average）指数。

采用简单的算术平均法计算指数时，当成分股除权除息后，股票指数将发生不连续的现象。1928 年道琼斯指数改用新的计算方法，即除数修正法，也称道式修正法，该方法的核心是求出一个除数，以修正因股票分割、增资、发放红股等因素造成的股价平均数的变化，保持指数的连续性和可比性。具体做法是以新的股价总和除以旧的股价平均数，求出新除数，再以报告期的股价总和除以新除数，得出修正的股票价格平均指数。其计算公式为：

新除数＝变动后新的股价总和÷旧的股价平均数

修正的股票价格平均数＝报告期的股价总和÷新除数

1928 年采用除数修正法计算道琼斯指数后，指数改为以点数为单位，以 1928 年 10 月 1 日为基期，因为这一天收盘时的指数恰好约为 100 美元，所以将其定为基准日。以后各期股票平均价格同基期相比计算出的数值就成为各期的股票价格指数，所以现在的股票指数普遍用点数做单位。

例 2-1

价格加权指数的计算

假设某股票价格指数采用价格加权计算方法。该指数包含3只成分股，指数计算基期为2021年3月1日，基期指数定为100点。2021年10月31日股票A实施了股票分割，1股分割成3股。成分股股价如表2-1所示。

表2-1　成分股股价　　单位：元

股票	基期股价（2021年3月1日）	股票分割前股价（2021年10月31日）	股票分割后股价（2021年10月31日）
A	30	36	12
B	20	22	22
C	10	14	14
总计	60	72	48

基期2021年3月1日3只股票的股价平均数为：

股价平均数＝60÷3＝20

可以将20作为基期的股价指数。但是，为了便于比较以后股价指数的涨跌幅度，通常将基期指数定为100或1 000。这里我们将基期指数定为100，则计算股价指数的除数为：

除数＝60÷100＝0.6

以后各期股票价格指数的计算只需用成分股的股价总和除以该除数即可，股票价格指数的计算公式为：

股票价格指数＝报告期成分股股价总和÷除数

2021年10月31日按股票分割前的股价计算的股票价格指数为：

股票价格指数＝72÷0.6＝120

2021年10月31日的股票价格指数为120点，与基期相比，股票价格指数上涨了20点，涨幅为20%。因此，在基期3只成分股各买1只组成投资组合，该投资组合的初始价值为60元，到2021年10月31日，该投资组合的价值为72元，组合的收益率为20%，与指数的涨幅相同。在该投资组合中，每只股票投入的金额占组合总投资额的比重，与每只股票价格占所有成分股价格总和的比重相同，因此，这种指数计算方法被称为价格加权平均法。

2021年10月31日，股票A实施了1股分割为3股，分割后股票A的股价变为12元。此时，为了保持股票价格指数的连续性和可比性，需要调整除数，用分割后新的股价总和除以分割前的指数计算出新除数，这就是除数修正法。新除数计算如下：

新除数＝48÷120＝0.4

按照新除数计算的分割后的股票价格指数为：

股票价格指数＝48÷0.4＝120

---

3. **市值加权指数的计算**

市值加权指数（market-value-weighted index）是采用市值加权法计算出来的股票价格指数。在计算市值加权指数时，首先要计算报告期样本股的市值总和和基期样本股的市值总和，然后用报告期样本股的市值总和与基期样本股市值总和的比值乘以基期股票价格指数，得出的结果就是报告期的股票价格指数。市值可以用股票的总市值（总市值＝发行的总股份数×股价），也可以用股票的自由流通市值（自由流通市值＝自由流通股份数×股价）。自由流通股是指市场上实际可交易的股份数量，自由流通股不包括由控股股东、公司管理层、战略性股东等持有的长期不流通的股份，因此，自由流通股较为真实地反映了市场上流通股份的情况，是投资者实际能够交易的股份数量。例如，上证综合指数就是以样本股的总市值为基础计算的指数，而沪深300指数是以样本股的自由流通市值为基础计算的指数。市值加权指数的计算用公式（2-2）表示。

$$I_t = \frac{\sum_{i=1}^{n} P_{it} Q_{it}}{\sum_{i=1}^{n} P_{i0} Q_{i0}} \times I_0 \qquad (2-2)$$

公式（2-2）中，I_t 表示报告期股票价格指数；I_0 表示确定的基期股票价格指数；P_{it} 表示报告期第 i 个样本股票的价格；Q_{it} 表示报告期第 i 个样本股票的股份总数；P_{i0} 表示基期第 i 个样本股票的价格；Q_{i0} 表示基期第 i 个样本股票的股份总数；n 表示样本股票的数量。

也可以用基期样本股的市值总和除以基期点数得出一个除数，然后用报告期样本股的市值总和除以除数来计算股票价格指数。其计算公式为：

除数＝基期样本股市值总和÷基期点数

报告期股票价格指数＝报告期样本股市值总和÷除数

如果投资者购买指数中的成分股，且每一只股票的投资金额占总投资的比重等于该股票市值占样本股票市值总和的比重，那么市值加权指数的变动恰好反映了该投资组合的收益率。由于股票分割、配股、送股并不会改变公司的股票市值，因此也不会改变市值加权指数中样本股的权重，这就克服了价格加权指数的弱点。市场上绝大多数股票价格指数都采用市值加权法计算，如标准普尔500指数、沪深300指数等。

例2-2

市值加权指数的计算

在例2-1中，假设成分股A，B，C发行的股份总数分别为2 000万股、4 000万股、1 000万股，指数计算基期为2021年3月1日，基期指数定为100点。2021年10月31日股票A实施了股票分割，1股分割成3股。成分股股价与市值如表2-2所示。采用市值加权法计算股票价格指数。

表2-2　成分股股价与市值

股票	基期股价（元）	股份总数（万股）	基期市值（万元）	股票分割后股价（2021年10月31日）（元）	股票分割后股份总数（万股）	股票分割后市值（万元）
A	30	2 000	60 000	12	6 000	72 000
B	20	4 000	80 000	22	4 000	88 000
C	10	1 000	10 000	14	1 000	14 000
总计			150 000			174 000

2021年10月31日的股票价格指数计算如下：

$$\text{报告期股票价格指数}=\frac{174\ 000}{150\ 000}\times 100=116$$

或者

$$\text{除数}=150\ 000\div 100=1\ 500$$

$$\text{报告期股票价格指数}=174\ 000\div 1\ 500=116$$

4. 等权重加权指数的计算

等权重加权指数（equal-weighted index），也称等权重指数，是采用等权重加权法计算的股票价格指数。在计算等权重加权指数时，最初给每只成分股分配相同的权重，即所有的成分股不论其价格高低或市值大小，都采用相同的权重来计算指数。如果投资者购买该指数成分股，且每只股票投资金额相等，那么该投资组合的收益率恰好等于指数的变动百分比。前已述及，价格加权指数的权重是由成分股的股价决定的，市值加权指数的权重是由成分股的市值决定的，而等权重加权指数的权重是由指数编制者分配的。等权重加权指数的变动百分比等于指数中所有成分股股价变动百分比的算术平均值。对于那些计划在每只股票上投入相同金额的投资者来说，等权重加权指数具有重要作用。我国证券市场发布了许多等权重加权指数，如上证 50 等权重指数（指数代码：000050）、上证 180 等权重指数（指数代码：000051）等。

例 2-3

等权重加权指数的计算

假设某股票价格指数采用等权重加权法计算。该指数的成分股有 4 只，每只股票的权重为 25%。2021 年 3 月 1 日为基期，基期指数定为 100 点。成分股股价与市值如表 2-3 所示。

表 2-3 成分股股价与市值

股票	权重 (%)	基期股价（2021 年 3 月 1 日）(元)	股数	基期市值（2021 年 3 月 1 日）(元)	股价（2021 年 10 月 31 日）(元)	市值（2021 年 10 月 31 日）(元)
A	25	5	20	100	5.5	110
B	25	4	25	100	5.0	125
C	25	2	50	100	2.1	105
D	25	10	10	100	11.0	110
总计	100			400		450

2021 年 10 月 31 日股票价格指数计算如下：

除数＝400÷100＝4

股票价格指数＝450÷4＝112.5

2021 年 10 月 31 日的股票价格指数为 112.5 点，比基期上涨了 12.5 点，涨幅为 12.5%。而 4 只成分股股价涨幅的算术平均值为：

$$\frac{10\%+25\%+5\%+10\%}{4}=12.5\%$$

股票价格指数的涨幅恰好等于 4 只成分股股价涨幅的算术平均值。

等权重加权指数的主要优势是计算简单，但是它也存在明显的劣势。首先，它对成分股中所有的股票无论市值大小都“一视同仁”，没有体现出大市值股票的重要性；其次，当成分股价格发生变化时，为了使各个成分股的权重相同，必须不断地调整股票的数量以达到再平衡。这不符合“买进-持有”的投资组合策略。

2.4.3 股票市场价格指数的分类

股票市场价格指数有多种分类标准，如前面介绍的按照编制指数时的加权方法不同，可以将股票市场价格指数分为价格加权指数、市值加权指数和等权重加权指数。下面介绍按照选取样本股的范围或类型不同进行的分类。这种分类是根据编制指数的目标来选取特定范围或类型的股票作为样本股，以衡量这类股票的市场表现。按照选取样本股的范围或类型不同，股票市场价格指数可以分为规模指数、行业指数、策略指数、主题指数和风格指数等。

1. 规模指数

规模指数反映的是股票市场整体的价格变化，从市值规模角度选择成分股数量。规模指数的成分股具有较好的市场代表性，这类指数可以较好地反映市场不同板块的股票走势。规模指数在市场中的影响力较大，是投资者判断市场整体情况的重要标准。如标准普尔 500 指数、沪深 300 指数、中证 500 指数、中证 1000 指数等都属于规模指数。我国股票市场部分规模指数如表 2-4 所示。

表 2-4 我国股票市场部分规模指数

指数体系	指数名称	基日	基点	成分股数量	样本股选择方法
中证指数体系	沪深 300 指数	2004 年 12 月 31 日	1 000	300 只	对样本空间内的股票按照最近一年（新股为上市以来）的日均成交金额由高到低排名，剔除排名后 50% 的股票，总市值排在前 300 名的股票作为成分股。
	中证 100 指数	2005 年 12 月 30 日	1 000	100 只	对样本空间（沪深 300 指数样本股）内的股票按照最近一年（新股为上市以来）的日均总市值进行排名，选取排在前 100 名的股票作为指数样本。
	中证 200 指数	2004 年 12 月 31 日	1 000	200 只	沪深 300 指数成分股中剔除中证 100 指数成分股的 200 家公司股票作为成分股。

续表

指数体系	指数名称	基日	基点	成分股数量	样本股选择方法
中证指数体系	中证 500 指数	2004 年 12 月 31 日	1 000	500 只	全部 A 股中剔除沪深 300 指数成分股即总市值排在前 300 名的股票后，总市值排名靠前的 500 只股票作为成分股。
	中证 700 指数	2004 年 12 月 31 日	1 000	700 只	由中证 200 指数和中证 500 指数成分股组成。
	中证 800 指数	2004 年 12 月 31 日	1 000	800 只	由中证 500 指数和沪深 300 指数成分股组成。
	中证 1000 指数	2004 年 12 月 31 日	1 000	1 000 只	由中证 800 指数样本股之外规模偏小且流动性好的 1 000 只股票组成成分股。
	中证 A 股指数	1999 年 12 月 31 日	1 000	见右栏	由沪深两市剔除暂停上市的股票后的全部 A 股组成成分股。
	中证全指	2004 年 12 月 31 日	1 000	见右栏	由剔除 ST、*ST 股票，以及上市时间不足 3 个月的股票后剩余的沪深两市 A 股组成成分股。
上证指数体系	上证综合指数	1990 年 12 月 19 日	100	见右栏	上海证券交易所的全部上市股票。
	上证 50 指数	2003 年 12 月 31 日	1 000	50 只	根据总市值、流通市值、成交金额和换手率对样本空间（上证 180 指数样本股）内的股票进行综合排名，排名前 50 的股票组成样本。
	上证 180 指数	2002 年 6 月 28 日	1 000	180 只	根据总市值、流通市值、成交金额和换手率对股票进行综合排名；按照各行业的流通市值比例分配样本数；按照行业的样本分配数量，在行业内选取综合排名靠前的股票；对各行业选取的样本作进一步调整，使成分股总数为 180 只。
	上证 380 指数	2003 年 12 月 31 日	1 000	380 只	由沪市 A 股中剔除上证 180 指数成分股后，规模适中、成长性好、盈利能力强的 380 只股票组成成分股。

续表

指数体系	指数名称	基日	基点	成分股数量	样本股选择方法
深证指数体系	深证成分指数	1994 年 7 月 20 日	1 000	500 只	先确定入围公司，后确定成分股样本，在上市的所有股票中抽取具有市场代表性的 500 家上市公司的股票。
	深证 100 指数	2002 年 12 月 31 日	1 000	100 只	选择指标为一段时期（一般为前六个月）平均流通市值的比重和平均成交金额的比重。选样时先计算入围个股平均流通市值占市场比重和平均成交金额占市场比重，再将上述指标按 2∶1 的权重加权平均，然后将计算结果从高到低排序，选取前 100 名的股票构成成分股。
	中小板指数	2005 年 6 月 7 日	1 000	100 只	选样时先计算入围个股平均流通市值占市场比重和平均成交金额占市场比重，再将上述指标按 2∶1 的权重加权平均，计算结果从高到低排序，参考公司治理结构、经营状况等因素后，采用缓冲区技术选取中小板 100 指数成分股。
	创业板指数	2010 年 5 月 31 日	1 000	100 只	选样时先计算入围个股平均流通市值占创业板市场比重和平均成交金额占创业板市场比重，再将上述指标按 2∶1 的权重加权平均，计算结果从高到低排序，参考公司治理结构、经营状况等因素后，采用缓冲区技术选取创业板指数成分股。

2. 行业指数

行业指数反映的是某个行业股票的价格变化，从行业中选取具有代表性的公司股票作为成分股。这类指数可以较好地反映各个行业股票的市场表现，为投资者进行行业投资提供依据。例如，我国的中证全指行业指数是由中证指数有限公司编制的行业指数。该指数根据我国上市公司的特点，将上市公司分为能源、原材料、工业、可选消费、主要消费、医药卫生、金融地产、信息技术、电信业务和公用事业 10 个一级行业，从每个行业中选取流动性和市场代表性较好的股票组成成分股，编制 10 个中证全指行业指数，如表 2-5 所示。

表 2-5　中证全指行业指数

指数代码	指数名称	指数简称	成分股数量
000986	中证全指能源指数	全指能源	50
000987	中证全指原材料指数	全指材料	418
000988	中证全指工业指数	全指工业	717
000989	中证全指可选消费指数	全指可选	455
000990	中证全指主要消费指数	全指消费	135
000991	中证全指医药卫生指数	全指医药	231
000992	中证全指金融地产指数	全指金融	144
000993	中证全指信息技术指数	全指信息	395
000994	中证全指电信业务指数	全指电信	65
000995	中证全指公用事业指数	全指公用	78

3. 策略指数

策略指数是根据特定的选股策略而编制的指数，其目标在于追求超额收益。策略指数本身带有主动管理的色彩，与传统指数反映市场平均风险收益水平的被动理念有所差异。策略指数的种类很多，涵盖了基本面、等权、分层等权、波动率、杠杆、反向、反向杠杆、多资产类别、多空、量化等主要类别。按照策略指数所覆盖的资产类别及加权方式不同，可以将其概括为三种类别：非市值加权类别、单一资产类别和多资产类别。

（1）非市值加权策略指数。这类指数采用非市值加权的方法编制，如基本面加权、等权、分层等权、波动率加权等，其主要特点是在指数编制过程中阻断成分股权重与价格之间的关系，以探究上市公司真实价值或从不同角度对市场进行刻画。基本面加权指数的权重因素主要来源于上市公司的财务报表，包括营业收入、净利润率、净资产、分红因素等，这些指标从不同角度反映了上市公司的基本面情况。如上证基本面 200 指数，该指数以沪市 A

股为样本空间，挑选基本面价值最大的200家上市公司作为样本，基本面价值由营业收入、现金流、净资产和分红四个财务指标来衡量，样本股的权重配置由基本面价值决定。等权重加权指数前面已经介绍，是按照一定规则赋予成分股固定的权重。波动率加权指数是按照成分股的历史波动情况对权重进行调整，比如按照一定规则对波动率较高的股票赋予较高或较低的权重以控制指数的整体风险水平。如上证180波动率加权指数（指数代码：000129），该指数是基于上证180指数的风险策略指数，基本方法是从上证180指数样本股中选取历史波动率最小的100只股票作为样本股，以历史波动率的倒数作为权重分配依据，以此实现降低整个指数组合波动率的目的。

（2）单一资产类别策略指数。这类指数主要包含杠杆指数、反向指数、多空策略指数、量化策略指数等。构成单一资产类别策略指数的标的资产都是同一类别的资产，包括股票、债券、商品、对冲基金、金融衍生工具、指数等。例如，上证50杠杆指数系列，该指数系列反映通过金融衍生工具进行上证50指数杠杆及反向投资的长期收益，具体包括上证50两倍杠杆指数（简称“50两倍”，指数代码：950076）、上证50反向指数（简称“50反向”，指数代码：950077）和上证50反向两倍杠杆指数（简称“50反两”，指数代码：950078）三个指数，指数样本包括标的指数（上证50指数）、无风险利率及卖空成本三部分。杠杆指数以多倍杠杆放大标的指数的收益，常见的倍数为2倍或3倍。

多空策略指数反映多头仓位与空头仓位相结合的投资组合的市场表现。其典型代表是130/30指数，该指数可以看作一个传统的100%多头投资组合与一个追求绝对收益的30%多空仓位组合的叠加。例如，沪深300富国130/30多空策略指数（简称“富国多空”，指数代码：H11121），该指数由中证指数有限公司于2011年7月26日正式发布，该指数基日为2005年12月31日，基点为1 000点，指数样本空间与沪深300指数的样本空间相同，根据量化投资策略，从样本空间中选取不固定数目的样本股并分配个股权重，其中，入选样本分为多头组合与空头组合两部分，多头组合的权重总和等于正130%，空头组合的权重总和等于−30%，因此，所有样本的权重总和仍保持正100%。如果投资者看多一部分股票，同时看空另一部分股票，那么就可以采用130/30多空策略构建投资组合。比如，某投资者判断未来原油价格会持续上涨，利好石油类公司股票，利空航空公司股票。假如该投资者有100万元资金，他可以融券借入A航空公司股票10万股，并以每股3元的市场价格卖出，获得30万元现金，加上原来的100万元现金，共计130万元现金，然后，以13元的价格买入B石油公司股票10万股，共计投入130万元。

这样，该投资者就构建了一个 130%的多头仓位和 30%的空头仓位的投资组合。假设，6 个月后，原油价格上涨，A 航空公司股票价格跌到 2 元，B 石油公司股票价格涨到 20 元，该投资者以 20 元价格出售 B 石油公司股票 10 万股，获得 200 万元现金，同时，以 2 元价格买入 A 航空公司股票 10 万股，偿还给股票借出方，该投资组合盈利 80 万元，收益率为 80%，而单纯的做多策略是以 100 万元资金全部买入 B 石油公司股票，其收益率为 53.85%，收益率低于 130/30 多空策略组合。

（3）多资产类别策略指数。相对于单一资产类别策略指数，多资产类别策略指数的样本覆盖了多种资产，包括股票、债券、商品、金融衍生工具等。该策略更加体现了分散化投资的风格，并且根据市场变化进行动态资产配置，指数中样本的权重是动态变化的。常见的多资产类别策略指数有目标日期指数、风险控制指数、动态多元资产策略指数等。目标日期指数是设定一个目标日期，投资组合中股票与固定收益资产的比例会随着目标日期的临近而不断调整，以达到控制风险的目的。通常是距离目标日期越近，股票等高风险资产占比越低，固定收益资产占比越高。风险控制指数是一种动态资产配置策略指数，通常采用杠杆、反向和多空加权等方式对指数整体的波动率进行控制。动态多元资产策略指数是指根据预先确定的宏观和估值模型，动态调整资产配置比例。

4. 主题指数

主题指数是根据某个概念或者主题来选择样本股编制的股票价格指数，它反映某个概念或主题的股票市场表现。主题指数是动态跟踪经济驱动因素的投资方式，通过发现经济体的长期发展趋势以及使这种发展趋势产生和持续的驱动因素，将能够受惠的相关产业和上市公司纳入投资范围。如沪深 300 绿色领先股票指数（简称“绿色领先”，指数代码：931037），该指数是在沪深 300 样本空间内剔除高污染、高耗能、产能过剩行业的公司，然后基于上市公司生产和服务流程的绿色水平的评价、绿色收入、负面新闻和环保处罚等因素计算出公司的绿色领先评分，选出评分最高的 100 家公司股票作为成分股。

5. 风格指数

风格指数是根据股票的风格特征选择样本股编制的股票价格指数。股票可以按照市值、价值和成长性等因素分为不同的风格。按照市值划分，可以分为大市值股、中等市值股和小市值股，按照价值与成长特征，可以分为价值股和成长股。综合这些因素，可以将股票分为 6 种风格的股票：大市值价值股、大市值成长股、中市值价值股、中市值成长股、小市值价值股和小市值成长股。针对每种风格，可以选择相应的成分股编制风格指数。如中证500成长指数（简称“500成长”，指数代码：H30351）、中证500价值指数（简称“500价值”，指数代码：H30352）。

本章重要名词

货币市场	资本市场	一级市场	二级市场
核准制	注册制	公募发行	私募发行
询价制	市价委托指令	限价委托指令	止损委托指令
融资融券交易	价格加权指数	市值加权指数	等权重加权指数

思考与练习题

思考题

1. 你认为我国股票市场在经济中发挥了什么作用？
2. 为什么要建立多层次的资本市场？
3. 金融市场能够给金融资产合理定价吗？
4. 货币市场与资本市场有何区别？
5. 金融中介在金融市场中发挥什么作用？
6. 注册制与核准制有何区别？为什么我国股票发行要实行注册制改革？
7. 你认为首次公开发行股票应当如何确定发行价格？
8. 金融市场价格指数能够给投资者提供什么信息？

练习题

1. 一家成立5年的规模较小的高科技公司正处于快速成长阶段，公司计划上市发行股票筹资，你认为该公司更适合在以下哪个市场上市？

a. 上市主板市场。

b. 深圳主板市场。

c. 深圳创业板市场。

d. 上海科创板市场。

2. 一家上市公司计划投资新的项目，打算在股市上增发股票筹资，该公司适合采用以下哪种发行方式？请解释采用这种发行方式的原因。

a. 私募发行。

b. 公募发行。

3. 招股说明书是发行股票时信息披露的重要文件，招股说明书对于投资者的重要性是什么？

4. 假定一个价格加权指数包含下面 3 只股票，有关数据见下表。

股票	期初价格（元）	期初股数	期末价格（元）	期末股数
A	20	300	24	300
B	50	500	48	500
C	26	1 000	30	1 000

请计算这个期间该股票价格指数的收益率。

5. 如果上题采用市值加权指数计算，那么这个期间该指数的收益率是多少？

第3章
金融工具

学习目标

1. 掌握货币市场金融工具的种类。
2. 掌握债券市场金融工具的种类。
3. 掌握股票市场金融工具的种类。
4. 了解金融衍生工具的含义及其种类。
5. 理解证券投资基金的特点和分类。

在第1章中我们学习了金融资产的概念，知道金融资产代表一种索取实物资产及其收益的权利，这种权利是以合约的形式确立的。在经济活动中，金融资产与金融工具是同一种合约从不同角度的称谓。国际会计准则委员会第32号准则对金融工具的定义为："一项金融工具是使一个企业形成金融资产，同时使另一个企业形成金融负债或权益工具的任何合约。"我国《企业会计准则第22号——金融工具确认和计量》将金融工具定义为："金融工具，是指形成一方的金融资产并形成其他方的金融负债或权益工具的合同。"金融工具实际上是筹资者与投资者签订的一种合约或合同，它规定了双方的权利与义务，是具有法律效力的契约。对于筹资者来说，金融工具是其筹集资金的工具；对于投资者来说，金融工具是其投资的金融资产。作为一种合约，金融工具包括一些基本的要素，如面值、期限、权利、义务，如果是债务工具，还包括利率及付息方式等。

金融工具是金融市场的交易对象。筹资者通过发行金融工具筹集资金，投资者通过购买金融工具进行投资。金融工具种类繁多，风险与收益属性各异。本章主要介绍货币市场金融工具、债券市场金融工具、股票市场金融工具、金融衍生工具以及对这些金融工具进行投资的证券投资基金。

3.1 货币市场金融工具

货币市场是固定收益市场的一部分，它是短期融资市场，货币市场交易的金融工具都是变现能力强的短期固定收益证券或票据。大多数货币市场金融工具的交易金额较大，主要是机构投资者参与，个人投资者大多无实力参与，但是可以通过购买货币市场基金进行投资。货币市场基金汇集大量投资者的资金，购买各种货币市场金融工具进行投资。下面介绍各种货币市场金融工具。

3.1.1 短期国库券

短期国库券（treasury bills 或 t-bills）是一种短期国债，是一国政府为满足短期的财政资金需求而发行的短期政府债券。短期国库券是货币市场上变现能力最强的金融工具，其流动性非常好，可以快速变现，而且交易成本低，价格风险小。国库券因为以国家信用为担保，基本不存在违约风险，可以被看作无风险资产。正是因为这些特点，许多投资者都愿意将短期资金投资于短期国库券。在美国，短期国库券的期限分为 4 周、13 周、26 周和 52 周，面值最为常见的是 10 000 美元，也有 100 美元的小面值国库券。短期国库券大多贴现发行，政府以面值的一定折扣发行国库券，在国库券到期时，政府按面值将国库券赎回，其发行价格与面值之间的差额就是投资者的利息收益。在我国，国债基本都是长期的，很少发行期限短于 1 年的短期国债，只在 20 世纪 90 年代发行过期限为 3 个月和 6 个月的记账式短期国债。因此，目前货币市场上没有真正意义上的短期国库券，只有剩余期限短于 1 年的国债供投资者短期投资。

3.1.2 大额存单

大额存单（certificate of deposit，CD），也称可转让大额存单（negotiable certificate of deposit，CD）或大额可转让定期存单（large-denomination negotiable certificates of time deposit，CDs），是由商业银行发行的可以在金融市场上流通转让的一种定期银行存款凭证。大额存单具有一定的面额，并注明存款到期日和利率。大额存单不能随时提取现金，但可以转让给其他投资者，到期时大额存单持有人可向银行提取本金和利息。大额存单的期限有 3 个月、6 个月、9 个月、12 个月。大额存单的利率高于同期银行定期存款利率，并且具有良好的流动性，但其信用风险高于短期国库券。大额存单市场的主要参与者是货币市场基金、商业银行、政府和其他非金融机构，这些投资者购买大额存单，既可以保持其资产的流动性，又可以获得高于短期国库券的利息收益。

3.1.3　商业票据

商业票据是一种非常古老的金融工具，源于商业信用。商业票据是工商业者之间由于信用关系形成的短期无担保债务凭证的总称。在商业信用中，赊销商品的企业为了保证自己的权益，需要掌握一种能够受到法律保护的债务文书，并在该文书上标明债务人有按照约定的金额和期限偿还债务的义务，这种债务文书就是票据。一般来说，票据有**本票**（promissory note）和**汇票**（bill of exchange）两种。因此，从广义上说，商业票据包括**商业本票**（commercial paper，CP）和**商业汇票**（commercial bill of exchange）。商业本票是由债务人向债权人签发的支付承诺书，承诺在约定的期限支付一定款项给债权人；商业汇票是由债权人或债务人签发，并由债务人承兑的支付命令书，命令债务人在约定的期限支付一定款项给持票人。商业汇票必须经过债务人承兑才有效，按承兑人不同可分为银行承兑汇票和商业承兑汇票。银行承兑汇票由银行承兑，商业承兑汇票由银行以外的付款人承兑。无论是本票还是汇票，期限都不超过1年。票据可以通过背书流通转让，成为一种支付工具。

早期的商业票据产生于商品交易中的延期付款，是有商品交易背景的，这种商业票据是一种双名票据，即在票据上列明收款人和付款人双方的名称。持票人在票据到期之前，可以将未到期的商业票据向商业银行或者贴现公司办理贴现。银行或贴现公司按票面金额扣除贴现利息后的金额支付给持票人，待票据到期时，再持票向付款人索取票面款项，因此，办理票据贴现的银行或者贴现公司可以获得利息收益。这样，商业票据就可以成为一种短期的投资工具。

随着商业票据市场的发展，一些知名的大型企业开始脱离商品交易单独发行商业票据进行短期融券。这种单独发行的商业票据是一种短期的商业本票。从狭义上说，商业票据通常指的就是这种短期的商业本票，在我国也称为**短期融资券**（short-term commercial paper），是企业筹措短期资金的一种直接融资方式。在我国，短期融资券是在银行间债券市场上发行和交易的，企业发行短期融资券必须依据《银行间债券市场非金融企业债务融资工具管理办法》的有关规定，并在中国银行间市场交易商协会注册。我国的短期融资券期限不超过365天，而美国的商业票据期限通常在1个月或2个月以内，最长不超过270天。

在我国，除了短期融资券外，还有**超短期融债券**（super short-term commercial paper，SCP）。超短期融资券是指具有法人资格、信用评级较高的非金融企业在银行间债券市场发行的，期限在270天以内的短期融资券。

从期限长短上来看，超短期融资券的期限最短为 7 天，最长不超过 270 天，这与美国的商业票据相似。超短期融资券比短期融资券更为灵活，可以满足企业筹集短期流动资金的需要，有助于提高企业流动性管理水平，特别适合财务集中管理的大型企业集团。

商业票据被认为是一种安全性较高的资产，是投资者进行短期投资的一种重要工具。在我国，短期融资券的利率通常高于一年期银行贷款的基准利率，而且可以在银行间债券市场上交易，具有较好的流动性。

3.1.4 银行承兑汇票

如前所述，银行承兑汇票是商业汇票的一种。**银行承兑汇票**（banker's acceptance）是由在承兑银行开立存款账户的企业作为出票人，向开户银行申请并经银行审查同意承兑的，保证在指定日期无条件支付一笔款项给收款人或持票人的票据。银行对出票人签发的商业汇票进行承兑后，便负有向持票人最终付款的责任，因此，银行承兑是基于对出票人资信的认可而给予的信用支持。银行承兑汇票的期限最长不超过 6 个月。银行承兑汇票因为具有银行信用的保证，被认为是一种非常安全的资产，并且可以在票据期限内进行背书转让，具有较好的流动性，因而成为货币市场上一种重要的投资工具。

3.1.5 回购协议

回购协议（repurchase agreement，repos 或 RPs）是**出售及回购协议**（sale and repurchase agreement）的简称，是指证券持有人卖出证券时向买方承诺在未来某一日期以约定的价格将证券购回的协议。通过回购协议进行的交易是回购交易。回购交易类似于以证券为质押品的质押贷款。一笔回购交易涉及资金融入方（证券卖方）和资金融出方（证券买方）两个交易主体。证券卖方通过出售证券融入资金并承诺未来购回的交易称为正回购；证券买方通过买入证券融出资金并在未来按约定价格回售给卖方的交易称为逆回购。回购交易的证券大多为债券，尤其以国债为主。国债逆回购以国债的信用作为保证，信用风险极低，被认为是一种非常安全的投资。

债券回购交易可以分为债券质押式回购交易和债券买断式回购交易。

债券质押式回购交易是指债券持有人（正回购方、卖出方）在将债券出质给逆回购方（买入方）融入资金的同时，约定在将来某一日期将融入资金的本息返还给逆回购方，逆回购方向正回购方返回原出质债券。在质押式回购交易过程中债券的所有权不发生转移，质押的债券一般由第三方托管机构进行冻结托管，到期时予以解冻。

债券买断式回购交易是指债券持有人（正回购方、卖出方）在将一笔债券卖给债券买入方（逆回购方）的同时，约定在未来某一日期，再由卖出方（正回购方）以约定价格从买入方（逆回购方）购回相等数量的债券。在买断式回购交易过程中债券的所有权转移给了逆回购方。

3.1.6 银行同业拆借

银行同业拆借（interbank offered credit）是指银行之间短期的资金借贷，属于银行之间的临时性资金融通，目的是调剂头寸和临时性资金余缺。金融机构在日常经营中，由于存放款的变化、汇兑收支增减等原因，在一个营业日终了时，往往出现资金收支不平衡的情况，一些金融机构收大于支，另一些金融机构支大于收，资金不足者要向资金多余者融入资金以平衡收支，于是产生了金融机构之间进行短期资金相互拆借的需求。资金多余者向资金不足者贷出款项，称为资金拆出；资金不足者向资金多余者借入款项，称为资金拆入。银行同业拆借市场的主要参与者是商业银行以及非银行金融机构。银行同业拆借的期限较短，我国目前同业拆借期限一般为1天、7天、14天、21天、1个月、2月、3个月、4月、6个月、9个月、12个月。银行同业拆借的交易金额巨大，据中国人民银行公布的2017年数据，2017年全国银行同业拆借的交易金额达到789 811亿元。

同业拆借市场利率有拆进利率和拆出利率。拆进利率表示金融机构愿意借款的利率，拆出利率表示金融机构愿意贷出资金的利率。同业拆借利率是以中央银行再贷款利率和再贴现率为基准，再根据社会资金的松紧程度和供求关系由拆借双方自由议定的。由于拆借双方都是商业银行或其他金融机构，其信誉比一般工商企业要高，拆借风险较小，加之拆借期限较短，因而利率水平较低。世界上最有影响力的同业拆借市场利率是伦敦银行同业拆借利率（London interbank offered rate，Libor），它是伦敦银行同业之间的短期资金借贷利率，该利率常常作为国际金融市场中大多数浮动利率的参考利率。

我国1994年4月在上海设立了中国外汇交易中心暨全国银行间同业拆借中心（简称“交易中心”），为中国人民银行直属事业单位。交易中心的主要职能包括：提供银行间外汇交易、人民币同业拆借、债券交易系统并组织市场交易；办理外汇交易的资金清算、交割，提供人民币同业拆借及债券交易的清算提示服务；提供网上票据报价系统；提供外汇市场、债券市场和货币市场的信息服务等。该交易中心发布上海银行间同业拆放利率（Shanghai interbank offered rate，Shibor）。该利率从2007年1月4日开始正式发布，是根据信用等级较高的银行组成报价团自主报出的人民币同业拆出利率计算确定的算术平均利率，是单利、无担保、批发性利率。目前，对社会公布的Shibor品种包括隔夜、1周、2周、1个月、3个月、6个月、9个月及1年。

3.2 债券市场金融工具

前面介绍的货币市场金融工具是短期的固定收益证券或票据，债券市场金融工具是期限1年以上的长期债券或票据。下面将介绍债券的基本概念以及一些主要的债券市场金融工具，包括政府债券和公司债券。

3.2.1 债券的概念

债券是债务人为了筹集资金而发行的，并约定在一定期限内向债权人还本付息的有价证券。债券的发行人可以是政府、金融机构和非金融企业，发行人为债务人，债券购买者为债权人，债券是证明双方债权债务关系的凭证，具有法律效力。债券虽然在本质上是一种债权债务凭证，但也是一种有价证券，可以在金融市场上流通转让，与其他借款合同相比，具有更好的流动性。

目前发行的债券都采用电子化形式，无须印刷成纸质的债券。电子化之前，债券需要印刷后向投资者发行，必须在券面上载明一些基本内容，如债权人的名称、面值、利率、期限等要素。这些基本要素在电子化后依然保留了下来，需要债券发行人在发行债券之前向投资者公告，以明确约定债权人与债务人的权利和义务。债券的基本要素包括以下内容。

1. 债券面值

债券面值是指债券票面的金额，是债券发行人在债券到期时应向持有人偿还的金额。债券面值也是债券应付利息的计算基础。在纸质版时代，债券需要在发行前印刷出来，这样可能会出现发行日的市场利率与债券的票面利率不一致的情况，因此，债券发行价格可能会有溢价或折价。

2. 票面利率

债券的票面利率是债券发行人向持有人承诺的计算应付利息的利率。债券的每期应付利息等于债券面值与票面利率的乘积。债券票面利率需要根据金融市场的利率水平，以及发行人的风险水平等因素而定。目前，发行人通常采用公开询价的方式来确定票面利率。债券票面利率并不代表投资者的实际收益率，债券上市之后，其市场交易价格可能会出现溢价或折价，导致投资者的实际收益率与票面利率的不一致。

3. **付息方式**

付息方式是指债券发行人支付债券利息的时间和次数。付息方式可以分为到期一次还本付息和分期付息到期还本两种。到期一次还本付息是在债券到期时支付债券全部利息和本金，平时不支付利息。分期付息到期还本是在约定的每期付息日向债券持有人支付当期利息，在到期日偿还本金。分期付息的付息期可以是 1 年、半年或一个季度。我国的债券付息期大多是 1 年。

4. **偿还期限**

债券的偿还期限是指发行人约定的债券到期偿还本金的期限，它是债券发行日至到期日的时间间隔。短期债券的偿还期限都是 1 年以内，长期债券的偿还期限较长，有的债券偿还期限长达几十年。

3.2.2　政府债券

政府债券是政府为了筹集资金而向投资者发行并承诺在一定时期支付利息和偿还本金的债券，包括国债和地方政府债券。

1. **国债**

国债（treasury bond），也称国家公债，是一国中央政府为了筹集财政资金而发行的债券。国债以国家信用为基础，被公认为最安全的投资工具，常常被投资者作为一种无风险资产进行投资。中央政府发行国债，既可以筹集财政资金，满足政府扩大公共支出的资金需求，又可以调控宏观经济，实施政府的宏观经济政策。如在经济低迷时期，政府可以通过发行国债来扩大财政支出，刺激经济增长。国债作为政府发行的一种有价证券，可以在金融市场上流通，具有流动性强、安全性高、收益稳定和享有免税待遇的特点。

1949 年以后，我国于 1950 年、1954—1958 年、1981 年至今发行过国债。1981 年 1 月，国务院通过《中华人民共和国国库券条例》，决定发行国库券来弥补财政赤字，以后又发行了国家重点建设债券、财政债券、重点企业债券、保值公债、特种公债等国债。目前我国每年发行的国债金额达到几万亿元。据中国人民银行 2017 年公布的数据，2017 年我国发行国债 3.9 万亿元。

美国联邦政府发行的国债分为短期国库券、中期国债（treasury note）和长期国债（treasury bond）。短期国库券前面已经介绍过，中期国债的期限最长为 10 年，长期国债的期限为 10～30 年。美国中长期国债的面值可以是 100 美元，但交易中更常见的面值是 1 000 美元。中期国债都是每半年支付一次利息，称为息票支付（coupon payment），其名称源于债券电子化之前，投资者需撕下债券的息票来兑付利息。

2. **地方政府债券**

地方政府债券（local treasury bond）也称地方债券，是指地方政府发行的债券。地方政府债券一般用于本地区的交通、通讯、住宅、教育、医院和污水处理系统等地方性公共设施的建设。地方政府债券一般以当地政府的税收能力作为还本付息的担保。

20 世纪 80 年代末至 90 年代初，我国一些地方政府为了筹集地方建设资金发行地方债券，但 1993 年地方政府发行债券被国务院禁止。1994 年 3 月颁布的《中华人民共和国预算法》明确规定地方政府不得发行地方政府债券。2008 年全球金融危机发生后，为了扩大内需，刺激经济增长，中央政府开始逐步放开地方政府发行债券的限制。2009 年 2 月 18 日，财政部发布的《2009 年地方政府债券预算管理办法》明确规定经国务院批准同意，省、自治区、直辖市和计划单列市政府可以由财政部代理发行地方政府债券，其偿还主体为地方政府，财政部代理发行并代办还本付息。2011 年国务院批准上海市、浙江省、广东省和深圳市试点自行发行地方政府债券，自此我国放开地方政府发行债券的限制。目前我国的地方政府债券主要有 1 年、3 年、5 年、7 年和 10 年五个期限品种，其中 5 年期地方政府债券占比最高。2017 年我国地方政府债券发行金额达到 4.4 万亿元，截至 2017 年年末，全国存续的地方政府债券余额为 14.74 万亿元，是全国债券市场中规模最大的债券品种。

在美国，地方政府债券是由州和地方政府发行的市政债券（municipal bond）。市政债券的利息收入无须缴纳联邦所得税，在发行州也无须缴纳州和地方税。但是，当市政债券到期或者投资者以高于买价出售债券时，须缴纳资本利得税。市政债券分为一般责任债券（general obligation bond）和收入债券（revenue bond）。一般责任债券由地方政府的信用来担保，所筹集资金通常用于市政服务，如教育、治安、防灾等支出；收入债券是为特定的建设项目筹资而发行的，并以所建项目的收益来偿还本息的债券。收入债券的风险要高于一般责任债券。

3.2.3 公司债券

公司债券（corporate bond）是指公司依照法定程序发行，并约定在一定期限还本付息的有价证券。在我国还有企业债券的称谓。一般来说，股份有限公司和有限责任公司发行的债券称为公司债券，而非公司制企业发行的债券称为企业债券，如国有独资企业或国有控股企业发行的债券。就其属性而言，公司债券与企业债券并无重要区别，因此我们将它们归为同一类债券。公司债券是企业一种重要的筹资工具，期限都在1年以上，有的公司债券期限可长达20年，如中国长江三峡集团有限公司2006年发行的“2006年中国长江三峡工程开发总公司企业债券”期限为20年。公司债券通常分期支付利息，我国的公司债券大多每年支付一次利息。

公司债券可以按照不同标准进行分类，下面介绍几种主要的债券种类。

1. 抵押债券与信用债券

公司债券按有无抵押担保可分为抵押债券与信用债券。

抵押债券也称有担保债券，是指发行公司以特定财产作为担保的债券。按抵押品的不同，又可分为不动产抵押债券、动产抵押债券、质押债券。不动产抵押债券是公司以房屋、土地等不动产作为抵押物而发行的债券；动产抵押债券是公司以机器设备、汽车、飞机等动产为抵押品发行的债券；质押债券也称抵押信托债券，是以公司的其他有价证券（如子公司股票或其他债券）作为担保所发行的债券。发行质押债券的公司通常要将作为担保品的有价证券委托信托机构保管，当发行公司到期不能偿还债务时，即由信托机构处理质押的证券并代为偿债。抵押债券还可按抵押品的先后担保顺序分为第一抵押债券和第二抵押债券。公司解体清算时，只有在第一抵押债券持有人的债权已获清偿后，第二抵押债券持有人才有权索偿剩余的财产，因此后者要求的利率相对较高。

信用债券又称无担保债券，是指发行公司没有抵押品担保，完全凭信用发行的债券。这种债券通常由信誉良好的公司发行，利率一般略高于抵押债券。

2. 固定利率债券与浮动利率债券

公司债券按利率是否变动可分为固定利率债券与浮动利率债券。固定利率债券的票面利率在发行债券时即已确定，在债券存续期内利率固定不变；浮动利率债券的利率水平在发行债券之初不固定，而是根据市场利率的变动而调整。浮动利率债券的利率水平同当前的市场利率挂钩，因而可以较好地抵御通货膨胀风险。

3. 收益债券、可转换债券和附认股权债券

公司债券按债券持有人的特定权益，可分为收益债券、可转换债券和附认股权债券。

收益债券是指只有当发行公司有税后收益可供分配时才支付利息的一种公司债券。这种债券对发行公司而言，不必承担固定的利息负担；对投资者而言，风险较高，收益亦可能较高。

可转换债券是指债券持有人可按照发行时约定的价格将债券转换成公司的普通股的债券。可转换债券兼具债权和期权的特征，债券持有人有权选择是否将其所持债券转换为股票。公司发行可转换债券时，需明确约定转股价格和条件。

附认股权债券是指所发行的债券附带允许债券持有人按特定价格认购股票的一种长期选择权。这种认股权通常随债券发放，具有与可转换债券相似的属性。附认股权债券的票面利率与可转换债券一样，通常低于一般的公司债券。

3.3 股票市场金融工具

股票市场是公司股权流通、交易的重要市场，也是投资者最重要的股权投资市场。据《中国证券登记结算统计年鉴》披露，截至 2017 年年末，我国股票市场的投资者数量为 13 398 万，沪深证券交易所上市的 A 股 3 470 只，B 股 100 只，2017 年年末沪深证券交易所的证券总市值为 66.33 万亿元，其中，A 股总市值为 56.64 万亿元，B 股总市值为 1 795.01 亿元，A 股和 B 股的股票总市值占证券总市值的比例为 85.66%。从这些数据中可以看出，股票市场在金融市场中具有重要的地位。在股票市场上，最主要的金融工具是股份有限公司发行的普通股，此外还有优先股和存托凭证。下面主要介绍这些金融工具。

3.3.1 普通股

1. 普通股的概念

股票是股份有限公司为筹集股权资本而发行的有价证券，是持股人拥有公司所有权的凭证。持股人是公司的股东，享有法定的股东权利并承担义务。股票按照股东的权利不同可分为**普通股**（common stock；ordinary shares）和**优先股**（preferred stock）。普通股是公司股份的基本形式，普通股股东的权利不加特别限制，在股东大会上普通股股东对公司的任何治理事项都有平等的表决权，每股普通股代表一份投票权，同时也代表对公司净资产和剩余收益的一份索取权。许多公司只发行普通股而无优先股，目前在上海和深圳证券交易所上市交易的股票主要是普通股。

普通股股东享有如下基本权利：

（1）公司决策参与权。普通股股东参与公司重大事项的决策主要是通过在股东大会上行使投票表决权的方式实现的。普通股股东有权参加公司股东大会，并在股东大会上行使投票表决权。公司由股东大会选举出的董事会控制，董事会有权做出公司大部分的经营决策，并对公司管理层的经营活动进行监督，但是，对于一些重大决策和董事、监事的选举，需要由股东在股东大会上投票表决。无法参加股东大会的股东可以通过投票委托书授权他人以自己的名义进行投票。

（2）利润分配权。普通股股东有权获得公司分配的股利。普通股的股利是不固定的，并且必须在分配优先股的股息之后才能向普通股股东分配股利。

（3）股份转让权。一般来说，普通股股东有自由转让股份的权利，但公司控股股东或持股比例超过监管部门限定比例的股东，其股份的转让必须遵守监管要求，如减持比例的限制、信息披露的要求等。

（4）优先认股权。一般来说，公司的普通股股东有优先认购公司增发股票的权利。有时公司增发的普通股只向现有普通股股东配售，普通股股东有权按其持股比例，以低于市价的某一特定价格优先购买新发行的股票。

（5）剩余财产分配权。当公司破产或清算时，若公司的资产在偿还债务和优先股股东之后还有剩余，普通股股东有权按照持股比例分配剩余财产。

股东的权利需要在公司章程中明确规定。例如，上海汽车集团股份有限公司（股票简称：上汽集团，股票代码：600104）的公司章程规定，公司股东享有下列权利：（一）依照其所持有的股份份额获得股利和其他形式的利益分配；（二）依法请求、召集、主持、参加或者委派股东代理人参加股东大会，并行使相应的表决权；（三）对公司的经营进行监督，提出建议或者质询；（四）依照法律、行政法规及本章程的规定转让、赠与或质押其所持有的股份；（五）查阅本章程、股东名册、公司债券存根、股东大会会议记录、董事会会议决议、监事会会议决议、财务会计报告；（六）公司终止或者清算时，按其所持有的股份份额参加公司剩余财产的分配；（七）对股东大会作出的公司合并、分立决议持异议的股东，要求公司收购其股份；（八）法律、行政法规、部门规章或本章程规定的其他权利。

2. 股票的种类

前面已经介绍，股票按照股东的权利不同可以分为普通股和优先股，这是股票最基本的分类。此外，股票还有一些其他的分类，下面分别介绍。

（1）股票按票面有无记名可分为记名股票和无记名股票。

记名股票是在股票票面上记载股东的姓名或者名称的股票，股东姓名或名称要记入公司的股东名册。《中华人民共和国公司法》规定，公司发行的股票，可以为记名股票，也可以为无记名股票。公司向发起人、法人发行的股票，应当为记名股票，并应当记载该发起人、法人的名称或者姓名。公司发行记名股票的，应当置备股东名册，记载下列事项：股东的姓名或者名称及住所；各股东所持股份数；各股东所持股票的编号；各股东取得股份的日期。记名股票由股东以背书方式或者法律、行政法规规定的其他方式转让，转让后公司将受让人的姓名或者名称及住所记载于股东名册。

无记名股票是在股票票面上不记载股东的姓名或名称的股票，股东姓名或名称也不记入公司的股东名册，公司只记载股票数量、编号及发行日期。公司对社会公众发行的股票可以为无记名股票。股东将无记名股票交付给受让人后即发生转让的效力。

（2）股票按票面是否标明金额可分为有面额股票和无面额股票。

有面额股票是公司发行的票面标有金额的股票。持有这种股票的股东，对公司享有权利和承担义务的大小，以其所拥有的全部股票的票面金额之和占公司发行在外股票总面额的比例大小来定。《中华人民共和国公司法》规定公司发行的股票应当标明票面金额。

无面额股票不标明票面金额，只在股票上载明所占公司股本总额的比例或股份数，故也称为“分权股份”或“比例股”。我国目前没有发行无面额股票。

（3）股票按投资主体的不同可分为国家股、法人股、个人股和外资股。

国家股是有权代表国家投资的部门或机构以国有资产向公司投入而形成的股份。国家股由国务院授权的部门或机构持有，并向公司委派股权代表。

法人股是指企业法人依法以其可支配的资产向公司投入而形成的股份，或具有法人资格的事业单位和社会团体以国家允许用于经营的资产向公司投入而形成的股份。

个人股为社会个人或本公司职工以个人合法财产投入公司而形成的股份。

外资股是指外国和我国港澳台地区投资者购买的我国上市公司的股票。

（4）股票按上市地区不同可以分为 A 股、B 股和 H 股等。这是对注册地在我国内地的上市公司所发行的股票的分类。

A 股的正式名称是人民币普通股票，它是由中国境内公司发行，供境内机构、组织或个人以及合格的境外机构投资者（QFII）以人民币认购和交易的普通股股票。

B 股的正式名称是人民币特种股票，是指在中国境内注册的公司发行的以人民币标明面值，以外币认购和交易的人民币特种股票。B 股在上海和深圳证券交易所上市交易。

H 股是中国内地公司在香港联合交易所发行的以人民币标明面值，供境外投资者用外币认购和交易的股票，如中国工商银行既在上海证券交易所发行 A 股，又在香港联合交易所发行 H 股。

3.3.2　优先股

1. 优先股的特点

优先股是在股东权利上较普通股具有某些优先权利的股票。优先股的优先权利主要包括优先分配股利和公司剩余财产。通常优先股股东在股东大会上的表决权会受到一定限制。在我国，发行优先股的上市公司还不多。2013 年 11 月 30 日国务院发布了《国务院关于开展优先股试点的指导意见》，2014 年 3 月 21 日证监会发布了《优先股试点管理办法》，自此我国开始有少数公司发行优先股。截至 2018 年年底，我国仅有 26 只优先股在上海证券交易所发行。

与普通股相比较，优先股主要具有如下特点：

(1) 优先分配固定的股利。优先股股东通常优先于普通股股东分配股利，且其股利一般是固定的。公司在发行优先股时，要约定固定的票面股息率，在公司盈利允许的情况下，公司会按照固定股息率向优先股股东分配股利。

(2) 优先分配公司剩余财产。当公司因解散、破产等进行清算时，优先股股东将优先于普通股股东分配公司的剩余财产。在公司清算时，优先股股东的财产分配顺序排在债权人之后，普通股股东之前。

(3) 优先股股东的表决权受到限制。优先股股东一般不出席股东大会，也没有表决权，但是，在一些特殊情况下优先股股东可以参加股东大会并行使表决权。如我国发布的《国务院关于开展优先股试点的指导意见》和《优先股试点管理办法》明确规定，优先股股东可以在以下情况下出席股东大会并行使表决权：修改公司章程中与优先股相关的内容；一次或累计减少公司注册资本超过百分之十；公司合并、分立、解散或变更公司形式；发行优先股；公司章程规定的其他情形。此外，在公司累计 3 个会计年度或连续 2 个会计年度未按约定支付优先股股息的情况下，优先股股东有权出席股东大会，并恢复表决权，每股优先股股份可以享有公司章程规定的表决权。

从优先股的特点看，它具有股权与债务的双重特征。优先股每年有固定的股息收益，并且股东没有参与公司决策的权利，从这个角度看，优先股类似于永久债券。但是，公司又保留了向优先股股东支付股利的自主权，支付股利并不是公司的合同义务，这方面又很像普通股。因此，从投资的角度看，优先股投资的风险高于债券，但低于普通股。

2. 优先股的种类

优先股按其具体的权利不同，可以有以下几种分类。

（1）按照股利是否可以累积支付，优先股可分为累积优先股和非累积优先股。累积优先股是指公司过去年度未支付股利可以累积计算由以后年度的利润补足付清；非累积优先股则没有这种补付股利的权利。累积优先股比非累积优先股具有更大的吸引力，其发行也较为广泛。

（2）按照是否可以分配额外股利，优先股可分为参与优先股和非参与优先股。参与优先股是指在优先股按照固定股息率分配股利之后，还可以与普通股一起参与分配额外股利的优先股。非参与优先股只能分得固定股利，无权再参与剩余利润的分配。

（3）按照公司可否赎回，优先股分为可赎回优先股和不可赎回优先股。公司在发行优先股时，需约定将来是否可以按规定的价格赎回。公司每年需要向优先股股东支付固定的股息，并且优先股不像债券那样有约定的到期日，这可能会给公司造成长期的财务负担，因此，大多数公司发行的优先股都是可赎回优先股。

（4）按照是否可以转换为普通股，优先股可分为可转换优先股和不可转换优先股。如果优先股股东可以按规定的条件将优先股转换成为公司普通股，这种优先股就是可转换优先股；如果没有约定可以转换成普通股，这种优先股就是不可转换优先股。

表 3－1 是中国银行于 2014 年 11 月 21 日发行的优先股的情况。

表 3－1　中国银行优先股

公司简称	中国银行
优先股代码	360002
优先股简称	中行优 1
发行人全称	中国银行股份有限公司
发行人公司代码	601988
发行方式	非公开
发行价格（单位：元）	100
发行数量（单位：万股）	32 000
发行日期	2014 年 11 月 21 日
上市/挂牌日期	2014 年 12 月 8 日
每股面值（单位：元）	100

续表

初始票面股息率	6%
股息类型	固定股息
股息说明	本次发行的优先股票面股息率在存续期内保持不变
每年股息支付次数	1
股东大会是否有权取消股息支付	是
股息是否可累积	否
是否可回售	否
回售条款	不设置投资者回售条款，优先股股东无权要求本行赎回优先股
是否可赎回	是
赎回条款	本行有权自发行之日（即2014年11月21日）起5年后，于每年的优先股派息日（包含发行之日后第5年的派息日）赎回全部或部分本次优先股
是否有权参与剩余利润分配	否
是否可转换为普通股	是

3.3.3　存托凭证

存托凭证（depository receipt，DR），又称为存股证，是指由存托人在本国证券市场上发行的代表外国公司有价证券权益的可转让凭证。存托凭证所代表的外国证券称为基础证券，通常是外国公司的股票，也可以是外国公司债券。存托凭证的当事人包括基础证券的发行公司、托管人、存托人和投资者。基础证券的发行公司是外国公司，它将其发行的股票或债券寄存在托管人处，托管人作为保管基础证券的机构，一般由外国的银行或金融机构担任；存托人是存托凭证的发行人，它以外国托管人保管的基础证券为基础向国内投资者发行存托凭证，存托凭证在国内证券市场上市流通。持有存托凭证的投资者实际上就是基础证券的所有人，享有证券所有者的相应权利。存托人与托管人之间需签订基础证券的托管协议。存托凭证是投资者投资外国公司证券的一种重要金融工具，一般按发行或交易地点之不同被冠以不同的名称，如美国存托凭证（American depository receipt，ADR）、欧洲存托凭证（European depository receipt，EDR）、全球存托凭证（global depository receipt，

GDR)、中国存托凭证(Chinese depository receipt，CDR)等。2018 年 6 月 6 日，中国证监会发布了《存托凭证发行与交易管理办法(试行)》。根据该办法的规定，符合条件的境外证券发行公司可以在中国证券市场发行中国存托凭证。

图 3-1 描述了在乙国证券市场发行甲国的 A 公司股票的存托凭证的过程。

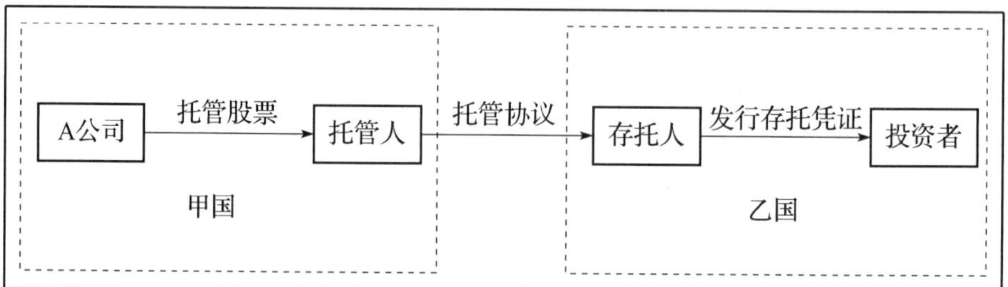

图 3-1 存托凭证发行过程

3.4 金融衍生工具

金融衍生工具(financial derivative)，又称金融衍生产品、衍生金融资产或衍生金融工具等，它是指在某种基础资产或基础变量之上派生出来的金融工具。基础资产也称标的资产，可以是某种商品或者某种金融工具，比如大豆、股票、债券等。金融衍生工具的标的也可以是某一种变量，比如利率、汇率、某种价格指数、某个滑雪胜地的降雪量等。金融衍生工具的价格随基础资产价格或基础变量数值而变化。近几十年来，金融衍生产品市场越来越活跃，期货和期权市场参与者日益增多。本节将主要介绍一些重要的金融衍生工具的基本概念，包括远期合约、期货合约、期权合约、互换合约。

3.4.1 远期合约

远期合约(forward contract)是在将来某一指定时间以约定价格交易标的资产的合约。远期合约是相对于即期合约(spot contract)而言的，即期合约是指在当前就要交易的合约。在远期合约中，同意将来以约定价格买入资产的一方称为多头或长头寸(long position)，同意将来以约定价格卖出资产的一方称为空头或短头寸(short position)。远期合约可以用来对冲经营风险，生产经营者可以通过签订远期合约来规避未来标的资产价格变动带来的风险。例如，农民在春天种植玉米时，无法预计秋季玉米价格的变化，如果秋季玉米价格下跌将会影响其收益。如果农民在春季种植玉米之前与某玉米购货商签订玉米的远期合约，约定秋季玉米的交易价格和数量，这样就可以规避将来玉米价格变动的风险。这种交易被称为套期保值。

在金融市场上，外汇远期合约十分流行。许多银行开展外汇的即期交易和远期交易。如中国银行开展了多种外汇的远期合约交易。

远期合约通常会存在两种风险。一种是信用风险，即合约对方到期不履行合约的风险。标的资产价格出现巨大变化后，合约的一方可能会不执行合约。另一种是流动性风险，远期合约的流通非常困难，合约持有者难以在合约到期之前将合约转让出去。这两个问题在期货合约中得到了很好的解决。

3.4.2 期货合约

期货合约（futures contract）是指由期货交易所统一制定的、规定在将来某一特定时间和地点交割一定数量的资产的标准化合约。与远期合约相比，期货合约的条款是标准化的，每一份期货合约所规定的交易的商品数量、质量等级、交割地点和交割时间都是标准化的。当期货合约到期时，持有未平仓的期货合约的买卖双方需进行交割。期货合约的标的资产可以是某种商品，如原油、棉花、大豆等，也可以是某种金融资产，如股票、国债等，甚至可以是某一价格指数，如我国的沪深300股指期货。表3－2是郑州商品交易所上市的白糖期货合约的基本条款。

表3－2 白糖期货合约的基本条款

交易品种	白砂糖（简称“白糖”）
交易单位	10吨/手
报价单位	元（人民币）/吨
最小变动价位	1元/吨
每日价格最大波动限制	上一交易日结算价±4%及《郑州商品交易所期货交易风险控制管理办法》相关规定
合约交割月份	1，3，5，7，9，11月
交易时间	每周一至周五（北京时间，法定节假日除外）上午9：00—11：30，下午1：30—3：00及交易所规定的其他交易时间
最后交易日	合约交割月份的第10个交易日
最后交割日	合约交割月份的第12个交易日
交割品级	见《郑州商品交易所期货交割细则》

续表

交割地点	交易所指定交割仓库
最低交易保证金	合约价值的 5%
交割方式	实物交割
交易代码	SR
上市交易所	郑州商品交易所

期货合约要在期货交易所进行交易，交易者需要在保证金账户中存入一定金额的**初始保证金**（initial margin）才能进行期货交易。按照期货交易所的规定，期货交易需要每日进行结算。如果交易者在当日的期货交易中发生损失，收盘后期货交易所会从其保证金账户中转出亏损的金额；如果交易者在当日的期货交易中盈利，期货交易所会将产生的收益金额转入其保证金账户。期货交易者的保证金账户中的资金数量不能低于**维持保证金**（maintenance margin），维持保证金是指期货交易所规定的维持所持有的期货合约头寸的最低保证金。如果期货交易者保证金账户中的金额低于维持保证金，交易者必须及时补足保证金，否则期货经纪人会强行平仓。

在西方国家，期货交易所有很长的历史。芝加哥期货交易所（CBOT）成立于 1848 年，芝加哥商品交易所（CME）成立于 1874 年，2006 年这两家交易所宣布合并组成芝加哥交易所集团（CME Group），这是目前全球最大的衍生品交易所。伦敦金属交易所（LME）是世界上最大的有色金属交易所，成立于 1876 年。

我国期货市场发展较晚，目前共有 3 家商品期货交易所和 1 家金融期货交易所，即郑州商品交易所（简称“郑商所”）、大连商品交易所（简称“大商所”）、上海期货交易所（简称“上期所”）和中国金融期货交易所（简称“中金所”）。郑商所成立于 1990 年 10 月 12 日，是我国第一家期货交易所。截至 2021 年年末，郑商所有 23 个期货品种和 6 个期货期权合约上市交易，大商所有 21 个期货品种和 6 个期货期权合约上市交易，上期所有 20 个期货品种和 6 个期货期权合约上市交易，中金所有沪深 300 股指期货、中证 500 股指期货、上证 50 股指期货、2 年期国债期货、5 年期国债期货和 10 年期国债期货 6 个金融期货合约上市交易以及沪深 300 股指期权合约上市交易。

3.4.3 期权合约

期权合约（option contract）是指合约的持有人有权在约定的时间按规定

的价格买入或者卖出一定数量的标的资产的合约。期权合约持有人具有执行合约的选择权，可以在期权合约到期日或到期日之前执行合约，也可以放弃行使这一权利。期权合约按照规定的权利不同，可以分为**看涨期权**（call option）和**看跌期权**（put option）。看涨期权的持有人有权在约定的时间按规定的价格买入标的资产；看跌期权的持有人有权在约定的时间按规定的价格卖出标的资产。期权合约中规定的价格称为**执行价格**（exercise price）或**约定价格**（strike price）。期权合约要约定合约的**到期日**（maturity date）。期权合约按行权期限不同可分为**欧式期权**（European option）和**美式期权**（American option）。欧式期权持有人只能在合约到期日行使期权；美式期权持有人可以在合约到期日之前的任何时间行使期权。期权合约的标的资产可以是股票、债券、基金产品、货币、股票价格指数、期货合约等。例如，在上海证券交易所上市交易的上证50ETF期权合约以上证50交易型开放式指数证券投资基金（50ETF）作为标的资产，上证50ETF期权合约的基本条款如表3-3所示。在郑商所上市交易的白糖期权合约以白糖期货合约为标的资产，白糖期权合约的基本条款如表3-4所示。

表3-3 上证50ETF期权合约的基本条款

合约标的	上证50交易型开放式指数证券投资基金（50ETF）
合约类型	认购期权和认沽期权
合约单位	10 000份
合约到期月份	当月、下月及随后两个季月
行权价格	5个（1个平值合约、2个虚值合约、2个实值合约）
行权价格间距	3元或以下为0.05元，3元至5元（含）为0.1元，5元至10元（含）为0.25元，10元至20元（含）为0.5元，20元至50元（含）为1元，50元至100元（含）为2.5元，100元以上为5元
行权方式	到期日行权（欧式）
交割方式	实物交割（业务规则另有规定的除外）
到期日	到期月份的第四个星期三（遇法定节假日顺延）
行权日	同合约到期日，行权指令提交时间为9:15—9:25，9:30—11:30，13:00—15:30
交收日	行权日次一交易日
交易时间	上午9:15—9:25，9:30—11:30（9:15—9:25为开盘集合竞价时间） 下午13:00—15:00（14:57—15:00为收盘集合竞价时间）

续表

委托类型	普通限价委托、市价剩余转限价委托、市价剩余撤销委托、全额即时限价委托、全额即时市价委托以及业务规则规定的其他委托类型
买卖类型	买入开仓、买入平仓、卖出开仓、卖出平仓、备兑开仓、备兑平仓以及业务规则规定的其他买卖类型
最小报价单位	0.000 1元
申报单位	1张或其整数倍
涨跌幅限制	认购期权最大涨幅=max{合约标的前收盘价×0.5%，min[(2×合约标的前收盘价−行权价格)，合约标的前收盘价]×10%} 认购期权最大跌幅=合约标的前收盘价×10% 认沽期权最大涨幅=max{行权价格×0.5%，min[(2×行权价格−合约标的前收盘价)，合约标的前收盘价]×10%} 认沽期权最大跌幅=合约标的前收盘价×10%
熔断机制	连续竞价期间，期权合约盘中交易价格较最近参考价格涨跌幅度达到或者超过50%且价格涨跌绝对值达到或者超过5个最小报价单位时，期权合约进入3分钟的集合竞价交易阶段
开仓保证金最低标准	认购期权义务仓开仓保证金=[合约前结算价+max(12%×合约标的前收盘价−认购期权虚值，7%×合约标的前收盘价)]×合约单位 认沽期权义务仓开仓保证金=min[合约前结算价+max(12%×合约标的前收盘价−认沽期权虚值，7%×行权价格)，行权价格]×合约单位
维持保证金最低标准	认购期权义务仓维持保证金=[合约结算价+max(12%×合约标的收盘价−认购期权虚值，7%×合约标的收盘价)]×合约单位 认沽期权义务仓维持保证金=min[合约结算价+max(12%×合标的收盘价−认沽期权虚值，7%×行权价格)，行权价格]×合约单位

表3-4　白糖期权合约的基本条款（白糖期货1909及其后合约执行本合约）

合约标的	白糖期货合约
合约类型	看涨期权、看跌期权
交易单位	1手（10吨）白糖期货合约
报价单位	元（人民币）/吨
最小变动价位	0.5元/吨
涨跌停板幅度	与白糖期货合约涨跌停板幅度相同
合约月份	标的期货合约中的连续两个近月，其后月份在标的期货合约结算后持仓量达到5 000手（双边）之后的第二个交易日挂牌

续表

交易时间	每周一至周五上午 9:00—11:30，下午 13:30—15:00，以及交易所规定的其他交易时间
最后交易日	标的期货合约交割月份前一个月的第 3 个交易日，以及交易所规定的其他日期
到期日	同最后交易日
行权价格	以白糖期货前一交易日结算价为基准，按行权价格间距挂出 5 个实值期权、1 个平值期权和 5 个虚值期权。行权价格≤3 000 元/吨，行权价格间距为 50 元/吨；3 000 元/吨＜行权价格≤10 000 元/吨，行权价格间距为 100 元/吨；行权价格＞10 000 元/吨，行权价格间距为 200 元/吨
行权方式	美式。买方可在到期日前任一交易日的交易时间提交行权申请；买方可在到期日 15:30 之前提交行权申请、放弃申请
交易代码	看涨期权：SR—合约月份—C—行权价格 看跌期权：SR—合约月份—P—行权价格
上市交易所	郑州商品交易所

注：白糖期货 1909 之前的合约，期权合约月份为 1，3，5，7，9，11 月，其他条款相同。

期权合约可以在交易所进行交易，也可以在场外市场交易。期权合约的买方通过支付一定的**期权费**（option premium）（也称权利金）成为权利方，期权合约的卖方是义务方。权利方有权选择行权或不行权，而义务方没有选择权。当标的资产市场价格高于行权价格时，看涨期权的持有人会选择执行期权，以行权价格买入资产，而看跌期权持有人不会行权。当标的资产市场价格低于行权价格时，看跌期权的持有人会选择执行期权，以行权价格卖出资产，而看涨期权持有人不会行权。

3.4.4　互换合约

互换合约（swap contract）又称掉期合约，是指交易双方签订的在未来某一时期相互交换现金流的合约。在互换合约中，交易双方要约定现金流的互换时间以及现金流的计算方法。通常现金流的计算要根据未来的利率、汇率或某种资产的市场价值。常见的互换合约有**利率互换**（interest rate swap）、**货币互换**（currency swap）、**商品互换**（commodity swap）和**股权互换**（equity swap）等。与期货合约和期权合约不同的是，互换合约一般都是非标准化合约，因此不能像期货合约和期权合约那样上市交易。

例 3-1

利率互换合约

假定2015年11月30日甲公司与乙公司签订一个3年期限的利率互换合约。合约规定的到期日为2018年11月30日。甲公司每年在付息日向乙公司支付以本金1亿元、年利率3.5%计算的固定利息，乙公司于同日每年向甲公司支付以本金1亿元，根据1年期Shibor利率计算的浮动利息，浮动利率的确定日为每一计息年度的期初。

第1次利息互换日期是2016年11月30日，甲公司需向乙公司支付的利息为350万元（10 000×3.5%），乙公司支付利息的浮动利率确定日是2015年11月30日，当日1年期Shibor利率为3.35%，则利息为335万元（10 000×3.35%）。

第2次利息互换日期是2017年11月30日，甲公司需向乙公司支付固定利息350万元，乙公司支付利息的浮动利率确定日是2016年11月30日，当日1年期Shibor利率为3.149%，则利息为314.9万元。

第3次利息互换日期是2018年11月30日，甲公司需向乙公司支付固定利息350万元，乙公司支付利息的浮动利率确定日是2017年11月30日，当日1年期Shibor利率为4.629%，则利息为462.9万元。

表3-5列示了甲公司利率互换的各年现金流。

表3-5　甲公司利率互换的各年现金流　　单位：万元

日期	1年期Shibor利率（%）	收入的浮动利息	支付的固定利息	净现金流
2015年11月30日	3.35			
2016年11月30日	3.149	335	350	−15
2017年11月30日	4.629	314.9	350	−35.1
2018年11月30日		462.9	350	112.9

利用利率互换可以改变负债的状态。对于甲公司而言，通过上述的利率互换将浮动利率转换为固定利率。假定甲公司已经发行了总面值为1亿元，浮动利率为Shibor+0.1%，3年期限的公司债券。甲公司与乙公司进行利率互换后，甲公司这项负债每年的现金流如下：

（1）支付给债券持有人的利率为Shibor+0.1%的利息；

（2）在利率互换合约中收到利率为Shibor的利息；

（3）在利率互换合约中支付固定利率为3.5%的利息。

上述3项现金流的净支出为利率为3.6%的利息。因此，甲公司通过利率互换实现了现金流互换，将浮动利率负债转换为固定利率负债，从而改变了负债状态。

而乙公司则将固定利率负债转换为浮动利率负债。

利率互换也可以改变资产的状态。还以上述甲公司为例，假定甲公司持有的是总面值为1亿元，期限为3年，固定利率为3.4%的公司债券。与乙公司进行利率互换后，甲公司的现金流如下：

(1) 收到固定利率为3.4%的利息；

(2) 在利率互换合约中收到利率为Shibor的利息；

(3) 在利率互换合约中支付固定利率为3.5%的利息。

上述3项现金流的净收入是利率为Shibor−0.1%的利息。因此，甲公司通过利率互换将持有的固定利率资产转换为浮动利率资产，改变了资产状态。乙公司则将浮动利率资产转换为固定利率资产。

3.5 证券投资基金

3.5.1 证券投资基金的概念

证券投资基金（securities investment fund），也称**共同基金**（mutual fund），是由基金管理人（基金管理公司）通过向公众投资者发行基金份额募集资金，购买金融市场上股票、债券或其他金融工具进行组合投资的一种集合投资方式。证券投资基金的运作涉及三方面的当事人：基金持有人、基金管理人和基金托管人。基金持有人是认购基金份额的投资者，包括个人投资者和机构投资者，通常个人投资者占多数。基金持有人将资金委托给基金管理人进行管理，按照持有的份额享有投资收益和承担投资风险。基金管理人由专业的投资管理专家和证券分析师组成，主要职责是按照基金合同的规定负责投资决策，建立资产组合，在有效控制风险的前提下实现基金资产的增值。基金管理人按合同规定收取基金管理费用。基金托管人是基金财产的保管人，是基金持有人权益的代表，一般由商业银行担任，负责基金财产的保管，监督基金的交易活动，办理资金清算和会计核算，确保基金财产的安全。基金托管人按合同规定收取基金托管费用。

3.5.2 证券投资基金的特点

证券投资基金作为一种间接投资工具，与其他投资工具相比，具有如下特点。

1. 专业管理

基金投资实行专业管理。基金管理人是由投资管理专家组成的专业管理团队，他们都受过投资的专业训练，具有丰富的投资经验。负责投资管理的基金经理需要对宏观经济形势进行判断，了解产业状况，分析公司的经营状况，在综合分析的基础上做出资产配置和证券选择，并根据投资环境的变化调整投资组合，控制投资风险。专业管理要求基金管理人必须建立投资的制度规范，遵循一定的投资决策程序，这样可以避免投资的盲目性，有利于控制投资风险。

2. 组合投资

基金管理人需按照投资合同的规定，进行组合投资，分散投资风险。证券投资基金的投资组合通常包括几十只甚至上百只证券，并且会规定单只证券的投资上限。这样的投资组合极大地分散了投资风险。许多个人投资者由于资金数量有限，无法进行分散化的投资，但是，通过购买证券投资基金进行投资，就可以享有组合投资分散风险的好处。

3. 流动性强

证券投资基金具有良好的流动性，买入和卖出十分简便。投资者可以直接在基金管理公司购买，也可以通过商业银行或证券公司等代理渠道购买。证券投资基金在建立投资组合时，会留存足够的现金，以便应对投资者日常赎回申请。有些基金不仅可以在场外申购和赎回，还可以在证券交易所挂牌交易，具有较好的流动性和变现性，投资者可以方便地在二级市场上买卖。

4. 信息公开

证券投资基金必须按照监管部门的要求定期披露信息，以便投资者了解基金的投资情况。在我国，公募基金每天公布基金单位净值，每个季度披露定期报告。基金定期报告需披露基金的财务状况、基金净值、投资组合、基金份额变化等信息。投资者可以在基金网站上查阅有关信息，了解基金的投资动态。

3.5.3 证券投资基金的分类

证券投资基金种类很多，投资者要根据自己的需求来选择不同类型的基金。下面介绍证券投资基金的主要类型。

1. 按基金的组织形式分类

按基金的组织形式不同，证券投资基金可分为契约型基金和公司型基金。

契约型基金，也称信托型基金，是依据信托契约通过发行基金份额来筹集资金，基金管理人、基金托管人和投资者三方当事人之间要订立信托契约。基金管理人依照契约运用信托财产进行投资管理，基金托管人依照契约负责保管信托财产，投资者依照契约享受投资收益并承担投资风险。基金管理人负有管理责任，基金托管人负有托管责任，投资者不能干涉基金管理人的投资决策。我国的证券投资基金都采用契约型基金的组织形式。

公司型基金是依据公司法成立的证券投资基金。公司型基金在组织形式上与股份有限公司类似，基金公司通过发行基金股份将集中起来的资金投资于各种证券。基金公司资产为投资者所有，投资者为基金公司的股东，股东大会选举基金公司的董事会，董事会聘任基金经理，由基金经理负责管理基金业务。

2. 按基金是否可以赎回分类

按基金在存续期间是否可以赎回，证券投资基金可分为封闭式基金和开放式基金。

封闭式基金是指基金在设立时规定了固定的存续期限和基金份额，在存续期限内基金封闭式运作，基金份额固定不变，投资者不能申购和赎回基金份额。在存续期结束时封闭式基金可以清算或者转型为开放式基金。封闭式基金在证券交易所上市交易，投资者可以将基金份额出售给其他投资者。

开放式基金，也称共同基金，是指基金设立时不规定固定的存续期限，发行的基金份额不固定，投资者可以随时申购和赎回基金份额。开放式基金的份额是变动的，投资者在申购和赎回基金份额时以基金单位净值为申购和赎回的价格。投资者申购和赎回基金份额需要缴纳一定的申购和赎回费用。

3. 按基金的管理方式分类

按基金的管理方式不同，证券投资基金可分为主动管理型基金和被动管理型基金。

主动管理型基金是指基金经理根据投资策略进行积极主动的投资管理，以求获得超过市场平均收益水平的收益。基金经理需要主动选择证券，并根据对市场的判断选择买卖时机。主动管理型基金一般有明确的投资方向和投资策略。如华夏基金管理有限公司发行的华夏大盘精选证券投资基金，其投资策略是采取自下而上的选股策略，精选出业绩增长前景良好且被市场低估的个股进行投资。

被动管理型基金是指基金经理不主动选择投资标的，而是购买某一股票价格指数的成分股来复制指数的表现，期望获得市场平均收益水平。这种投资方式要求基金经理尽可能准确地跟踪特定指数，因此，这种基金通常又称为指数基金。许多指数基金都会选择具有市场影响的股票价格指数作为跟踪对象，如沪深300指数、上证50指数等。指数基金管理费用较低，投资策略简单，能够给投资者提供市场平均收益水平。

在指数基金中，**交易所交易基金**（exchange trade fund，ETF）是一种可以在证券交易所上市交易的开放式指数基金，也称交易性开放式指数基金。投资者既可以向基金管理公司按基金单位净值来申购或赎回基金份额，也可以在二级市场上按市场价格买卖基金份额。ETF通常不允许现金申购及赎回，申购赎回必须以一篮子股票换取基金份额或者以基金份额换回一篮子股票。

4. 按基金的投资对象分类

按基金的投资对象不同，证券投资基金可分为货币市场基金、股票基金、债券基金、混合型基金、专门基金等。

货币市场基金是以各类货币市场金融工具为投资对象的基金。货币市场基金具有安全性高、流动性好、投资费用低廉等特点。

股票基金是以股票为投资对象的基金。股票基金具有较好的收益，但风险较高。基金公司可以根据投资策略设立不同风格的股票基金，如价值型股票基金、成长型股票基金、行业股票基金、主题股票基金等。

债券基金是以债券为投资对象的基金。债券基金的风险与收益低于股票基金，比较适合追求稳健收益的投资者投资。

混合型基金通常以不同的比例投资于股票和固定收益类证券，其风险与收益介于债券基金与股票基金之间。

专门基金投资于一些特定的资产，如黄金基金、期货基金、期权基金、可转债基金等。

本章重要名词

金融工具	短期国库券	大额存单	商业票据
商业本票	商业汇票	短期融资券	银行承兑汇票
回购协议	质押式回购	买断式回购	银行同业拆借
债券	国债	公司债券	抵押债券
信用债券	固定利率债券	浮动利率债券	收益债券
可转换债券	附认股权债券	普通股	优先股
存托凭证	金融衍生工具	远期合约	期货合约
初始保证金	维持保证金	期权合约	看涨期权

看跌期权　互换合约　证券投资基金　契约型基金
公司型基金　封闭式基金　开放式基金　主动管理型基金
被动管理型基金　交易所交易基金

思考与练习题

思考题

1. 金融工具与金融资产有什么关系？
2. 在经济活动中，金融工具有何作用？
3. 货币市场金融工具有何特点？
4. 债券市场金融工具与股票市场金融工具有何区别？
5. 优先股与公司债券有何相似点？与普通股有何相似点？
6. 远期合约和期货合约有何区别？
7. 郑商所的白糖期货合约与白糖期权合约有何联系与区别？
8. 互换合约在经济活动中有何作用？
9. 投资者在认购证券投资基金时应当注意哪些问题？
10. 指数基金与主动管理型基金有何不同之处？

练习题

1. 如果发生比较严重的经济衰退，你预期商业票据的收益率与短期国债的收益率之差将如何变化？

2. 下面关于回购协议的表述，哪一项是正确的？

a. 出售证券时承诺将在特定的日期按确定的价格回购这些证券。

b. 出售证券时承诺将在不确定的日期按确定的价格回购这些证券。

c. 购买证券时承诺将在特定的日期购买更多的同种证券。

3. 某上市公司计划发行证券筹集资金，公司目前资产负债率较高，大股东持股比例较低，大股东不希望股权被稀释。在这种情况下，你认为公司最好采用哪种方式筹资？

a. 发行公司债券筹资。

b. 发行优先股筹资。

c. 发行普通股筹资。

4. 一家饲料加工厂计划在6个月后购买10吨玉米用于饲料生产，但是，工厂担心6个月后玉米价格会大幅上涨，该厂可以采用以下哪种方式回避这种风险？这些方式有何不同？

a. 现在就购入玉米。

b. 在大连商品交易所买入1手6个月后到期的玉米期货合约。

c. 在大连商品交易所买入1张玉米的看涨期权合约。

d. 与供应商签订一份10吨的玉米远期合约。

5. 现有一位缺乏投资经验的年轻投资者，平时工作很忙，你认为他应该如何投资？

a. 自己买入股票。

b. 认购主动管理型基金。

c. 买入指数基金。

第4章

债券投资

学习目标

1. 掌握债券估值的基本模型。
2. 理解一年付息多次的债券估值方法。
3. 掌握债券到期收益率和持有期收益率的计算。
4. 掌握利率期限结构和收益率曲线的含义。
5. 理解债券剥离和重组的含义。
6. 了解利率期限结构理论的主要观点。
7. 掌握债券投资风险的种类。
8. 了解债券的风险评级。
9. 理解可转换债券的特性和主要条款。
10. 理解可转换债券的价值。

第3章介绍了债券的基本概念与种类。债券是一种重要的投资工具，本章将介绍债券投资的内容：首先阐述债券的估值模型，其次讨论债券收益率的测算以及利率期限结构，然后介绍债券投资风险，最后介绍可转换债券的知识。

4.1 债券估值

4.1.1 影响债券价值的因素

投资者在进行债券投资时，需要利用公开的信息来评价市场上的债券定价是否合理，并判断是否值得以当前的市场价格买入。投资者可以采用两种分析方法：一是根据现有的市场情况和债券的特性估算出债券的**内在价值**(intrinsic value)，并与债券的市场价格相比较，以判断债券定价是否合理。

如果债券的市场价格低于其内在价值，那么债券的定价偏低；反之，如果债券的市场价格高于其内在价值，那么债券的定价偏高。二是将债券的实际到期收益率与投资者认为合理的到期收益率进行比较，据此判断债券定价是否合理，然后决定是否可以进行投资。本节先介绍债券价值的评估方法。

要评估债券的内在价值，必须了解影响债券价值的因素。我们以公司债券为例来说明影响债券价值的主要因素。一般来说，影响债券价值的因素主要包括以下内容。

（1）债券的面值。面值是债券期满时需要向投资者兑付的金额，是投资者收到的现金流量的一部分。

（2）债券的票面利率。票面利率决定了债券的应付利息，利息也是投资者收到的现金流量的一部分。

（3）距离到期日的时间。这是债券剩余的期限。

（4）债券的付息方式。付息方式可分为分期付息和到期日一次付息。付息方式会影响债券投资现金流量的分布情况。分期付息债券也称附息债券。

（5）债券的变现性。变现性影响债券的流动性。流动性好的债券相比流动性差的债券更受投资者欢迎。

（6）债券的违约风险。违约风险是投资者要关注的主要风险，是影响债券价值的重要因素。

（7）市场利率水平。市场利率的变化会引起债券价值变化，通常债券价值与市场利率呈反向变动。

4.1.2 债券估值的基本模型

债券价值评估的基本原理是债券投资收益的资本化，用投资者要求的必要报酬率作为折现率将债券存续期限内所产生的现金流量进行折现，计算出的现值就是债券价值。因此，债券估值的基本模型是一个**现金流量折现模型**（discounted cash flow model，DCF）。债券估值模型可以用公式（4－1）表示。这个公式是用来计算分期付息债券的价值的，因为市场上多数债券都是分期付息的，所以这个模型也是债券估值的基本模型。

$$V=\sum_{t=1}^{n}\frac{I}{(1+k)^{t}}+\frac{M}{(1+k)^{n}} \tag{4-1}$$

式中，V 表示债券的内在价值；I 表示债券的利息；n 表示债券剩余存续期的计息期数；M 表示债券的面值；k 表示折现率，一般采用适合债券风险等级的市场利率。

从公式（4－1）可以看出，分子的利息 I 和面值 M 都是投资者在债券存续期内所收到的现金流量。需要注意的是，分期付息债券支付利息的周期是不同的。在我国，多数公司债券 1 年支付一次利息，也有每半年支付一次利息的。折现率 k 与计息期在时间单位上需一致。如果 1 年支付一次利息，那么 k 应当采用年利率；如果每半年支付一次利息，那么 k 应当采用半年利率。

根据债券的估值模型，市场利率对债券价值有重要影响，因为市场利率变化会使模型中的折现率发生变化。债券价值与市场利率呈反向变动关系。因此，当市场利率提高时，债券价格将下跌；当市场利率下降时，债券价格将上升。在影响债券价值的七个因素中，债券的变现性、违约风险和市场利率水平都会影响折现率。债券价值与市场利率的关系可以用图 4－1 描述，图中，横轴为市场利率 r，纵轴为债券价值 V，虚线表示的是市场利率 r_m 与面值 M。

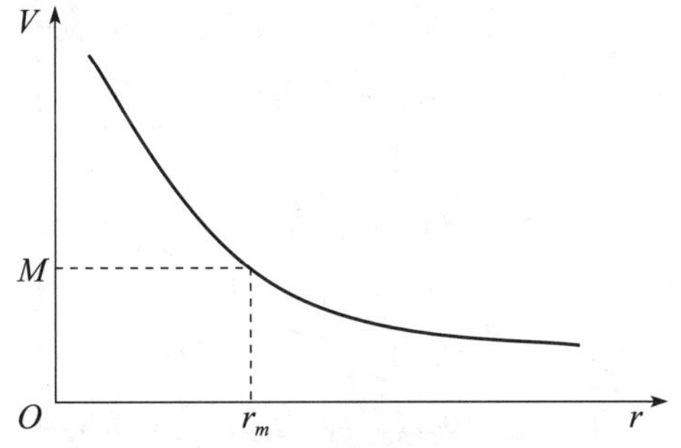

图 4－1　债券价值与市场利率的关系

例 4－1

某投资者计划投资公司债券，当前有三个公司发行债券。B 公司发行的债券面值为 100 元，票面利率为 3%；C 公司发行的债券面值为 100 元，票面利率为 6%；D 公司发行的债券面值为 100 元，票面利率为 9%。三个公司债券的期限都为 10 年，都是每年支付一次利息。根据当前市场状况和这三个公司债券的特性，投资者对 B、C 和 D 三个公司债券要求的必要报酬率分别为 5%、6%、7%。请计算这三个公司债券的发行价格。

债券发行价格应当以债券价值为基础来确定。三个公司债券价值计算如下：

$$V_B=\sum_{t=1}^{10}\frac{100\times 3\%}{(1+5\%)^t}+\frac{100}{(1+5\%)^{10}}=84.56(\text{元})$$

$$V_C=\sum_{t=1}^{10}\frac{100\times 6\%}{(1+6\%)^t}+\frac{100}{(1+6\%)^{10}}=100(\text{元})$$

$$V_D=\sum_{t=1}^{10}\frac{100\times 9\%}{(1+7\%)^t}+\frac{100}{(1+7\%)^{10}}=114.05(\text{元})$$

因此，B、C和D公司债券的发行价格应当是84.56元、100元和114.05元。B公司债券的票面利率低于市场利率，需折价发行；C公司债券的票面利率等于市场利率，需平价发行；D公司债券的票面利率高于市场利率，需溢价发行。

随着时间的推移，债券的剩余期限越来越短。根据上面的分析，假定未来10年折现率保持不变，三个公司债券在到期之前仍将保持折价、平价和溢价状态。但是，随着时间的推移，债券价值将逐渐向面值回归。债券价值随时间推移的变化如表4-1所示。

表4-1　债券价值随时间推移的变化

时间	剩余年限	B公司债券（票面利率3%）	C公司债券（票面利率6%）	D公司债券（票面利率9%）
		折现率5%	折现率6%	折现率7%
0	10	84.56	100.00	114.05
1	9	85.78	100.00	113.03
2	8	87.07	100.00	111.94
3	7	88.43	100.00	110.78
4	6	89.85	100.00	109.53
5	5	91.34	100.00	108.20
6	4	92.91	100.00	106.77
7	3	94.55	100.00	105.25
8	2	96.28	100.00	103.62
9	1	98.10	100.00	101.87
10	0	100.00	100.00	100.00

由表4-1可以看出，随着时间的推移，折价债券价值逐渐上升，到期时达到面值；溢价债券价值逐渐下降，到期时也达到面值。这是债券价值变化的一个规律。图4-2描述了这一规律。

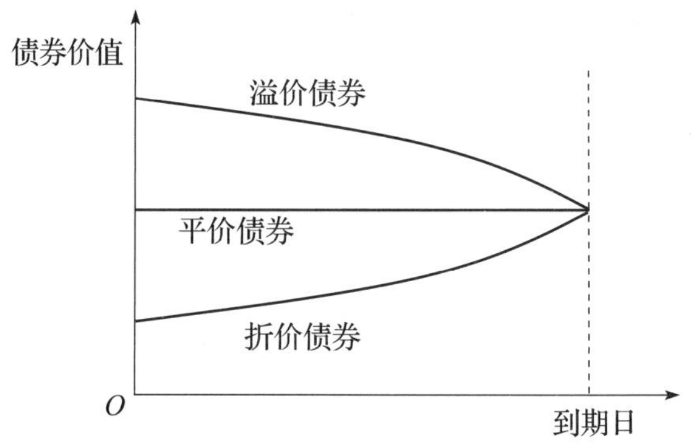

图4-2　债券价值的走势规律

在现实中，图4-2所描述的债券价格的走势仍成立吗？实际上，现实中债券价格的走势并非如图4-2所描述的一样，因为市场或投资者对债券要求的必要报酬率会随着时间推移而变化。这个变化主要有两个原因：一是市场利率的变化；二是债券自身的风险变化。对债券要求的必要报酬率会随着债券自身风险的增加（或减小）而上升（或下降）。因此，债券价格不会如图4-2那样平滑地趋近面值。

4.1.3　零息债券的估值

零息债券（zero-coupon bond）是利息为零的债券，也称为无息债券或纯贴现债券。零息债券只在到期日有一笔现金流量，按照债券面值折现即可得到债券的内在价值。零息债券估值的计算如公式（4-2）所示：

$$V=\frac{M}{(1+k)^{n}} \tag{4-2}$$

在例4-1中，如果其他条件不变，三个公司发行的债券都改为零息债券，则B、C、D公司的债券在发行时的价值分别为61.39元、55.84元和50.83元。三个公司债券都要折价发行，因此，零息债券也称为纯贴现债券。

4.1.4　一年付息多次的债券估值

有些债券可能一年付息两次甚至多次，付息周期短于一年。一年付息多次的债券估值仍然可以采用公式（4-1）的估值模型。但是，需要对计息期数和利率做出相应的调整。如果一年付息 m 次，那么 n 年的付息次数为 $m\times n$ 次，每期支付的利息为 I/m，折现率也应调整为与付息期对应的折现率，比如半年付息一次，折现率就应当用半年利率。因此，公式（4-1）可以改写为公式（4-3）。[①]

$$V=\sum_{t=1}^{mn}\frac{I/m}{(1+r)^{t}}+\frac{M}{(1+r)^{mn}} \tag{4-3}$$

式中，折现率 r 是与付息期对应的折现率，是根据年折现率 k 与一年付息次数计算得出的。

① 如果考虑复利，一年付息多次的债券价值计算公式也可以表示为：$V=\sum_{t=1}^{mn}\frac{I/m}{(1+k)^{t/m}}+\frac{M}{(1+k)^{n}}$，式中，$k$ 为年折现率。

例 4-2

假定某投资者计划购买 A 公司债券，面值为 100 元，票面利率为年利率 8%，每半年支付一次利息，还有 4 年到期，到期日按面值 100 元兑付债券并支付最后半年的利息。当前债券价格为 93.25 元。根据债券的风险等级，投资者要求的必要报酬率为 10%。请计算债券价值并判断是否可以按当前市场价格购买 A 公司债券进行投资。

因为债券票面利率为 8%，所以 A 公司债券每半年支付 4 元利息，在未来存续期 4 年中还要支付 8 次利息。半年的折现率通常简单地用年利率除以 2 来计算，即 5%。[①] 这样就可以用公式（4-3）计算出债券价值。

$$V=\sum_{t=1}^{8}\frac{4}{(1+5\%)^t}+\frac{100}{(1+5\%)^8}=93.54(\text{元})$$

因此，A 公司债券价值为 93.54 元，大于其市场价格，投资者可以按当前市场价格购买债券进行投资。

4.1.5 付息日之间的债券估值

利用债券的估值公式（4-1）计算债券价值时，债券的存续期 n 是完整的计息期数。如果恰好在某一个付息日对债券估值，那么使用公式（4-1）是非常便利的。比如某公司债券的付息日是每年的 3 月 1 日，一年支付一次利息，如果恰好是在付息日 3 月 1 日对债券估值，那么债券的剩余存续期 n 是完整的付息期，直接用公式（4-1）就可以计算出债券价值。但是，如果在两个付息日之间的某一日期对债券估值，比如在 6 月 25 日进行估值，计算就变得比较复杂。在这种情况下，应当如何计算债券价值呢？

根据债券估值的基本原理，无论在哪一天估值，债券价值都是未来所产生的现金流量的折现值。在两个付息日之间进行估值并不会影响债券价值，只是因为折现期限不是完整的计息期，在本计息期内，从起息日至估值日之间已经产生了应计利息，所以会使计算变得复杂一些。为了解决这个问题，现在的债券交易与结算实行“净价交易，全价结算”的规则。净价是指不含应计利息额的价格，全价是净价与应计利息额之和。“净价交易”是指在债券买卖时，以不含有自然增长应计利息的价格报价并成交的交易方

① 用年利率除以 2 得出半年折现率会高估折现率。如果考虑复利，半年折现率 r 应当这样计算：$(1+r)^2=1+10\%$。求得 $r=\sqrt{1+10\%}-1=4.88\%$。因此，用 5%作为折现率，计算出的债券价值被低估了。

式。“全价结算”是指在结算时债券买方需向卖方以全价支付结算价款，也就是说，买方不仅要支付给卖方净价，还要支付起息日至成交日期间的应计利息额。在净价交易条件下，由于债券交易价格不含有应计利息，其价格形成及变动能够更加准确地体现债券的内在价值、供求关系及市场利率的变动趋势。

全价和应计利息额的计算如公式（4-4）和公式（4-5）所示：

$$全价=净价+应计利息额 \tag{4-4}$$

$$应计利息额=债券面值\times票面利率\div 365\times已计息天数 \tag{4-5}$$

根据证券交易所的规定，应计利息额是指本计息期的起息日至成交日所含利息金额。已计息天数是指起息日至成交日的实际日历天数，1年按365天计算，闰年2月29日不计算利息。计息原则是“算头不算尾”，即起息日当天计算利息，到期日当天不计算利息。债券交易报价系统中显示的内容包括净价、应计利息额和全价，其中应计利息额是包括交易日当天在内的应计利息额。

债券净价是对债券净值的反映，它是债券未来收益的现值。应计利息额是已经孳生而尚未支付的利息。因此，在两个付息日之间的某一个日期进行债券估值，计算的是债券净值。计算出债券净值之后，再加上应计利息额，就是债券总价值。由于折现期 n 不是完整的计息期数，计算债券净值和应计利息额会复杂一些。但是，利用财务计算器或者计算机来计算就非常便利了。Excel 和 WPS 都提供了计算债券价值和利息的公式，只需输入相应的数据，如结算日、到期日、票面利率、折现率等数据，就可以计算出债券价值和应计利息额。

4.2　债券投资收益

投资收益通常包含两部分，一部分是投资期间获得的现金收益，另一部分是投资期间获得的资本增值收益，即资本利得。对于债券投资而言，现金收益为债券存续期内收到的利息收入，资本利得则表现为债券价值的增值。投资收益既可以按绝对数计量，也可以按相对数计量。一般按相对数——投资收益率来计量，这样便于对投资业绩进行评价。下面介绍两种债券投资收益率：到期收益率和持有期收益率。

4.2.1 到期收益率

到期收益率（yield to maturity，YTM）是指投资者买入债券并持有至到期日所获得的年化收益率。到期收益率通常被视为从购买日至到期日投资者持有债券所获得的年平均收益率。可以通过债券价格、剩余存续期限、利息额来测算到期收益率。其计算如公式（4－6）所示。

$$P=\sum_{t=1}^{n}\frac{I}{(1+R)^t}+\frac{M}{(1+R)^n} \tag{4-6}$$

式中，P 为债券的市场价格；I 为每期支付的利息；M 为债券面值；n 为债券距离到期日的剩余期限；R 为到期收益率。

公式（4－6）就是债券估值公式（4－1）的变形，到期收益率就是债券估值模型中的折现率。它表示以当前市场价格 P 购买债券，并持有至到期日所获得的年化收益率。对于已经上市的债券，在债券面值、票面利率、剩余存续期限一定的情况下，影响到期收益率的主要变量只有债券的市场价格。到期收益率与债券价格呈反向变动关系。当债券价格上升时，到期收益率会下降；反之，当债券价格下跌时，到期收益率会上升。因此，到期收益率实际上也反映了债券市场利率的变化。

例 4－3

假定某投资者计划投资 E 公司发行的债券，债券面值为 100 元，票面利率为 6.5%，每年付息一次，债券剩余存续期为 3 年，到期日按面值 100 元兑付债券并支付最后一年的利息。当前债券价格为 101.55 元。该投资者计划买入后持有至到期日。请计算该债券的到期收益率。

根据公式（4－6）计算 E 公司债券的到期收益率：

$$101.55=\sum_{t=1}^{3}\frac{6.5}{(1+R)^t}+\frac{100}{(1+R)^3}$$

计算得出该债券到期收益率为 5.92%。

计算债券到期收益率可以用 Excel 和 WPS 提供的公式，一些财经网站如东方财富网、和讯网上也有债券计算器，利用这些计算工具可以很方便地计算出债券到期收益率。

在债券风险相同或近似的情况下，投资者应该选择到期收益率较高的债券进行投资。在市场有效的情况下，债券到期收益率的高低往往反映了债券风险大小。一般来说，高风险的债券，其市场价格较低，到期收益率会比较高；而低风险的债券，其市场价格较高，到期收益率会比较低。因而，收益与风险总是相匹配的，债券到期收益率上升未必是好事，可能意味着会出现利空消息。债券到期收益率是在假定发行方不违约情况下计算出来的，债券出现违约迹象时，债券价格往往大幅下跌，债券到期收益率会大幅上升。所以，债券到期收益率上升很可能意味着违约风险增加。2008 年美国次贷危机波及欧洲之后，欧盟许多成员国出现债务危机，债券市场出现了到期收益率飙升现象。

4.2.2　持有期收益率

许多情况下投资者不会持有债券至到期日，投资者如果认为债券价格达到高点或未来价格会下降，往往会卖出债券以期获得最大化收益。这种情况下，债券的持有期短于债券的存续期，这就需要计算持有期收益率。**持有期收益率**（holding period return）是指投资者在特定投资期限内持有资产获得的收益率。持有期收益率可以分为持有期总收益率、持有期年化收益率和内含收益率等不同表现形式。持有期总收益率没有换算成年化收益率，因此不是衡量投资业绩的理想指标。持有期年化收益率和内含收益率可以用来衡量债券投资年度的业绩表现，这两个指标都反映了投资者从买入债券到卖出债券期间所获得的年平均收益率。下面分别介绍这两个收益率的计算方法。

1. 持有期年化收益率

持有期年化收益率是投资者在持有债券期间所获得的投资收益年平均值与投资额的比率，持有期间的投资收益包括利息收入和资本利得。持有期年化收益率的计算如公式（4－7）所示：

$$R=\frac{I+(P_s-P_0)}{P_0\times N}\times 100\% \tag{4-7}$$

式中，R 为持有期年化收益率；I 为持有期间的利息收入；P_0 为购买债券的投资额；P_s 为出售债券收回的金额；N 为以年为单位的持有期限。

例 4－4

某投资者于 2018 年 7 月 20 日投资 9 780 元，买入 100 张 10 年期公司债券，债券面值为 100 元，票面利率为 5.63%，每年 7 月 20 日付息一次。该投资者于 2021 年 7 月 20 日以 10 030 元的价格卖出债券，共持有 3 年，在持有期间收到 3 次利息。该投资者债券投资的持有期年化收益率是多少？

根据公式（4－7）计算债券持有期年化收益率：

$$R=\frac{563\times3+(10\,030-9\,780)}{9\,780\times3}\times100\%=6.61\%$$

该投资者债券投资的持有期年化收益率为 6.61%。

按照公式（4－7）计算债券持有期年化收益率比较简单，方法是计算投资收益在持有期间的算术平均数，由于没有考虑到时间价值的影响，计算结果不够准确。为了更准确地反映债券投资绩效，可以计算债券投资的内含收益率。

2. **内含收益率**

内含收益率的计算并不复杂，其计算方法与到期收益率的计算方法相同，将公式（4－6）中的到期偿还的面值换成出售价格即可。

利用例 4－4 的数据计算该投资者在持有期间的债券投资内含收益率。因为 100 张债券的投资额为 9 780 元，出售金额为 10 030 元，所以买入价格为 97.80 元，卖出价格为 100.30 元。内含收益率计算如下：

$$97.80=\sum_{t=1}^{3}\frac{5.63}{(1+R)^t}+\frac{100.30}{(1+R)^3}$$

计算出债券投资的内含收益率为 6.56%。可见算术平均法计算出的持有期年化收益率高估了投资收益。

4.2.3 期望收益率与必要收益率

债券投资的期望收益率就是前面所讲的到期收益率，它反映了在当前市场状况下的市场利率水平。可以将期望收益率理解为按照目前债券价格买进债券，预期未来可以收到的现金流量所能达到的收益率。期望收益率是隐含在债券价格中的收益率。由于债券的利息和到期兑付的金额可以准确计算出来，所以在购买债券时就可以准确地计算出债券投资的期望收益率，即持有至到期收益率。

必要收益率是投资者依据债券的风险等级和自身的风险偏好，对债券投资要求的最低投资收益率。债券的风险越高，投资者要求的必要收益率就会越高，因为投资需要对其承担的风险要得到补偿。

在均衡市场状态下，期望收益率与必要收益率应当相等。投资者在进行投资时，首先要衡量债券投资的期望收益率，只有期望收益率达到投资者要求的必要收益率水平，他才愿意买入债券；如果期望收益率达不到投资者要求的必要收益率水平，他就不会买入债券。

4.3　利率期限结构

4.3.1　利率期限结构的概念

利率期限结构（term structure of interest rates）是指债券收益率与到期期限之间的变化关系。因为债券收益率代表债券的市场利率水平，所以这种收益率的期限结构被称为利率期限结构。基于前面的分析，债券价格与到期收益率是相互对应的关系，因此债券到期收益率成为债券报价的一种通用形式。一般而言，在债券风险一定的情况下，债券的期限越长，债券的到期收益率越高，但是，在某个特定时期可能有例外的情况，期限长的债券收益率反而低于期限短的债券收益率。

了解利率期限结构有助于我们分析不同期限的资金供求关系，为判断市场利率的变化趋势提供参考依据。因为不同的债券具有不同的信用品质，其风险等级差别很大，所以研究利率期限结构必须考虑债券信用品质的一致性，不同风险等级的债券之间的收益率期限结构不具有可比性。例如，我们可以分析国债收益率的期限结构、AAA级公司债券收益率的期限结构，但是不能将二者混为一谈来分析利率期限结构。因为国债收益率代表市场的无风险利率，所以国债收益率的期限结构是最受人们关注的。

4.3.2　收益率曲线

收益率曲线（yield curve）是描述债券收益率与到期期限之间关系的曲线。利率期限结构通常用收益率曲线来描述。收益率曲线在以债券期限为横轴、债券收益率为纵轴的平面直角坐标系中。

债券收益率或到期收益率会受债券风险尤其是违约风险的影响。不同债券的违约风险不同，收益率也会不同。债券的收益率曲线反映的是债券收益率与期限之间的关系，因而必须是同等风险等级债券的收益率与期限的关系。因为国债通常没有违约风险，国债的收益率被市场视为无风险利率，所以国债收益率曲线是投资者最为关注的，常常称为利率曲线。图4-3是2021年12月10日中国国债收益率曲线图。

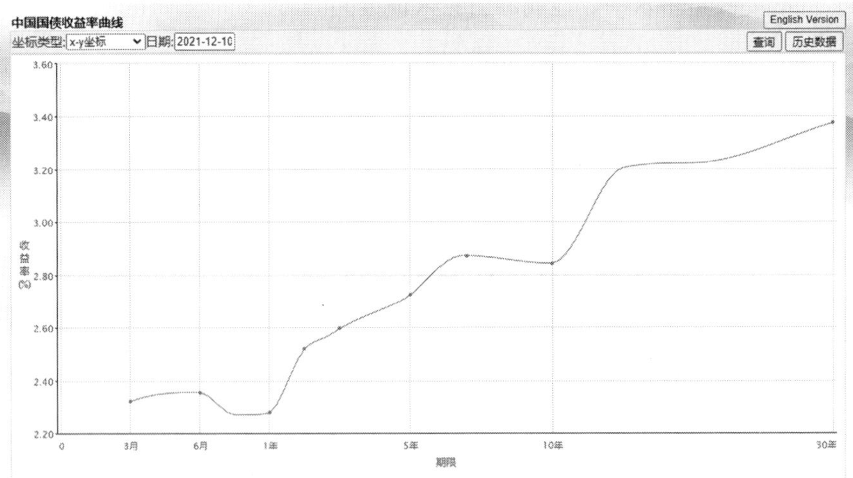

日期	期限	当日（%）	比上日（BP）	比上月同期（BP）	比上年同期（BP）
2021-12-10	3月	2.32	0.47	4.61	-39.34
	6月	2.35	0.48	0.46	-40.81
	1年	2.28	0.00	-1.39	-52.80
	2年	2.52	-1.08	-1.68	-42.44
	3年	2.60	-1.57	-2.92	-36.67
	5年	2.72	-0.89	-3.11	-38.14
	7年	2.87	-0.75	-5.76	-38.77
	10年	2.84	-1.00	-7.13	-41.75
	30年	3.37	-0.24	-5.62	-45.15

中央国债登记结算公司(CCDC)提供　　编制说明

图 4-3　中国国债收益率曲线图

现实中的收益率曲线会有不同的形状。如果对收益率曲线进行理论上的归纳，可以归纳为几种基本图形，其中比较常见的是以下三种收益率曲线，如图 4-4 所示。图中，t 表示债券的期限；r 表示收益率。

（a）向上倾斜曲线　（b）水平线　（c）向下倾斜曲线

图 4-4　收益率曲线的基本类型

图 4-4（a）的收益率曲线表示债券的期限越长，收益率越高，这是常见的情况，也称为正向收益率曲线；图 4-4（b）的收益率曲线保持平稳；图 4-4（c）的收益率曲线表示债券的期限越长，收益率越低，这是反常的情况，也称为反向收益率曲线。

4.3.3　债券剥离与重组

根据利率期限结构和收益率曲线，我们在债券投资时可以采用不同的投资策略。下面我们先看一个例子，然后讨论基于利率期限结构应该如何进行债券投资决策。

例4－5

某投资者计划购买一只剩余期限为4年的附息国债G，面值为100元，票面利率为5%，按年支付利息，到期按面值兑付并支付最后一年的利息。该投资者想知道国债G的合理价格是多少。已知当前市场上剩余期限为1年、2年、3年和4年的四个零息国债，面值都为100元，四个零息国债的价格以及计算出的到期收益率如表4－2所示。

表4－2　四个零息国债的价格以及到期收益率

国债	剩余期限（年）	价格（元）	到期收益率（%）
A	1	96.50	3.63
B	2	92.60	3.92
C	3	88.49	4.16
D	4	84.50	4.30

若想知道国债G的合理价格，需要计算国债G的价值。国债G未来4年中每年将支付5元利息，并在4年期满时按面值偿还100元。现在的问题是，应该用什么折现率来计算其价值。如果将国债G未来4年每年支付的利息与到期偿还的金额看作4个不同期限的零息国债，就应当分别选择不同年限的利率作为折现率计算其现值，加总得到国债G的价值。

根据表4－2提供的信息，剩余期限为1年、2年、3年和4年的零息国债到期收益率分别为3.63%、3.92%、4.16%、4.30%，应分别作为国债G未来各年现金流量的折现率，国债G的价值计算如表4－3所示。

表4－3　国债G的价值计算

年限（年）	1	2	3	4
现金流量（元）	5	5	5	105
折现率（%）	3.63	3.92	4.16	4.30
现值系数	0.965 0	0.926 0	0.884 9	0.845 0
现值	4.825	4.630	4.425	88.725

因此，国债 G 的价值为：

4.825＋4.630＋4.425＋88.725＝102.61(元)

这意味着，目前国债 G 的合理价格应该是 102.61 元，如果价格不高于 102.61 元就值得购买。

假定该投资者计划购买 20 张国债 G，他共计需要支付 2 052.20 元（102.61×20＝2 052.20）。他在未来 4 年中每年可以收到的现金流量分别为 100 元、100 元、100 元和 2 100 元。如果该投资者将 2 052.20 元资金分别用 96.50 元购买 1 张国债 A，用 92.60 元购买 1 张国债 B，用 88.49 元购买 1 张国债 C，用 1 774.50 元购买 21 张国债 D，那么在未来 4 年中他可以获得与购买 20 张国债 G 相同的现金流量。因此，20 张国债 G 可以剥离为这样的组合：

20 张国债 G＝1 张国债 A＋1 张国债 B＋1 张国债 C＋21 张国债 D

我们将这个策略称为**债券剥离**（bond stripping）。国债剥离就是将附息国债每一次利息和本金支付从债券整体中剥离，作为独立现金流量分别投资于对应期限的零息国债。相反的过程可以称为**债券重组**（bond reconstituting）。债券剥离和债券重组为套利提供了机会。如果一些债券被错误定价，投资者可以通过债券剥离或债券重组获得无风险利润。

表 4－2 中零息国债的到期收益率称为即期利率。**即期利率**（spot rate）是指在某一时间点零息债券的到期收益率。它可以被认为是一个即期合约中约定的利率。

例 4－6

在表 4－2 的四种国债中，期限为 1 年的国债 A 和期限为 2 年的国债 B，目前价格分别为 96.50 元和 92.60 元，据此计算的到期收益率分别为 3.63%和 3.92%。如果某投资者的投资周期是 2 年，他有两种投资策略：一是买入 1 年期的国债 A，1 年后用所得的本息再投资于 1 年期的国债；二是直接购买 2 年期的国债 B 进行投资。哪种投资策略更好呢？

假定用 y_n 表示当前 n 年期零息国债的到期收益率，y_{n-1} 表示当前 $n-1$ 年期零息国债的到期收益率，f_n 表示到第 n 年年初时间点的 1 年期零息国债的预计到期收益率，会有如下公式（4－8）。

$$(1+y_n)^n=(1+y_{n-1})^{n-1}\times(1+f_n) \tag{4-8}$$

经整理可得公式（4－9）：

$$f_n=\frac{(1+y_n)^n}{(1+y_{n-1})^{n-1}}-1 \tag{4-9}$$

公式（4-9）就是远期利率的计算公式。f_n 被称为第 n 年的远期利率。**远期利率**（forward rate）是隐含在给定的即期利率中从未来的某一时点到另一时点的利率水平。我们现在无法知道未来的实际利率是多少，只能推测远期利率的预期值。

根据公式（4-9）可以计算出第2年的零息国债的远期利率：

$$f_2=(1+y_2)^2/(1+y_1)-1=(1+3.92\%)^2/(1+3.63\%)-1=4.21\%$$

表4-2中国债的收益率曲线是上升的收益率曲线。如果该投资者选择1年期的国债投资策略，第1年的收益率为3.63%，在第2年年初再投资1年期的国债，必须要保证第2年的远期利率达到4.21%，才能达到直接购买2年期国债的3.92%的年收益率。因此，如果预计第2年的国债的远期利率超过4.21%，就可以选择先投资1年期国债，否则，就选择投资2年期国债。

4.3.4　利率期限结构理论

利率期限结构理论主要指对利率期限结构成因的解释。目前对这个成因的解释主要有预期理论、市场分割理论和流动性偏好理论。

预期理论（expectations theory）认为未来利率的升降是由人们的期望决定的，远期利率等于未来短期利率的期望值。根据预期理论，收益率曲线的形状表示市场对未来利率水平的预期。如果收益率曲线是向上倾斜的，长期利率高于短期利率，如图4-4（a），表明市场预期未来利率水平将会上升；如果收益率曲线是向下倾斜的，长期利率低于短期利率，如图4-4（c），表明市场预期未来利率水平将会下降；如果收益率曲线是大致水平的，如图4-4（b），表明市场预期未来利率水平不会发生变化。

市场分割理论（market segmentation theory）认为债券市场可分为期限不同的市场，期限不同的市场各有自己独立的市场供给和需求以及均衡利率。因此，利率的期限结构取决于不同市场的各自均衡利率。例如，有些人可能更愿意买卖10年期的债券，另一些人可能更愿意买卖5年期的债券。各个不同期限的利率是由各个市场的相对供给和需求状况决定的，这些市场是分隔的。

流动性偏好理论（liquidity preference theory）认为大部分投资者会有流动性偏好，除非远期利率超过预期短期利率且差额达到一定程度，否则，多数投资者更愿意持有短期债券。投资者可能认为投资短期债券会比长期债券面临较小的风险。根据流动性偏好理论，长期债券应当对投资者有流动性风险补偿。远期利率与即期利率的差就是流动性溢价，这是因持有长期债券而面临更大风险的额外收益。

4.4 债券投资风险

投资风险是指投资收益的不确定性。对债券投资而言，投资风险的识别和评估是非常重要的。下面分别介绍债券投资风险的种类和债券的风险评级。

4.4.1 债券投资风险的种类

一般来说，债券投资风险主要包括违约风险、利率风险、流动性风险和再投资风险四种。

1. 违约风险

债券投资的收益有不确定性，存在投资风险，其中主要的风险是发行方违约风险。**违约风险**（default risk）也称**信用风险**（credit risk），是指债务人不能按时支付债券利息或偿还本金，而给债券投资者带来损失的风险。在发行方违约的情况下，投资者不能如期足额获得债券的本息。债券发行公司的经营状况和财务状况决定了其偿还债务能力，债券发行公司经营风险越大、财务状况不够健康，债券发生违约的可能性越大。投资者可以通过对债券发行公司进行财务分析来判断违约风险的大小，公司的资产负债率、流动比率、速动比率和现金流量状况都可以反映其偿还债务的能力。

就违约风险而言，大公司债券比小公司债券更加安全，政府债券比公司债券更加安全。一般而言，由于政府掌握一国货币发行的权力，除非发生政权更替，政府往往是较为稳定的，因此，传统上认为政府债券基本没有违约风险，常被称为无风险债券。

2. 利率风险

利率风险（interest rate risk）是指利率波动造成的债券价值下降的风险。由债券估值的基本模型可知，利率上升会导致模型中折现率上升，进而债券价值下降。因此，利率风险特指利率上升造成的债券价值下降的风险。

利率风险大小的一个重要决定因素是期限。债券的期限越长，就有越多的未来收益需要折现，从而利率的影响越大。与短期债券相比，同样的利率波动会引起长期债券更大的价值波动，因而长期债券的利率风险会高于短期债券。根据债券估值的基本模型，我们知道债券价格与市场利率成反向变动关系，当市场利率上升时，债券价格会下跌；当市场利率下降时，债券价格会上升。但是，市场利率变化对长期债券和短期债券价格的影响是不同的。长期债券价格对利率变化的敏感性比短期债券更高。图 4-5 显示了 3 年期债券与 10 年期债券的价格与市场利率之间的变动关系。图中横轴表示市场利率 r，纵轴表示债券价格 P。

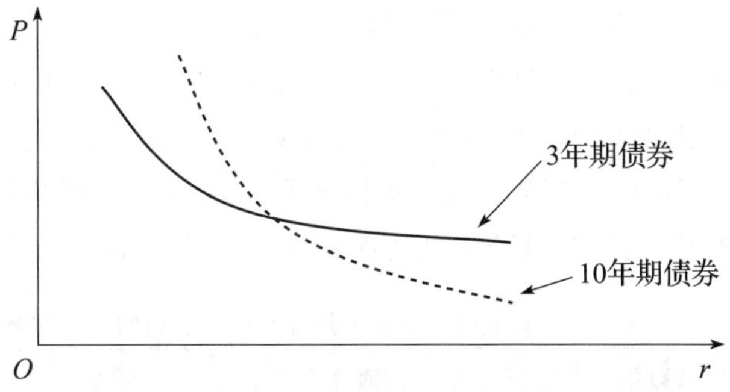

图 4-5　债券价格与市场利率之间的变动关系

3. 流动性风险

流动性风险（liquidity risk）是指市场成交量不足或者缺乏愿意成交的对手，导致债券不能以合理价格变现的风险。债券投资者必须重视债券的变现能力，许多债券在市场上的交易非常低迷，债券投资者打算卖出所持有的债券会非常困难。在我国的证券市场中，证券交易所对债券投资者有较高的要求，必须是经过认定的合格投资者才可以买卖债券，因此与股票市场相比，债券市场的流动性较差。这为债券投资带来更大的流动性风险。

4. 再投资风险

再投资风险（reinvestment risk）也称再投资收益风险，是指债券投资中收到的利息和本金用于再投资时收益率下降的风险。再投资收益下降可能来自市场利率下降，也可能来自发行公司风险下降导致债券价格上升。债券收益率曲线的变化会影响债券再投资风险。

4.4.2　债券的风险评级

一方面，对债券风险的认识如果停留在定性层面而不做定量测算，则很难准确把握具体债券或债券组合的风险，也就难以将债券的风险纳入债券价值的计算中。另一方面，市场上的债券类别繁多，每个类别又有众多不同的发行方。因此，对于普通投资者甚至机构投资者而言，确切地计量每只债券的风险非常困难。然而，无论是评估债券价值，还是做出投资决策，都需要对债券风险进行评价。这一需求促使债券的风险评级机构应运而生。风险评级机构在 20 世纪初首先在美国出现。1902 年穆迪公司的创始人约翰・穆迪

(John Moody) 开始对当时发行的铁路债券进行评级。后来这种风险评级业务延伸到多种金融产品和多个评估对象。

在资本市场上，国际上最为著名和活跃的信用评级机构有标准普尔 (Standard & Poor's)、穆迪 (Moody's) 和惠誉 (Fitch Rating)。我国目前全国性企业信用评级机构主要包括联合资信、中诚信国际、大公国际等。风险评级机构采用不同的符号来表示债券的风险等级。在风险分级和采用符号方面，国际评级机构的做法大同小异，我国评级机构采用了类似的做法。表 4-4 列示了四个著名信用评级机构所使用的风险分级符号。

表 4-4 著名信用评级机构的风险分级符号

标准普尔		穆迪		惠誉		大公国际	
长期债	短期债	长期债	短期债	长期债	短期债	长期债	短期债
AAA	A-1+	Aaa	P-1	AAA	F1+	AAA	A-1
AA+	A-1+	Aa1	P-1	AA+	F1+	AA+	A-1
AA	A-1+	Aa2	P-1	AA	F1+	AA	A-1
AA-	A-1+	Aa3	P-1	AA-	F1+	AA-	A-1
A+	A-1	A1	P-1	A+	F1+	A+	A-2
A	A-1	A2	P-1	A	F1	A	A-2
A-	A-2	A3	P-2	A-	F1	A-	A-2
BBB+	A-2	Baa1	P-2	BBB+	F2	BBB+	A-3
BBB	A-2/A-3	Baa2	P-2/P-3	BBB	F2	BBB	A-3
BBB-	A-3	Baa3	P-3	BBB-	F2/F3	BBB-	A-3
BB+	B	Ba1		BB+	F3	BB+	B
BB	B	Ba2		BB	B	BB	B
BB-	B	Ba3		BB-	B	BB-	B
B+	B	B1		B+	B	B+	B
B	B	B2		B	C	B	B
B-	B	B3		B-	C	B-	B
CCC+	C	Caa1		CCC+	C	CCC+	C
CCC	C	Caa2		CCC	C	CCC	C
CCC-	C	Caa3		CCC-	C	CCC-	C
CC	C	Ca		CC	C	CC	C
C	C	C		C	C	C	D

各个信用评级机构的风险分级符号的含义大同小异，简述如下：

AAA 级：信誉极好。企业资金实力雄厚，资产质量优良，各项指标领先，经济效益明显，偿债能力强。出现违约风险的可能性小于 5%。

AA 级：信誉优良。企业资金实力较强，资产质量较好，各项指标领先，经济效益稳定，偿债能力较强。出现违约风险的可能性在 5～10%。

A 级：信誉较好。企业资金实力和资产质量一般，各项指标处于中等或偏上水平，经济效益不够稳定，偿债能力受外部经济条件影响会有波动，但基本没有大的风险。出现违约风险的可能性在 10～15%。

BBB 级：信誉一般。企业资产和财务状况一般，各项指标处于中等水平，受外部经济条件影响，有一定的风险。出现违约风险的可能性在 15～22%。

BB 级：信誉欠佳。企业资产和财务状况差，各项指标处于中等以下水平，容易受外部经济条件影响，有较多信用不良记录，未来有投机和风险因素。出现违约风险的可能性在 22～30%。

B 级：信誉较差。企业资产和管理状况差，财务状况不佳，偿债能力较弱，出现违约风险的可能性在 30～45%。

CCC 级：信誉很差。企业盈利能力和偿债能力很弱，存在重大风险和不稳定性，偿债能力低下，出现违约风险的可能性在 45～62%。

CC 级：信誉太差。企业已处于亏损状态，难以应付常规支付，出现违约风险的可能性在 62～80%。

C 级：信誉极差。企业亏损严重，接近破产，已经丧失支付能力，出现违约风险的可能性在 80～100%。

D 级：违约。企业破产和债务违约基本既成事实，出现违约风险的可能性在 95～100%。

需要说明的是，所谓风险评级是对债券的信用评级，并不是就债券的全部风险进行评级，而是对债券的违约风险给予评级。评级也不是真正的风险定量，得不出有关风险指标（如 σ）的数值，而是将风险划分成不同等级。风险评级难免有人为估计的成分，有时并不能全面、客观、及时地反映评价对象的实际风险水平。

4.5　可转换债券

4.5.1　可转换债券的特性

可转换债券（convertible bond），简称可转债，是指由公司发行并规定债券持有人在一定期限内按约定的条件可以将其转换为发行公司普通股的公司债券。可转换债券在普通公司债券的基础上增加了转股条款，赋予债券持有人可以将其转换为公司股票的转股权。转股权是一种期权，债券持有人为该期权的权利方，转股与否取决于债券持有人的意愿。

可转换债券具有债权和股权的双重特性。在转股之前，可转换债券具有债权属性，发行公司需要定期向债券持有人支付利息。如果在规定的转换期限内，可转换债券持有人未将可转换债券转换为公司股票，发行公司还需要在债券到期日偿付债券本金，在这种情形下，可转换债券与普通公司债券相似，具有债权属性。如果在规定的转换期限内，可转换债券持有人将可转换债券转换为公司股票，则发行公司将债券负债转化为股东权益，而债券持有人成为公司股东，在这种情形下，可转换债券具有股权属性。

4.5.2 可转换债券的条款

投资者在购买可转换债券投资时，应关注一些特别条款。可转换债券除了具备普通公司债券的基本条款外，还规定了一些特别条款，包括转股期限、转股价格、转股价格调整条款、赎回条款、回售条款等。这些条款的规定对可转换债券投资的收益和风险有重要影响。

1. 转股期限

可转换债券的转股期限是指发行公司约定的可转换债券转换为股票的期限。一般而言，可转换债券的转股期限的长短与可转换债券的期限相关。在我国，可转换债券的期限按规定最短为1年，最长为6年。根据我国《上市公司证券发行管理办法》的规定，上市公司发行可转换债券，在发行结束6个月后，持有人可以依据约定的条件随时将其转换为公司股票。

2. 转股价格

可转换债券的转股价格是指以可转换债券转换为股票的每股价格。转股价格通常由发行公司在发行可转换债券时约定。在我国，按照有关规定，转股价格应不低于债券募集说明书公告日前二十个交易日该公司股票交易均价和前一个交易日的均价。转股价格直接关系到每张可转换债券转换为股票的数量。每张可转换债券转换为股票的股数称为转股比率，它等于可转换债券面值除以转股价格。例如，如果转股价格为20元，可转换债券的面值通常为100元，那么转换比率就是5，即1张可转换债券可以转换为5股普通股股票。

3. 转股价格调整条款

转股价格调整条款是指在可转换债券发行之后，发行公司对初始转股价格进行调整或修正的条款。如果发行公司因配股、增发、送股、派息等原因引起发行人股份变动，可能需要调整转股价格。此外，发行公司在募集说明书中通常会约定转股价格向下修正条款。当股价长期低于现行转股价格时，发行公司可以按照程序对转股价格向下修正。转股价格修正方案经发行公司股东大会表决通过方可进行修正。按照我国有关规定，转股价格修正方案须经出席会议的股东所持表决权的三分之二以上同意，但持有可转换债券的股东应当回避。转股价格的调整直接影响到转换比率，对可转换债券投资者和发行公司的利益都会产生影响。

4. 赎回条款

赎回条款是指债券发行公司有权利但没有相应义务按照事先规定的价格提前赎回债券。提前赎回债券也可以理解成债券发行公司可以提前偿还债券。赎回条款赋予了发行人一项选择权。可转换债券的赎回条款通常包括到期赎回条款和有条件赎回条款。到期赎回条款是在可转换债券期满时赎回尚未转股的债券，通常会在面值基础上再加上一定的利息补偿。例如可转换债券最后一年的利率可能是2%，但到期赎回价格可能规定为107元，这样每张债券就有5元的利息补偿。有条件赎回条款是指在可转换债券到期之前，当触发债券募集说明书中约定的提前赎回条件时，发行公司可以按照约定的赎回价格将未转股的可转换债券提前赎回。通常规定在公司的股票价格持续多个交易日超过转股价格且差额达到一定程度时，公司可以行使提前赎回权利。

5. 回售条款

回售条款是指债券投资者有权利但没有相应义务按照事先规定的价格要求提前清偿债券。回售条款可以理解成债券投资者可以要求发行人提前偿还债券。回售条款赋予了债券持有人一项选择权，即债券持有人可以自愿选择是否回售。从发行公司角度看，回售是义务而不是权利，发行公司有义务配合债券持有人按照规定的价格清偿债券。显然，回售条款会增加债券在资本市场上的吸引力，有利于债券发行。

例4－7

东方财富信息股份有限公司（股票简称：东方财富）于2021年4月7日发行158亿元可转换债券，每张面值为100元，共计158 000 000张，按面值发行。可转换债券简称为“东财转3”，其主要条款如下：

(1) 期限与利率。债券期限为6年，到期日为2027年4月6日。票面利率为：

第 1 年 0.2%、第 2 年 0.3%、第 3 年 0.4%、第 4 年 0.8%、第 5 年 1.8%、第 6 年 2.0%。每年付息一次，到期日公司将按债券面值的 107%（含最后一期利息）的价格赎回未转股的可转换债券。

（2）转股价格与转股期限。初始转股价格为 28.08 元/股。（注：因公司实施 2020 年度股利分配方案，每 10 股转 2 股派现金股利 0.6 元，自 2021 年 5 月 27 日起，转股价格调整为 23.35 元/股。）转股期限为 2021 年 10 月 13 日起至可转换债券到期日止。

（3）转股价格向下修正条款。在可转换债券存续期间，当公司股票在任意连续 30 个交易日中至少有 15 个交易日的收盘价低于当期转股价格的 85%时，公司董事会有权提出转股价格向下修正方案并提交公司股东大会审议表决。修正后的转股价格应不低于前项规定的股东大会召开日前 20 个交易日公司股票交易均价和前一交易日公司股票交易均价。

（4）有条件赎回条款。在可转换债券转股期内，如果公司股票连续 30 个交易日中至少有 15 个交易日的收盘价格不低于当期转股价格的 130%（含 130%），公司有权按照可转换债券面值加当期应计利息的价格赎回全部或部分未转股的本次可转换债券；在可转换债券转股期内，当本次可转换债券未转股余额不足 3 000 万元时，公司有权决定以面值加当期应计利息的价格赎回全部未转股的本次可转换债券。

（5）有条件回售条款。在可转换债券最后两个计息年度内，如果公司股票收盘价在任何连续 30 个交易日低于当期转股价格的 70%，可转换债券持有人有权将其持有的本次可转换债券全部或部分以面值加上当期应计利息回售给公司。

根据上面的例题，我们可以大致了解可转换债券的基本条款。2021 年 12 月 10 日“东财转 3”的市场价格为 165.50 元，正股东方财富的股价为 36.90 元，股价高于转股价格 23.35 元。在这种情况下，东方财富的可转换债券投资者是否应该将可转换债券转换为东方财富的股票呢？后面我们将对这个问题进行分析。

4.5.3 可转换债券的价值

与普通公司债券相比，可转换债券的价值评估要复杂得多。可转换债券可以理解为普通公司债券加上认购期权。认购期权是看涨期权，它赋予期权合约持有人在一定时期内可以按约定价格认购股票的选择权。因此，可转换债券可以分解如下：

可转换债券＝公司债券＋认购期权

基于这样的分解，可转换债券的价值应当包括纯债券价值和认购期权价值两部分。下面我们分别进行分析。

1. **纯债券价值**

可转换债券的纯债券价值与前面所介绍的公司债券价值一样，是未来本息的折现价值之和。纯债券价值是将可转换债券看作一个普通公司债券计算的债券价值。其估值模型就是公式（4-1）。在例4-7中，假设我们在“东财转3”的发行日，即2021年4月7日计算其纯债券价值，根据东方财富公司的风险等级并参考市场利率情况，我们要求的到期收益率为5%并以此为折现率，那么“东财转3”的纯债券价值计算如表4-5所示。

表4-5 “东财转3”的纯债券价值

年限（年）	1	2	3	4	5	6
现金流量（元）	0.2	0.3	0.4	0.8	1.8	107
折现率（%）	5	5	5	5	5	5
现值系数	0.952	0.907	0.864	0.823	0.784	0.746
现值（元）	0.1904	0.2721	0.3456	0.6584	1.4112	79.822

计算出“东财转3”的纯债券价值为：

$$0.1904+0.2721+0.3456+0.6584+1.4112+79.822=82.70(\text{元})$$

纯债券价值可以看作可转换债券的“价值底线”。无论可转换债券的正股价格如何，可转换债券的价格都不会低于其纯债券价值。当然，纯债券价值也不是一成不变的，它与普通公司债券一样会随市场利率、期限等因素的变化而变化。

2. **认购期权价值**

可转换债券的认购期权价值是其转股权的价值，包括内在价值和时间价值两部分。可转换债券的认购期权内在价值也称转股价值，等于转股比率与正股股价的乘积。因此，转股价值是由转股价格和正股股价所决定的。一般而言，在转股期内，可转换债券的价格不会低于转股价值，否则就会出现套利机会。可转换债券的价格超过转股价值的部分是认购期权的时间价值。根据例4-7中的资料，我们计算2021年12月10日“东财转3”的转股价值如下：

$$\text{转股比率}=\frac{100}{23.35}=4.2827(\text{股})$$

$$\text{转股价值}=4.2827\times 36.90=158.03(\text{元})$$

可见，12 月 10 日“东财转 3”的转股价值为 158.03 元，但其市场价格为 165.50 元，高于转股价值，因此如果可转换债券的投资者选择转股，会遭受损失。可转换债券的市场价格与转股价值的差额为 7.47 元，这是可转换债券认购期权的时间价值。

我们可以用转股溢价率来衡量可转换债券的溢价程度。转股溢价率等于可转换债券的认购期权的时间价值除以转股价值。其计算如公式（4－10）所示。

$$转股溢价率=\frac{可转换债券价格-转股价值}{转股价值}\times 100\% \qquad (4-10)$$

可转换债券的价值可以用图 4－6 来描述。图中横轴表示正股股票价格，纵轴表示可转换债券的价格，图中曲线为可转换债券价格，水平直线为纯债券价值，斜直线为转股价值。

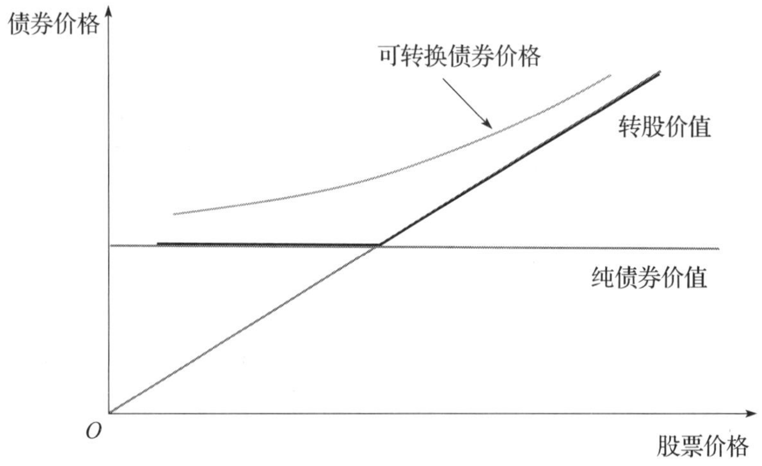

图 4－6　可转换债券的价值

从图 4－6 可以看出，可转换债券的价格在转股价值之上，否则就会出现套利机会。可转换债券的价格不会低于纯债券价值。图中加粗的折线可以看作可转换债券价格的底线。可转换债券的价格会随着正股股价的变化而变化。当正股股价上涨时，可转换债券的价格也会上涨；当正股股价下降时，可转换债券的价格一般也会下降，但下降的幅度会逐渐递减。当正股价格远高于转股价值时，可转换债券的价格具有股权性特征；而当正股价格远低于转股价值时，可转换债券的价格具有债权性特征，尽管此时转股价值较低，但可转换债券的价格不会低于纯债券价值。

本章重要名词

内在价值	现金流量折现模型	零息债券	到期收益率
持有期收益率	利率期限结构	收益率曲线	债券剥离
债券重组	即期利率	远期利率	预期理论
市场分割理论	流动性偏好理论	违约风险	利率风险
流动性风险	再投资风险	可转换债券	

思考与练习题

思考题

1. 现实中影响债券价值的因素有哪些？
2. 什么是债券估值的基本模型？解释模型中各个变量的含义。
3. 债券价值有什么变动规律？为什么会有这样的规律？
4. 在其他因素不变的情况下，增加付息频率对债券价值有什么影响？
5. 在债券估值时，应当如何确定折现率？
7. 债券的市场利率是如何形成的？
8. 国债收益率曲线常见的类型有哪些？如何解释不同曲线隐含的经济意义？
9. 债券剥离与债券重组在实践中的应用价值是什么？
10. 债券的风险评级是债券风险的量化吗？
11. 应当如何评价债券投资风险？
12. 投资可转换债券时应当关注哪些问题？

练习题

1. 假设一只债券的票面利率为10%，到期收益率为8%。如果到期收益率保持不变，那么一年后债券的价格将升高、降低还是不变？为什么？

2. 某公司发行债券E，面值为100元，票面利率为3%，期限为10年，按年支付利息。已知市场对该债券要求的年必要报酬率为5%。计算该债券发行时的发行价格。如果这些条件保持不变，该债券在第8年年初的价值应为多少？

3. 某公司发行期限为3年的公司债券，面值为100元，估计市场对该债券要求的年必要报酬率为5%。公司计划平价发行，每半年支付一次利息，票面利率应该确定为多少？

4. 已知1年期零息债券的到期收益率为5%，2年期零息债券的到期收益率为6%。票面利率为12%的2年期附息债券（每年付息1次）的到期收益率为5.6%。假定不考虑交易费用，你认为是否存在套利机会？如果有套利机会，套利利润是多少？

5. 假设不同期限的零息债券的价格如下表所示。债券面值为100元。请计算各年的远期利率。

年限（年）	1	2	3
价格（元）	92.50	85.20	78.30

6. 某公司的可转换债券的面值为100元，转股价格为25元，当前该公司股票市场价格为28元，可转换债券的市场价格为115元。请问现在是否可以转股？如果投资者现在转股，盈亏是多少？

第5章
股票投资

学习目标

1. 了解股票投资分析的内容。
2. 了解宏观经济分析的内容。
3. 掌握公司财务分析的方法。
4. 理解股票估值的方法。
5. 熟悉绝对估值法。
6. 熟悉相对估值法。

第3章介绍了股票的基本概念和种类。本章主要讨论股票投资的基本分析法。股票投资的分析方法可以分为**基本分析法**（fundamental analysis）和**技术分析法**（technical analysis）。基本分析法也称为基本面分析法，是通过收集信息，对影响公司经营状况和发展前景的各种基本因素进行分析，来评估证券的内在价值，以发现价格被低估的证券，期望获得超额收益的投资分析方法。技术分析法是以图表为主要手段，通过分析证券市场的市场行为，对证券市场价格未来变化的趋势进行预测，并据此进行交易的投资分析方法。这两种分析方法都被证券投资者广泛使用，但二者的决策理念和分析对象截然不同。基本分析法主要分析影响公司盈利的各种因素，包括宏观经济状况、行业状况、公司经营状况和财务状况，这些因素的变化都会对股票价值产生影响，在此基础上评估股票价值。而技术分析法主要分析证券市场的交易行为，包括股价变化、成交量变化以及这些变化经历的时间和达到的空间等因素，在此基础上预测证券价格的未来趋势。本章主要介绍基本分析法的分析框架和内容，不对技术分析法进行讨论。

下面所要介绍的基本分析法遵循了自上而下的分析逻辑。首先分析宏观经济，其次分析行业状况，然后分析公司的经营状况和财务状况，进而评估股票价值。股票估值是基本分析法的目的，我们将介绍投资界常用的几种股票估值方法。

5.1 宏观经济分析

人们常说，股市是经济的“晴雨表”，意思是股票价格的涨跌反映了经济整体的起落。而经济整体或宏观经济的起落变化有规律，即周期变化。在现代经济中，政府可能会在保护市场竞争的同时，运用适当的经济政策对经济周期进行人为调节，以减少经济波动造成的不利影响。政府的经济政策主要有财政政策和货币政策。因此，关于股市和股票的研究要对经济周期以及政府的财政政策和货币政策加以密切关注。下面将对经济周期、政府的经济政策和货币政策以及反映经济发展的宏观经济指标进行阐述和分析。

5.1.1 经济周期

经济周期（business cycle）是指经济活动有规律地扩张和收缩而形成的周期性波动的现象。经济周期表现为商业活动景气与低迷循环往复的过程，因此也称为商业周期。

在经济扩张阶段，市场需求增长，交易活跃，行业产销两旺，企业资金周转加速，盈利增加，用工增加，个人就业机会多，居民收入不断改善，经济整体趋向繁荣。在经济收缩阶段，市场需求萎缩，交易趋于冷清，企业开工不足，资金周转放慢，盈利减少甚至亏损，企业裁员，随之社会上失业人数增加，居民收入减少，消费疲软，经济整体趋向萧条。伴随着经济整体的扩张和收缩，股市和股票价格往往也呈现牛市和熊市的周期性变化。因此，股票投资决策必须分析和预测经济周期。

在长期的经济研究中，关于经济周期阶段应当如何划分存在多种观点。比较常见的划分方法是将一个完整周期划分为繁荣、衰退、萧条、复苏四个阶段。扩张阶段描述的是经济从复苏到繁荣的过程，而收缩阶段描述的是经济从衰退到萧条的过程。图 5－1 描述了经济周期的四个阶段。

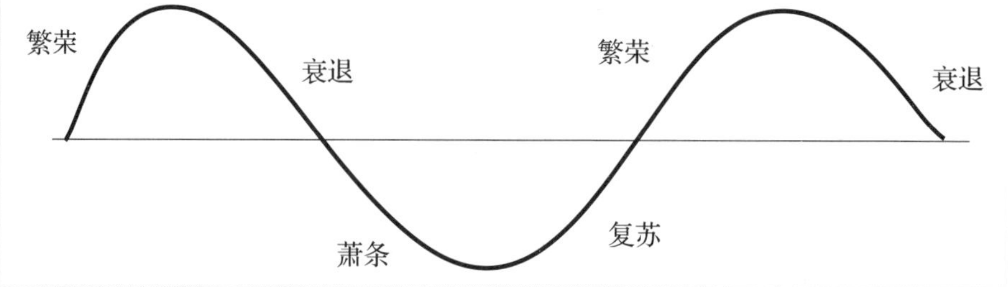

图 5－1 经济周期的四个阶段

可想而知，如果可以较为准确地预测经济的周期变化，就可以趋利避害，更好地实现个人或公司利益最大化。在经济周期的四个阶段中，各类资产的表现不同，下面分别加以阐述。

（1）经济衰退阶段。在宏观经济衰退阶段，许多行业产能过剩，宏观经济供给大于需求，GDP（国内生产总值）增速不断下降。从微观经济层面看，企业销售收入下滑，盈利减少甚至发生亏损。企业开始减少资本性开支，压缩成本费用，停止增加雇员甚至开始裁员，由于销售不畅，库存开始增加，财务状况面临危机。如果宏观经济持续衰退，政府可能会实施积极的财政政策和宽松的货币政策，中央银行可能会降低利率和下调存款准备金率。在这种情况下，由于企业盈利下降，股票市场表现比较差，股价会下跌，但是，由于利率降低，债券价格会上涨，因此，在经济衰退阶段，投资债券是较好的投资策略。

（2）经济萧条阶段。在宏观经济萧条阶段，经济增长下滑严重，GDP可能出现负增长，失业率大幅上升，居民收入下降。企业销售收入严重下滑，亏损面扩大，一些企业陷入财务危机甚至破产，金融系统面临或者出现系统性风险，股价大幅下跌。在这个阶段，如果过于宽松的货币政策引起流动性过剩，发生严重通货膨胀，经济可能出现滞涨。在发生滞涨的情况下，股市表现不好，债券市场和大宗商品也存在较高风险，中央银行为了抑制通货膨胀可能会收紧货币政策，从而导致债券价格和大宗商品价格快速下跌。因此，在这个阶段，投资者应当选择防御性投资策略，增加现金持有量。

（3）经济复苏阶段。在经济复苏阶段，由于在经济衰退和萧条阶段有大量企业破产倒闭，产能退出市场，供给需求关系逐渐改善，经济开始恢复，GPD增长速度逐渐提升，失业率逐渐降低。企业开始招聘雇员，销售收入逐渐增长，盈利恢复增长，企业开始走出困境。在这个阶段，通货膨胀水平较低，市场利率较低，企业资金成本不高，大宗商品价格的下跌使企业的原材料成本大幅下降。对债券投资来说，价格进一步下降的空间较小，但价格上涨的潜力也不大，很难获得较高的收益。对于大宗商品来说，虽然经济不断增长，将来可能进入经济繁荣阶段，大宗商品的价格有可能上涨，但经济复苏阶段可能会持续较长时期，有一个比较曲折的过程，一旦经济周期出现反复，投资大宗商品就面临较大的风险。在经济复苏阶段，企业盈利不断增长，有利于股票价格上涨，因此投资策略上应当选择股票投资。股票的市场表现会优于其他资产类别。

（4）经济繁荣阶段。经过经济复苏阶段，企业的盈利逐渐增加，在经济发展前景乐观的激励下，企业开始增加资本性支出，扩大产能。这将导致企业对原材料的需求大幅增加，促使物价上涨，通货膨胀水平逐渐上升。同时，市场竞争开始加剧，一些行业开始出现生产过剩导致的经营环境恶化现象。

在经济出现过热现象时，中央银行会收紧货币政策，导致企业融资成本上升。在经济繁荣阶段，由于企业对原材料的需求增加，大宗商品价格快速上涨，因此应选择大宗商品进行投资。在股票市场上，原材料、能源等上游行业的股票表现会比较好。但是，由于此时股市可能已经涨至较高位置，随着中央银行收紧货币政策，利率上升，股市将面临调整压力。对于债券市场来说，从紧的货币政策将使市场利率上升，债券价格将承受较大压力，此阶段不是投资债券的好时机。

从上面的分析中可以看出，判断经济周期的变化对投资意义重大。因此，一百多年来，众多经济学家致力于经济周期的研究。比如，法国经济学家朱格拉（C. Juglar）于1862年提出了9～10年的经济周期，一般称为“朱格拉周期”。英国经济学家基钦（J. Kitchin）于1923年提出了40个月（即3～4年）左右的小经济周期，称为“基钦周期”。苏联经济学家康德拉季耶夫（N. D. Kondratiev）于1925年提出了50～60年的经济周期，称为“康德拉季耶夫周期”，也称为长周期。美国经济学家库兹涅茨（S. S. Kuznets）于1930年提出了长度为20年的经济周期，称为“库兹涅茨周期”，也称为建筑业周期。美籍奥地利经济学家熊彼特（J. A. Schumpeter）兼收并蓄前人的研究，于1939年提出经济发展过程中同时存在着长、中、短三种周期的理论。

经济学界对各种经济周期的研究结论不少，但并不能形成一个统一的结论。因为这些研究都是基于过去的事实得出结论，所谓的周期长度及其理论都是学者根据自己有限的观察和猜想加以阐释，缺少严谨的逻辑支撑。因此，结论随观察时期和范围的不同而变化。关注的重点应该是任何观察时期得到的结论能否适用于未来，以及在未来多长时间有效。基于过去观察的研究显然难以确切回答这类问题。原因在于经济活动的复杂性，导致经济周期变化的原因在未来未必存在或有效，而影响和形成未来经济周期变化的因素又难以预料。尽管经济周期难以准确地预测，但实时关注经济活动的变化，对投资依然有重要的意义。

5.1.2 财政政策

财政政策（fiscal policy）是指一国政府通过财政支出与税收来调节社会需求，从而调整经济总量和经济结构的经济政策。一般而言，增加政府财政支出，可以增加总需求，带动经济增长；增加政府税收，则有相反的作用，会抑制总需求，从而减缓经济增长。

财政政策的具体手段主要包括税收、预算、国债、购买性支出和财政转移支付等。这些手段以及各种组合性应用可以刺激市场需求和经济增长；也可以抑制市场需求和经济增长；还可以尽量保持需求和经济的独立性，减少财政政策的影响。这三种预期目的不同的财政政策分别称为扩张性或积极的财政政策、紧缩的财政政策和中性的财政政策。

政府财政的扩张和收缩具有乘数效应。政府购买的增加和税收的减少，或者相反的财政政策，会对经济活动产生一定的影响。具体而言，居民总是将收入增加的一部分用于消费，剩余部分则用于储蓄，即有一定的边际消费倾向（marginal propensity to consume，MPC）和边际储蓄倾向（marginal propensity to save，MPS)。边际消费倾向是消费增减量与可支配收入增减量的比值，表示每增加或减少一个单位的可支配收入时消费的变动情况。用公式表示为消费变动额 ΔC 和收入变动额 ΔY 的比值，即 $MPC=\Delta C/\Delta Y$，而 $MPS+MPC=1$。比如，假设某国居民的边际消费倾向为 0.8，那么政府购买乘数＝1÷(1－0.8)＝5，即政府向经济中每增加 1 元投入，会增加 5 元国民收入。因此，如果政府实施积极的财政政策，增加支出，会带动居民消费，从而刺激经济增长。

政府税收政策也会影响经济活动。政府减税会刺激经济增长，加税则会导致经济萎缩，在定量上表现为税收乘数为负数。注意，在边际消费倾向相同的情况下，税收乘数在绝对数上会小于政府购买乘数，因为税收变动后，并非税收变动的全额用作开支。同样假设居民的边际消费倾向为 0.8，边际储蓄倾向为 0.2，则税收乘数＝－1÷0.2×0.8＝－4。这意味着，如果政府减税 100 亿元，最终 GDP 将增加 400 亿元。

政府财政政策的运用可能会给各行各业带来有利和不利的影响。比如，税收方面，政府可能对有的行业开征特别的税种或规定不同的税率，而有的行业在一定时期会享受政府补贴。政府投资和购买往往也有特定的行业范围。当政府配合其产业政策运用各种财政手段时，就会对不同行业公司的收入和成本造成不同影响，从而鼓励和抑制相应行业的发展。股票投资者应该关注这方面的信息，并分析这些信息对不同行业产生的影响。

5.1.3 货币政策

货币政策（monetary policy）是一国政府的中央银行为了实现其经济目标，通过调节货币供应量来影响经济活动的规模和结构的干预措施。货币政策主要有三大调控手段：调节基础利率、调节存款准备金、公开市场操作。各国有不同的机构承担中央银行的职能，如我国为中国人民银行，美国为联邦储备银行（The Federal Reserve System)，即美联储，英国为英格兰银行(Bank of England)，日本为日本银行（Bank of Japan)。

从19世纪70年代开始，各国的货币政策陆续与财政政策分离。即由中央银行控制货币政策，由政府财政部门控制财政政策。货币政策调节的目标可以较为激进，如促进经济增长，也可以较为保守，如降低通货膨胀，也可以较为中性，如保持经济稳定。相应的货币政策可分别称为激进的货币政策、保守的货币政策和中性的货币政策。

中央银行通常通过法定存款准备金率、再贴现政策和公开市场业务三大工具实施货币政策。

法定存款准备金（reserve requirement）指商业银行等金融机构必须按法律规定的比率将其吸收存款的一部分上缴中央银行作为准备金。中央银行通过依法调整存款准备金率，可以快速有效地调整和控制经济中的货币供应量，因为这个变化有循环放大效应。比如，中央银行降低存款准备金率，流通中的货币量会立即增加。商业银行上交的存款准备金少了，留下的可支配资金就多了，进而银行对企业的贷款增加，企业在银行的存款随之增加。这样，“贷款—存款—贷款”循环递增，流通中货币总量将大大增加。

再贴现（rediscount）〗指商业银行用持有的未到期票据再向中央银行贴现。一般而言，中央银行的再贴现政策包括两方面，即再贴现率和再贴现资格。再贴现率在利率体系中具有关键的告示和标准效应。中央银行规定或调整再贴现率，对市场利率起到指向和规定作用，进而对货币供给量有调整作用。中央银行对申请再贴现的资格的规定和调整，也会起到调整货币规模和资金流向的作用。

公开市场业务（open market operation）指中央银行在金融市场上公开买卖有价证券，以此来调节市场货币量。相对于有价证券市场整体而言，公开市场操作往往规模较小，因而这种操作对市场货币量和利率的影响往往有限。根据经济活动中的流动性状况，当中央银行判断流动性相对过剩时，便卖出有价证券，相应地收回一部分基础货币，减少金融机构可用资金的数量；相反，当中央银行判断流动性比较紧张时，便买入有价证券，扩大基础货币供应，直接增加金融机构可用资金的数量。中央银行通过公开市场操作可以调节金融系统的货币供应量。在我国，中国人民银行常用的公开市场业务工具主要包括回购交易、现券交易和发行中央银行票据。

5.1.4 宏观经济指标

1. 国内生产总值

国内生产总值（gross domestic product，GDP）是指在一定时期（年度、季度或月度）内，一个国家或地区的经济中所生产出的全部最终产品和劳务的价值。GDP一般被公认为衡量一国（或地区）经济总量和状况的最综合指标，在很大程度上决定了相应国家和地区的经济实力和市场规模。因此，GDP的升降往往直接代表整体经济的升降。

在各种经济管理和市场分析中，GDP都是基础或核心指标，股票投资分析当然也不例外。人们常说，股市是经济的“晴雨表”，其实反过来说也成立，即经济运行的好坏必然会在股市上得到反映。因此，GDP较为高速的增长往往伴随着股市的高涨或牛市；相反，GDP的停滞或萎缩则伴随着股市的低迷或熊市。

我国改革开放以来，国民经济和GDP指标长期高增长，带动了股市的增长。近年来虽然经济增长放缓，但我国仍然是全球最受瞩目的高增长经济体。2020年，在受疫情影响的情况下，我国GDP仍然实现了2.3%的增长，达到1 015 986.2亿元。当然，作为新兴市场，我国股市发展还受到其他诸多因素的影响，经常表现出与GDP和整体经济不一致的情况。

2. 采购经理指数

采购经理指数（purchasing managers' index，PMI）是通过对采购经理的月度调查汇总出来的指数，能够反映经济的变化趋势。我国的PMI包括制造业PMI、非制造业PMI和综合PMI三大指数。

制造业PMI是衡量制造业在生产、新订单、商品价格、存货、雇员、订单交货、新出口订单和进口等八个方面状况的指数。PMI是一个综合的指数体系，尽管指标不多，但涵盖了经济活动的多个方面，反映了经济总体情况和总变化趋势。非制造业PMI指标体系由商务活动、新订单、新出口订单、在手订单、存货、投入品价格、销售价格、从业人员、供应商配送时间、业务活动预期等十个分类指数构成。综合PMI反映经济中企业的生产、经营总体情况，是制造业PMI和非制造业PMI的加权平均数。

PMI是经济先行指标中一项非常重要的附属指标，具有一定的预先提示性。一般以50%作为经济强弱的分界点来看PMI。高于50%代表经济扩张，低于50%代表经济收缩。自然，与50%的距离代表了经济扩张与收缩的程度。与非制造业PMI相比，制造业PMI往往受到更多关注，因为制造业与经济周期有更强的关联度，其对全球经济的影响和决定作用更大。但是随着经济中服务业比重的增加，非制造业PMI的重要性也在提升。全球有越来越多的国家建立了PMI体系。PMI及其商业报告已成为世界各国经济运行活动的重要评价指标以及预计经济变化的“晴雨表”。

3. 居民消费物价指数

居民消费物价指数（consumer price index，CPI）是反映一定时期内消费者所购买的生活消费品和服务项目价格变动的指标，是对选定的一篮子消费品价格进行综合汇总计算的结果。在我国，CPI 涵盖全国城乡居民生活消费的食品烟酒、衣着、居住、生活用品及服务、交通和通信、教育文化和娱乐、医疗保健、其他用品和服务等八大类商品或服务项目，因此 CPI 可以长期全面地反映消费者支付商品和服务的价格变化情况，可以作为衡量通货膨胀的指标。

CPI 十分重要，除了反映通货膨胀水平，还反映消费者的购买能力，反映经济的景气状况。CPI 及其变化不仅决定着消费者购买商品和服务的成本，还会不同程度地影响商业经营的成本。从各国的实践来看，CPI 上升应该是一种常态。一般而言，该指数温和上升，代表经济稳定向上，但是，指数升幅过大，表明有经济过热的迹象。如果 CPI 下跌，代表有经济衰退的危险。因此，CPI 是各国政府制定财政政策、金融政策的依据。

4. 工业品出厂价格指数

工业品出厂价格指数（producer price' s index for manufactured products，PPI）是反映某一时期生产领域价格变动情况的重要经济指标，是反映全部工业产品出厂价格总水平变动的相对数。在统计实践中，该指数通常通过总产值指数除以总产量指数得到。

指数涵盖的工业品包括工业企业出售给商业、外贸、物资部门从而进入流通领域的产品，也包括出售给工业、建筑等生产建设部门的生产资料，以及直接出售给居民的生活消费品。在很大程度上，PPI 与 CPI 相对应，分别反映国民经济生产和消费领域的价格变化。但两者又有差异。若企业生产环节物价普遍上涨，则企业的生产成本提高，如果不愿牺牲自身的利润，必然会抬升产品的出厂价，从而引起消费品价格的上涨，最终会传导到 CPI。

5. 货币供应量

货币供应量是指在某个时点一国经济中可用于支持各种交易的货币总量。世界各国货币供应量的估计口径不完全一致，但基本都按流动性大小加以划分。

我国把货币供应量分为五个层次，即 M0、M1、M2、M3、M4。M 是“money”的首字母，其后的数字越大代表流动性越差。M3 和 M4 是考虑到大额可转让存单等金融创新而设立的，中央银行暂时没有纳入测算范围。所以中央银行统计报告中一般只提到 M0、M1、M2 的数据。

M0 又叫“现钞”，指流通中的现金，是流动性最强的货币，具体指市场上流通在银行体系之外的现金，包括居民和企业手中的现金，如居民衣食住行花出去的现金以及商家们收到的现金。这里的现金指的是纸币和硬币，不包括刷信用卡和扫码支付的货币。个人去银行取现金，会增加 M0 的量，拿现金去银行存钱则会减少 M0 的量。

M1 又叫“狭义货币”，由流通于银行体系以外的现钞（M0）和银行的活期存款构成。具体包括 M0、企业活期存款、机关团体部队存款、农村存款、个人持有的信用卡类存款。活期存款虽然不在居民和企业手中，但是可以随取随用，流动性很强。M1 代表经济生活中的当前购买力大小，对市场和经济有直接影响，因此成为中央银行调控货币供应量的主要对象。

M2 又叫“广义货币”，除了包含 M1 中的所有部分，还包含城乡居民储蓄存款、企业存款中具有定期性质的存款、外币存款、信托类存款。M2 的流动性相对较弱，定期存款不能随时取用，代表经济中的潜在购买力，也就是一定时间内可以转化成现金的货币。值得特别说明的是，这里的城乡居民储蓄存款包括活期和定期两种。居民的活期存款本来应该计入 M1，但事实上居民的活期存款往往类似于储蓄，基本不会随时取用，所以计入 M2。

M3 除了包含 M2 中的所有部分，还包含金融债券、商业票据、大额可转让存单等；M4 除了包含 M3 中的所有部分，还包含其他短期流动资产。

中央银行通过各种货币政策工具调节和控制货币供应量，进而达到其政策目标。一般而言，货币供应量增加，即所谓货币宽松，有助于促进经济趋升，也有利于提振股市；相反，即所谓货币紧缩，有助于抑制经济过热，可能不利于股价的上升。

5.2　行业状况分析

对于股票投资分析来说，行业状况分析非常重要。现代社会是分工合作的社会，社会分工越来越细，行业越来越多。伴随着社会经济的发展，行业会出现兴衰变化。不同行业公司的盈利水平会有明显的差异。因此，投资者一旦选择了前景不好的行业的股票，可能无论采用什么策略都难以获得好的投资收益，甚至遭受损失。因此，股票投资非常重视行业研究。大的投资机构，如证券公司、基金公司等，都设有实力雄厚的“行研部”，对行业动向保持高度关注。

5.2.1　行业增长分析

一个行业受到关注，往往由于其具有巨大的增长潜力。这种潜力一方面表现为市场总量较大，另一方面表现为增长速度较快，或者说其巨大的潜力不需要等待太久就可以得到发掘。因此，行业分析的重点是行业增长空间和增长速度的分析。

行业增长最简单的分析是趋势分析，即根据过去的基数和增长速度推测未来的情况。这种分析的优势是简单方便、通俗易懂，但缺点也较为明显，即过去的趋势能否在未来持续以及在多长时间内持续，往往靠主观估计，难以获得足够的客观依据，因而这种分析得出的结论可信度不足。

根据管理学的产品生命周期理论，一种产品从导入市场到最终淡出市场的过程可以分为四个阶段，即导入期、成长期、成熟期和衰退期。这个理论也可以应用到行业分析中，一个行业也会经历初创阶段、成长阶段、成熟阶段和衰退阶段四个生命周期阶段。根据行业所处的生命周期阶段可以判断或估测其增长潜力。

一般而言，处于初创阶段和成长阶段的行业增长潜力较大、增长速度较快。但在初创阶段的行业往往是新兴产业，很难预料行业中哪家公司会成为未来的领导者，不少公司很可能最终会被淘汰。因此，投资初创阶段行业中的公司具有较高的风险。当行业进入成长阶段后，就会出现行业的领导者。在这个阶段，公司的发展比较稳定，盈利会快速增长，是投资的理想时期。行业经过快速发展，产品的普及度会提高，市场达到消费潜力的顶点，此时行业进入成熟阶段。在行业的成熟阶段，市场领导者的地位比较稳固，竞争格局比较清晰，这个阶段的企业虽然盈利增速有所下降，但是盈利比较稳定，经营现金流比较好，这个阶段的公司常被称为“现金奶牛”。在成熟阶段，应当选择行业领导者进行投资。有些行业可能会成为常青树，但有些行业可能会逐渐步入衰退阶段。在衰退阶段，市场不断萎缩，企业盈利下降，行业可能成为夕阳产业，没有发展前景，投资应尽可能回避这个阶段的公司。图 5-2 描述了行业生命周期的四个阶段。

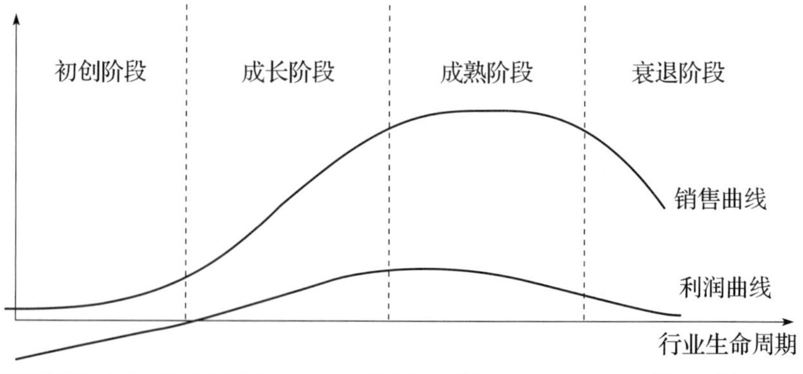

图 5-2　行业生命周期的四个阶段

从行业的市场空间看，如果一个行业体量大，且与经济中其他行业关联多、关联度大，那么行业的增长潜力也大。行业体量可以用销售规模来衡量。比如，汽车、房地产、手机这些行业往往有巨大的增长潜力，因为这些行业产品需求广、单价高，行业中容易出现巨头公司。

虽然行业生命周期便于解释行业发展的快慢和兴衰，但遗憾的是，处于任何一个生命周期阶段，往往很难判断本阶段什么时间结束或下个阶段什么时间到来，这会妨碍人们对行业未来增长的预测，也会影响行业增长分析结论的可靠性。

5.2.2 行业竞争结构

如果说行业增长分析关注行业规模增长的潜力，竞争结构分析则关注行业盈利的潜力。竞争结构是指行业内的竞争格局或竞争程度。竞争是与垄断相对的概念，竞争程度越高或垄断程度越低，行业内的厂商利润越薄，即毛利率和净利率越低。

经济学对竞争结构有经典的划分，根据行业内厂商的竞争程度，将各个行业分为垄断行业、寡头垄断行业、垄断竞争行业和完全竞争行业。从投资角度看，垄断性越强，越有利于行业内的企业，既有利于提升这些企业的盈利，又有利于降低这些企业的风险，从而提升行业公司股票的价值。

行业竞争结构的差异往往来源于各行业进入壁垒的不同。政府特许经营的领域往往最终形成垄断，因为没有政府的许可就不能经营。比如，我国的电信、银行、保险等领域。当然，政府不限制进入的领域往往竞争程度较高，比如，我国的家电行业、日用品行业以及有关农副产品的生产行业等。

除了政府限制之外，行业中产品和业务的特性也会造成行业最终竞争或垄断程度的差异。有的行业可能不适合多家公司开展竞争性经营。比如，城市水电供应和电信服务等行业、互联网行业等。这样的行业往往有赢者通吃的特点，或者新公司的进入需要巨额投资，从而限制了新公司的进入，或者原有经营者凭借规模可以显著降低经营成本，从而新公司或小公司难以与行业内的大公司竞争，最终被迫从竞争中退出，行业形成自然垄断。

有一种观点将行业进入壁垒分为三类，一是结构性进入壁垒，二是行为性进入壁垒，三是政策性进入壁垒。结构性进入壁垒往往指规模、资本、成本等形成的壁垒。行为性进入壁垒指业内公司主动采用某些手段，如控制产业利润率、保持过剩供给以及实行针对小公司和新公司的歧视性价格等排斥小公司和阻止新公司进入。

缺少壁垒的行业会有更多的公司进入，它们相互竞争最终形成垄断竞争或完全竞争的局面。比如，日用小商品和食品行业，由于既没有政策限制，也没有技术、投资和品牌等方面的障碍，大量公司进入时会压低产品价格，摊薄产品利润。当然，即使在竞争比较充分的行业，也有经营良好的公司，尤其在我国这种巨型市场中，任何一个行业都有较好的发展空间。

行业竞争分析的一个常用方法是迈克尔·波特提出的五力模型。五力模型对行业竞争的五大力量进行了系统分析。这五大力量分别是业内竞争者、供应商、客户/顾客、潜在进入者、替代品生产者。这五大力量的强弱对比决定着行业内企业的盈利性和风险。五力模型如图5-3所示。

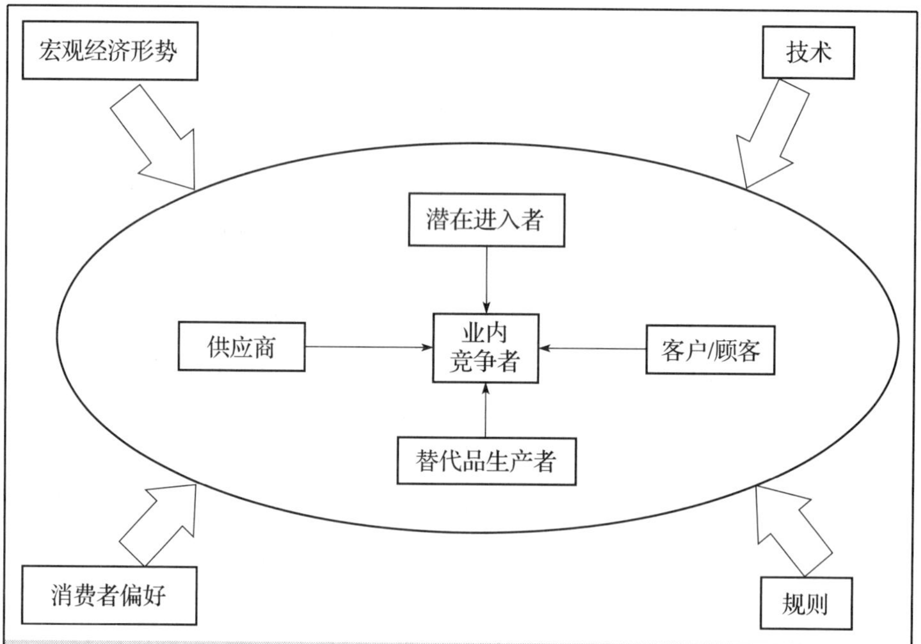

图5-3 五力模型

五力模型分析了在行业竞争格局中，现有业内竞争者的状况，也分析了上游供应商的议价能力和下游客户的议价能力，这个产业链的竞争状况决定了企业的盈利能力。同时，还分析了是否会有潜在进入者加入竞争，以及是否可能出现替代品侵蚀市场份额。

5.2.3 价值链分析

产品的生产或劳务的提供可能需要通过研发、生产、销售、服务等环节。企业可以选择全部环节或部分环节作为自己的主营业务。业务或环节的选择最终形成企业的业务模式或商业模式。有时同行公司之间苦乐不均或者盈利性差别很大，一个重要的原因是业务重点或商业模式的差异。可以理解为，在不离开原有行业的情况下，改变价值链环节或业务模式，就会改变面对的五大力量，自然也会改变公司的盈利情况。

如锂电池行业，从锂矿到锂电池到新能源汽车，有多个价值链环节。公司可以选择锂矿（如天齐锂业）、锂电池（如杉杉股份）或新能源汽车，或其中任意一个更细分的环节，比如，生产锂电池、布局充电桩。有的公司选择了多个环节搭建业务架构和商业模式，如比亚迪公司，传统汽车及新能源汽车是其重要业务板块，但公司还同时运营手机部件和组装业务，以及二次充电电池及光伏业务，三大业务的收入分别约占公司总收入的55%、38%和8%。

随着经济的发展，行业分工越来越细化，企业之间的分工不断深入。从价值链角度看，总利润将在越来越多的上下游企业之间划分。值得注意的是，分工意味着合作，分工越细则合作越紧密。对于上下游企业，不仅要看到利润的此消彼长关系，也要看到一荣俱荣、一损俱损的关系。如果某个环节上企业的利润被不断挤压，企业最终不得不退出该价值链体系，会造成该价值链上相应服务或半成品供应的短缺或中断，不利于价值链上的其他企业。因此，价值链分析逐渐从注重价值链上利润的瓜分，发展到考虑价值链上企业整体利益的最大化。

5.3　公司战略与经营分析

5.3.1　公司战略分析

公司战略分析与评价往往涉及公司的资源与能力、公司的战略选择等方面。

公司的资源含义非常广泛，有开展经营所需的各种实物资产，如资金、厂房、设备等有形资产，也有品牌、商誉、专利等无形资产。这些有形资产和无形资产作为企业的经营要素，最终形成企业的经营能力。通常，有形资产决定公司提供产品和劳务的能力，即生产能力；无形资产往往决定公司的市场竞争力和销售能力。

在公司战略理论中，SWOT分析框架是应用非常广泛的一种分析方法。这种分析方法用S，W，O，T四个字母分别代表公司具有的优势（strengths）、劣势（weaknesses）和面临的机会（opportunities）、威胁（threats）。

公司基于自己的资源和能力以及S，W，O，T各个方面的情况，会选择未来时期的战略。有关战略的选择决定了公司资源的投向以及各种努力和活动，最终决定公司的业绩和价值。公司战略选择通常分为三个层面，即公司层战略、业务层战略和职能层战略。

较为常见的是业务层战略的选择，即公司在具体某项业务上采用什么战略。通常有两种战略可供选择。一种是成本领先战略，即公司通过低成本、低价格获得成功。公司能够以比竞争对手更低的成本提供产品或服务，自然会取得竞争优势，获得更好的利润。另一种是差异化战略，即公司通过产品、服务以及在用户体验或印象方面与众不同，提高用户/客户忠诚度，以巩固和扩大市场份额，保持自己的竞争优势地位。差异化战略意味着业内公司各自占领自己的局部市场，公司之间采用非价格手段展开竞争。

在业务层战略之上是公司层战略。公司层战略探讨业务组合问题，即考虑是否增加新的业务，或者是否缩减公司的业务种类等。在这个层面，通常有多元化战略、收缩战略或聚焦战略等。多元化战略是指公司投资于多个行业，进行跨行业经营。具体有纵向一体化（前向一体化、后向一体化）、横向一体化（前向一体化、后向一体化）、混合一体化、不相关一体化等。收缩战略也有类似考虑。比如，公司原来实行纵向一体化，既造新能源汽车又生产锂电池，现在要退出锂电池领域，专注新能源汽车生产。究竟应该扩大战线实施多元化战略，还是收缩战线实施收缩战略，需要综合考虑公司的环境及自身的资源和能力。

5.3.2 公司经营分析

公司经营状况是实现利润的基础。一个公司未来能否发展好，经营活动是决定因素之一。公司经营分析是对公司经营活动的效率和管理能力进行分析，涉及的范围比较广。狭义地讲，公司经营分析应该以销售为中心分析相关业务活动迹象；广义地讲，公司经营分析应该围绕公司发展的所有重要方面进行分析。从外部看，涉及经营环境、产业链、市场竞争、顾客管理等；从内部看，涉及公司战略、研发、业务、人力资源等。公司在不同的发展阶段，经营活动有不同的重点，所以经营分析的内容会有所不同。

下面列举出公司经营分析的一些主要内容：

（1）影响市场销售的主要因素，以及公司市场地位、形象、受欢迎程度的变化。

（2）公司战略目标、预算目标和各种经营目标的完成情况，及其主要原因和影响因素。

（3）公司业务或产品组合变化，以及各业务或产品板块的变化，包括销售量、市场份额、盈利性，这些变化的主要原因和影响因素。

（4）公司新产品、新工艺研发进展情况，以及业务或产品经营展望。

（5）公司内部管理和人力资源的变化，激励机制的设计。

（6）公司重要经营风险及其变化。

5.4 公司财务分析

公司的财务报表反映了公司的经营成果。投资者可以从财务报表分析中得到非常有价值的信息，这对投资决策意义重大。因此，财务分析成为投资者关心和重视的问题。财务分析一般分为偿债能力分析、盈利能力分析、营运能力分析和发展能力分析四项内容。

5.4.1 公司偿债能力分析

公司偿债能力即公司偿还债务的能力。不能如期偿还债务意味着公司将出现债务纠纷或破产，因此，偿债能力代表公司的生存能力。不言而喻，生存能力是公司其他能力的前提，不能生存，公司就无法顾及其他。因此，在评价公司的各种能力时，往往将偿债能力排在首位。

具体而言，公司的偿债能力分为短期偿债能力和长期偿债能力，分别通过不同的财务比率来评价。公司的短期偿债能力分析通常采用流动比率和速动比率；公司的长期偿债能力分析通常采用资产负债率和利息保障倍数。

1. 短期偿债能力分析

流动比率是流动资产与流动负债的比率。计算如公式（5-1）所示：

$$\text{流动比率}=\frac{\text{流动资产}}{\text{流动负债}} \tag{5-1}$$

流动比率说明公司流动资产对流动负债的保证程度，即每1元流动负债有多少元流动资产来保证偿还。流动资产是在一年内可以变现的资产；流动负债是在一年内需要归还的负债。流动比率太低意味着公司近期有可能出现偿债困难或信用危机。经验表明，流动比率在2左右比较合理。

速动比率是速动资产与流动负债的比值。速动资产是流动资产扣除变现能力较差的存货等资产后的余额。其计算如公式（5-2）所示：

$$速动比率=\frac{速动资产}{流动负债}=\frac{流动资产-存货}{流动负债} \tag{5-2}$$

通过速动比率来判断企业短期偿债能力比用流动比率更进了一步，因为它撇开了变现能力较差的存货。它说明每 1 元流动负债有多少元速动资产来保证偿还。速动比率越高，说明企业的短期偿债能力越强。一般认为速动比率在 1 左右比较合适。

2. 长期偿债能力分析

资产负债率也称为负债比率，是企业负债总额与资产总额的比率，它反映企业的资产总额中有多大比例是通过举债得到的。其计算如公式（5－3）所示：

$$资产负债率=\frac{负债总额}{资产总额}\times 100\% \tag{5-3}$$

资产负债率反映企业偿还债务的综合能力，这个比率越高，企业偿还债务的能力越弱，财务风险越大；反之，偿还债务的能力越强。资产负债率并没有一个合理的标准，行业之间差异较大。但是，过高的资产负债率会增加企业的财务风险，企业未来的偿债压力比较大，一旦企业亏损或现金流量出现问题，有可能陷入财务困境。

利息保障倍数也称为利息所得倍数或已获利息倍数，是税前利润和利息费用之和与利息费用的比值。其计算如公式（5－4）所示：

$$利息保障倍数=\frac{税前利润+利息费用}{利息费用} \tag{5-4}$$

利息保障倍数反映企业的经营所得支付债务利息的能力。如果这个比率太低，说明企业难以保证用经营所得来按时按量支付债务利息。一般来说，企业的利息保障倍数至少要大于 1，否则难以偿付债务及利息。

5.4.2 公司盈利能力分析

公司的盈利能力即公司获取利润的能力。从长期来看，获取最多的利润是公司的核心目标。因此，盈利能力是公司管理者和投资者最为关注的指标。通常以各种投入为基准对公司进行多角度的盈利能力评价。公司盈利能力分析通常采用总资产收益率、净资产收益率和销售净利率等指标。

1. 总资产收益率

总资产收益率是企业一定时期净利润与资产平均总额的比率。其计算如公式（5－5）所示：

$$总资产收益率=\frac{净利润}{资产平均总额}\times 100\% \quad (5-5)$$

公式中的资产平均总额是全年资产的平均额，一般来说，在全年资产数额波动不大的情况下，可以简单地用年初资产余额加年末资产余额再除以 2 来计算。总资产收益率代表企业资产总体的盈利能力，是企业综合盈利能力和经营效率的反映。

2. 净资产收益率

净资产收益率也称为股东权益报酬率，是企业一定时期的净利润与股东权益平均总额的比率。其计算如公式（5－6）所示：

$$净资产收益率=\frac{净利润}{股东权益平均总额}\times 100\% \quad (5-6)$$

公式中的股东权益平均总额是全年股东权益的平均额，一般可以用年初股东权益余额加年末股东权益余额再除以 2 来计算。净资产收益率是评价企业盈利能力的一个重要财务比率，它反映了企业股东获取投资报酬的高低。该比率越高，说明企业的盈利能力越强。

3. 销售净利率

销售净利率是企业净利润与销售收入的比率，其计算如公式（5－7）所示：

$$销售净利率=\frac{净利润}{销售收入}\times 100\% \quad (5-7)$$

销售净利率说明企业净利润占销售收入的比例，它可以评价企业通过销售获取利润的能力。该比率表明企业每 1 元销售收入可实现的净利润是多少。该比率越高，说明企业通过扩大销售获取报酬的能力越强。

上述三个盈利能力的指标中，总资产收益率和净资产收益率反映的是资产的盈利能力，销售净利率反映的是销售的盈利能力。通常在分析企业盈利能力时，从股票投资的角度看，最为重视的指标是净资产收益率，因为这个指标代表企业为股东创造利润的能力。后面介绍的杜邦分析法将会对净资产收益率做进一步的分解。

5.4.3　公司营运能力分析

公司营运能力反映资产的周转速度，代表公司的管理和经营效率。营运能力是公司盈利能力的影响因素之一，通常营运能力越强的公司盈利能力越强。反映公司营运能力的财务比率主要有应收账款周转率、存货周转率和总资产周转率等。

1. 应收账款周转率

应收账款周转率是企业一定时期赊销收入净额与应收账款平均余额的比率。其计算如公式（5-8）所示：

$$\text{应收账款周转率}=\frac{\text{赊销收入净额}}{\text{应收账款平均余额}}\times 100\% \tag{5-8}$$

公式中的应收账款平均余额是全年应收账款的平均资金占用额，在全年应收账款余额波动不大的情况下，可以简单地用年初应收账款余额加年末应收账款余额再除以 2 来计算。应收账款周转率是评价应收账款流动性大小的一个重要财务比率，它反映应收账款在一个会计年度内的周转次数，可以用来分析应收账款的变现速度和管理效率。应收账款周转率越高，说明企业收回应收账款的速度越快，可以减少坏账损失，提高资产的流动性，企业的短期偿债能力也会得到增强，这在一定程度上可以弥补流动比率低的不利影响。企业的应收账款周转率过低，说明企业收回应收账款的效率低，或者信用政策过于宽松，这会导致应收账款占用资金数量过多，影响企业资金利用率和资金的正常周转。

2. 存货周转率

存货周转率是企业一定时期的销售成本与存货平均余额的比率。其计算如公式（5-9）所示：

$$\text{存货周转率}=\frac{\text{销售成本}}{\text{存货平均余额}}\times 100\% \tag{5-9}$$

公式中的存货平均余额是全年存货的平均资金占用额，在全年存货余额波动不大的情况下，可以简单地用年初存货平均余额加年末存货平均余额再除以 2 来计算。存货周转率说明了一定时期内企业存货周转的次数，可以反映企业存货的变现速度，衡量企业的销售能力及存货是否过量。存货周转率反映企业的销售效率和存货使用效率。在正常经营情况下，存货周转率越高，说明存货周转速度越快，企业的销售能力越强，营运资本占用在存货上的金额越少，表明企业的资产流动性较好，资金利用效率较高；反之，存货周转率过低，常常是库存管理不利，销售状况不好，造成存货积压，说明企业在产品销售方面存在一定的问题，应当采取积极的销售策略，加快存货的周转速度。

3. 总资产周转率

总资产周转率也称为总资产利用率，是企业销售收入与资产平均总额的比率。其计算如公式（5-10）所示：

$$总资产周转率=\frac{销售收入}{资产平均总额}\times 100\% \quad (5-10)$$

总资产周转率可用来分析企业全部资产的使用效率。如果这个比率较低，说明企业利用其资产进行经营的效率较差，企业的盈利能力会受影响，企业应该采取措施增加销售收入或处置资产，以提高总资产周转率。

5.4.4 公司发展能力分析

公司的发展能力反映公司的成长性，它常常预示着公司的发展前景。发展能力通常用增长率来反映，主要包括销售增长率、利润增长率、净资产增长率等反映增长的指标，但这些指标是用历史数据计算出来的，实际上反映的是历史时期的成长性，因此用这些指标来预测公司未来成长性存在局限性。

1. 销售增长率

销售增长率是企业本年营业收入增长额与上年营业收入总额的比率。其计算如公式（5-11）所示：

$$销售增长率=\frac{本年营业收入增长额}{上年营业收入总额}\times 100\% \quad (5-11)$$

公式中的本年营业收入增长额是本年营业收入总额与上年营业收入总额的差额。销售增长率反映企业营业收入的变化情况，是评价企业成长性和市场竞争力的重要指标。该比率大于零，表示企业本年营业收入增加；反之，表示营业收入减少。该比率越高，说明企业营业收入的成长性越好，企业的发展能力越强。

2. 利润增长率

利润增长率是指企业本年利润总额增长额与上年利润总额的比率。其计算如公式（5-12）所示：

$$利润增长率=\frac{本年利润总额增长额}{上年利润总额}\times 100\% \quad (5-12)$$

公式中的本年利润总额增长额是本年利润总额与上年利润总额的差额。

利润增长率反映了企业盈利能力的变化，该比率越高，说明企业的成长性越好，发展能力越强。

投资者也可以根据分析的目的，计算净利润增长率，计算方法与利润增长率相同，只需将公式（5-12）中的利润总额换为净利润即可。

3. 净资产增长率

净资产增长率也称为股权资本增长率，是企业本年股东权益增长额与年初股东权益总额的比率。其计算如公式（5-13）所示：

$$净资产增长率=\frac{本年股东权益增长额}{年初股东权益总额}\times 100\% \qquad (5-13)$$

公式中的本年股东权益增长额是本年股东权益年末余额与年初余额的差额。净资产增长率反映企业当年股东权益的变化水平，体现企业资本的积累能力，是评价企业发展潜力的重要财务指标。该比率越高，说明企业资本积累能力越强，企业的发展能力越强。

在企业不依靠外部筹资，仅通过自身的盈利积累实现增长的情况下，股东权益增长额仅来源于企业的留存利润，这种情况下的净资产增长率称为可持续增长率。可持续增长率可以看作企业的内生性成长能力，它主要取决于两个因素：股东权益报酬率和留存比率。其计算如公式（5-14）所示：

$$\begin{aligned}可持续增长率&=\frac{净利润\times 留存比率}{年初股东权益总额}\times 100\%\\&=股东权益报酬率\times 留存比率\\&=股东权益报酬率\times(1-股利支付率)\end{aligned} \qquad (5-14)$$

5.4.5 杜邦分析法

杜邦分析法（DuPont analysis）利用几种主要的财务比率之间的关系综合分析企业的财务状况，这种分析方法最早由美国杜邦公司使用，故称为杜邦分析法。

净资产收益率是企业最核心的财务比率，它是各种财务能力的综合反映，也反映了企业为股东创造利润的能力。杜邦分析系统将净资产收益率进一步细化，层层分解得出更详细的影响净资产收益率的因素，从而可以更清晰地查找影响净资产收益率的原因，或者得出提升净资产收益率的途径。杜邦分析法如图 5-4 所示。

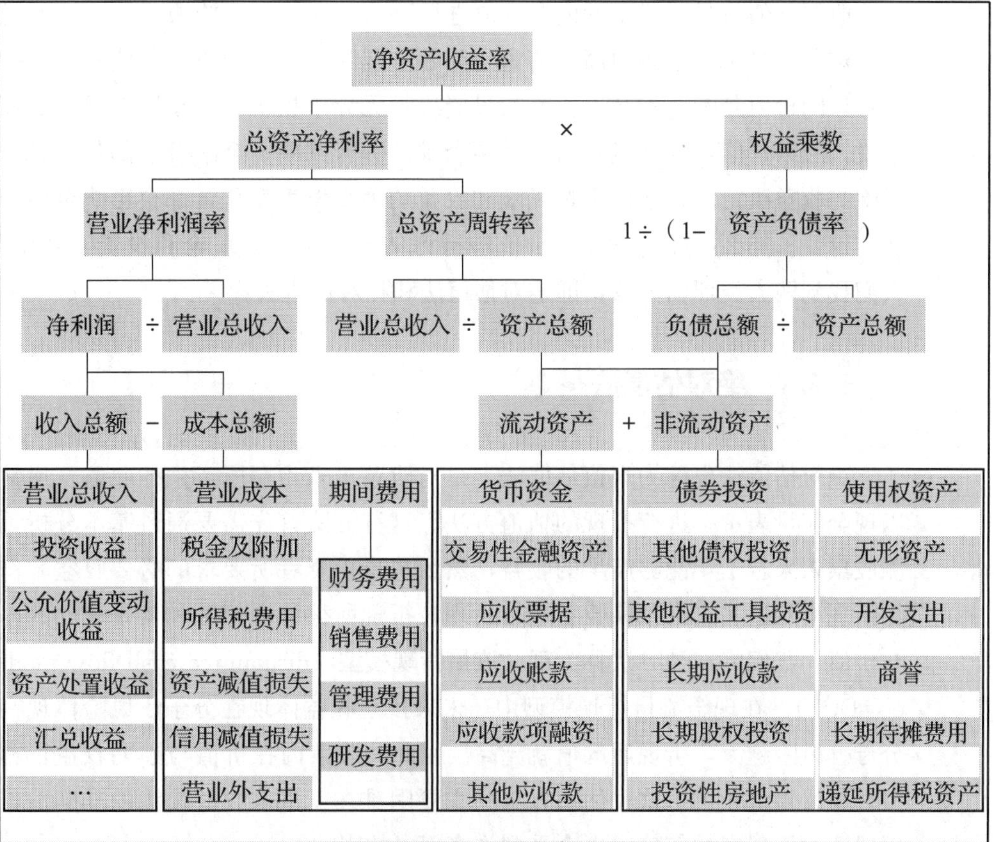

图5-4　杜邦分析法

比如，一家公司净资产收益率低于同行，通过杜邦分析法发现主要原因是权益乘数低，进一步发现是财务杠杆低，即对债务资本利用不够。另一家公司也是净资产收益率低于同行，通过杜邦分析法发现主要原因是总资产收益率低，进一步发现主要是因为公司薄利多销的策略不成功，即公司降价销售但销售量没有达到预期。再如，一家公司也是净资产收益率低于同行，通过杜邦分析法发现主要原因是总资产周转率低，公司存在大量的闲置设备，增大了总资产的存量。追根溯源，也就不难得出提升净资产收益率的措施了。

5.5　股票估值

我们在前面介绍了宏观经济分析、行业状况分析、公司分析等自上而下的分析，最终目的是评价影响公司未来盈利的各种因素，在此基础上对公司股票是否有投资价值进行分析。因此，最终我们要对股票价值进行评估，以判断股票价格是被低估还是高估了。

股票估值就是对股票的内在价值进行评价，在股票投资决策中，这既是一个难题，又是一个必须面对的重要问题。因为任何投资决策都绕不开对投资对象的价值判断。不基于价值的投资决策无异于投机。对于股票投资决策来说，股票价值需要从风险与收益两个维度进行判断。金融资产的价值是由风险与收益决定的，任何影响风险和收益的因素发生变化，都会影响金融资产的价值。那么，如何对股票价值进行评估呢？在金融理论和投资实践中，人们找到两大类评估方法，即绝对估值法和相对估值法。

5.5.1 绝对估值法

绝对估值法也称为现值估值法，是对股票未来预期所产生的收益（通常以现金流量表示）进行折现的估值方法。这种方法首先需要通过基本分析预测股票未来若干年能够产生的收益，然后选择投资者所要求的必要收益率作为折现率对这些未来预期收益进行折现，折现所得的现值之和就是股票的内在价值。我们将这种方法称为**现金流量折现模型**（discounted cash flow model，DCF）。在现金流量折现模型中，未来预期收益体现在分子，风险体现在分母。风险越大，折现后的值就越高。因此，股票内在价值与预期收益正相关，与风险负相关。这种估值方法的主要困难在于未来收益预测的准确性难以保证，折现率如何确定也会受到许多因素的影响。

绝对估值法最为常用的方法是股利折现法，即**股利折现模型**（discounted dividend model，DDM）。根据股利折现模型，对于一个持续经营的公司来说，其股票内在价值就是公司未来预期股利的现值。股利折现模型如公式（5-15）所示：

$$V=\sum_{t=1}^{\infty}\frac{D_t}{(1+k)^t} \tag{5-15}$$

式中，V 为股票价值；D_t 为第 t 年的期望股利，假定股利在年末支付；k 为折现率，一般用投资者要求的必要收益率。

对于股票投资者而言，他在股票投资期间收到的现金主要包括现金股利和出售股票时收到的价款。如果投资者计划在第 n 年将股票卖出，假设卖出的价格为 P_n，那么公式（5-15）就可以改写为公式（5-16）：

$$\begin{aligned}V&=\frac{D_1}{(1+k)^1}+\frac{D_2}{(1+k)^2}+\cdots+\frac{D_n}{(1+k)^n}+\frac{P_n}{(1+k)^n}\\&=\sum_{t=1}^{\infty}\frac{D_t}{(1+k)^t}+\frac{P_n}{(1+k)^n}\end{aligned} \tag{5-16}$$

股票未来第 n 年的价格 P_n 应该等于 n 年以后年度股利的折现值。因此，公式（5－16）和公式（5－15）所表达的意义是一样的。

从股利折现模型可以看出，股票的内在价值取决于两个因素，即分子的股利和分母的折现率。股利与公司的盈利相关，代表公司的预期盈利，预期盈利越高，盈利成长性越好，股票价值就会越高。折现率是投资者根据股票的风险所要求得到的必要收益率，它由两部分构成，一是无风险利率，二是风险溢价，即对投资风险的补偿。如果市场无风险利率上升，那么折现率也会随之上升；股票投资的风险越大，风险溢价越大，折现率也会越大。

假设公司未来股利是固定不变的，每年股利金额都是 D，那么公式（5－15）可以表示为公式（5－17），这个模型称为股利零增长模型。

$$V=\frac{D}{k} \tag{5-17}$$

假设公司未来股利能够以固定增长率 g 增长，那么公式（5－15）可以表示为公式（5－18），这个模型称为股利增长模型。

$$V=\frac{D_0(1+g)}{k-g}=\frac{D_1}{k-g} \tag{5-18}$$

例 5－1

假定某股票按年发放股利，今年每股现金股利为 0.6 元，预计股利未来会以每年 5％的增长率增长。某投资者计划于今年年末买入该股票，他要求的必要收益率为 10％。请评估该股票的内在价值。目前该股票价格为 13.58 元，该投资者是否应该购买该股票？

根据例题中的资料可知，该股票股利将以 5％的固定增长率增长，因此可以用公式（5－18）计算股票的内在价值。

$$V=\frac{0.6\times(1+5\%)}{10\%-5\%}=12.6(\text{元})$$

评估出的股票内在价值为 12.6 元，股价目前为 13.58 元，高于股票内在价值，因此，不应该买入该股票。

采用股利折现模型评估股票价值时，股票对股利的增长率比较敏感，例如，在上例中，如果折现率不变，而股利增长率变为每年 4％，那么计算出来的股票价值为 10.4 元。这要求应用该模型时，需要对未来的增长率进行比较准确的估计。一旦公司未来的盈利增长率达不到预期，股票价值就会出现较大调整。这也为股票估值带来了挑战，尤其是在对成长股进行估值时，如

果对公司未来增长过于乐观，而实际上盈利增长未达到预期，那么股价将会大幅下跌，从而增加股票投资风险。

5.5.2 相对估值法

相对估值法也称为乘数估值法，是基于公司一些基本经济指标的价格乘数来估计股票价值的方法。通常所选择的经济指标有每股收益、每股净资产、每股销售收入等。用这些经济指标乘以一个投资者认为合理的价格乘数，估算出股票价值。常用的价格乘数有市盈率、市净率和市销率等。相对估值法比较简单，但是，价格乘数如何确定缺乏一个客观标准，带有较大的主观性，并且，所选择的经济指标是历史数据，未来经济指标如何难以确定。

相对估值法是投资实务界比较常用的估值方法。下面主要介绍市盈率模型、市净率模型、市销率模型。

1. 市盈率模型

市盈率（P/E）是股票价格与每股收益的比率。市盈率的计算如公式（5－19）所示：

$$市盈率=\frac{股票价格}{每股收益} \qquad (5-19)$$

根据市盈率模型，如果投资者确定了一个认为合理的市盈率，用该市盈率乘以每股收益就可以计算出股票价值。可见，采用这种估值方法，股票估值的主要影响因素是每股收益和市盈率。

一般来说，每股收益有以下几种确定方法：

（1）采用最近一个会计年度公告的每股收益，这样计算出的市盈率称为静态市盈率。

（2）采用最近连续 12 个月（或 4 个季度）滚动计算的每股收益，这样计算出的市盈率称为滚动市盈率。

（3）采用预测的下一个年度的每股收益，这样计算出的市盈率称为动态市盈率。

上述三种方法都不是完美的，最近一个会计年度公告的每股收益和最近连续 12 个月的每股收益只能代表过去的盈利水平，无法代表未来盈利。而未来一个年度的每股收益的预测是具有挑战性的任务，如果预测出现较大误差，就会产生错误的估值。

市盈率的确定方法通常包括以下几种：

（1）选择同行业的平均市盈率。

（2）采用公司历史的平均市盈率。

（3）参照可比公司市盈率，并根据公司的风险与盈利状况做出适当调整。

如果一只股票的市盈率较高，说明市场给这只股票的估值较高。一般而言，股票市盈率应当有一个大致合理的范围，较高的市盈率必须有较高的盈利成长性为支撑，否则，过高的市盈率可能意味着股价被市场高估。一旦公司盈利增长达不到预期，股票可能被“杀估值”，即市盈率会向下调整，股价会有比较大的波动。

例5-2

假定某公司最近12个月滚动计算的每股收益为1.5元，投资者选择用该公司所处行业的平均市盈率22倍来估值，那么该公司股票价值为：

$$股票价值=1.5\times22=33(元)$$

所以，股票的合理估值为33元。

---

2. 市净率模型

市净率（P/B）是股票价格与每股净资产的比率。市净率反映了股票价格相对于公司每股净资产的溢价水平。市净率的计算如公式（5-20）所示：

$$市净率=\frac{股票价格}{每股净资产} \tag{5-20}$$

公式中的每股净资产比较容易确定，即财务报告公布的最近一个时期的每股净资产。市净率的确定方法类似于市盈率，可以参考同行业平均市净率水平，或者公司的历史平均市净率。

如果一只股票的市净率较高，说明市场给这只股票的估值较高。与市盈率一样，较高的市净率也需要有较高的盈利成长性做支撑，只有盈利好的资产才能享受高市净率。如果一个公司的盈利成长性较差，就不能获得太高的净资产溢价。

例5-3

假定某公司最近财务报告公布的每股净资产为4.5元，投资者选择用该公司所处行业的平均市净率5倍来估值，那么该公司股票价值为：

$$股票价值=4.5\times5=22.5(元)$$

所以，股票的合理估值为22.5元。

---

3. 市销率模型

市销率（P/S）是股票价格与每股销售收入的比率。其计算如公式（5－21）所示：

$$市销率=\frac{股票价格}{每股销售收入} \tag{5-21}$$

在投资实践中，相对于市盈率和市净率，市销率估值法应用较少。但是，这个估值方法有其优点，如在公司尚未盈利的情况下，无法采用市盈率估值法，却可以采用市销率进行估值。而且，销售收入的增长能较好地反映公司的成长性。这个模型的局限性是无法对销售收入相同但成本结构存在显著差异的公司进行价值比较。

本章重要名词

基本分析法	技术分析法	经济周期	财政政策
货币政策	法定存款准备金	再贴现	公开市场业务
国内生产总值	采购经理指数	居民消费物价指数	工业品出厂价格指数
五力模型	SWOT 分析	流动比率	速动比率
资产负债率	利息保障倍数	总资产收益率	净资产收益率
销售净利率	应收账款周转率	存货周转率	总资产周转率
销售增长率	利润增长率	净资产增长率	杜邦分析法
绝对估值法	相对估值法	市盈率	市净率
市销率			

思考与练习题

思考题

1. 在经济周期的不同阶段应当如何进行大类资产配置？
2. 财政政策与货币政策是如何影响宏观经济活动的？
3. 如何运用五力模型分析公司的竞争力？
4. 你认为公司经营分析的主要内容应该有哪些？
5. 如何分析公司的偿债能力和财务风险？
6. 如何分析公司的营运能力与盈利能力？二者有何关系？
7. 怎样判断公司的成长性？
8. 如何运用杜邦分析法对公司进行综合财务分析？
9. 运用股利折现模型进行股票估值时，应当注意哪些问题？

10. 运用相对估值法进行股票估值时，应当注意哪些问题?

11. 你认为公司股票的合理市盈率取决于哪些因素?

12. 你认为在什么情况下更适合采用市净率来评估股票价值?

▶ 练习题

1. 如果中国人民银行将实施宽松的货币政策，你对下列行业有何投资建议?

a. 金矿开采和冶炼行业。

b. 建筑行业。

2. 有两家电话机生产厂商，甲厂商使用高度自动化设备生产，乙厂商采用人工生产。当市场需求增加时，需要支付工人加班费。假设不考虑其他因素的影响，请分析在经济繁荣和经济萧条时，哪家公司可能利润较高? 为什么?

3. 你认为下列行业处于生命周期的哪个阶段?

a. 油井设备行业。

b. 计算机软件行业。

c. 基因工程行业。

4. 某股票按年发放红利，上一年度发放的每股现金股利为 0.35 元（$D_0=0.35$ 元），以后长期按照每年 8%的速度增长。已知资本市场对该股票要求的必要收益率为 10%，试评估该股票目前的价值。

5. 某上市公司采用 50%的固定股利支付率分配股利。今年的每股收益和每股股利分别为 2.12 元和 1.06 元。预计未来 5 年内净利润的年均增长率将保持在 20%的水平，由于竞争加剧，5 年后将回落到 5%的常态增长率。已知该公司股票适用的贴现率为 10%。

(1) 计算该公司未来 6 年的每股收益和每股股利。

(2) 你认为该公司股票采用什么估值方法比较合适?

第6章

收益与风险

学习目标

1. 掌握利率、实际利率与名义利率的含义。
2. 掌握持有期收益率和期望收益率的计算。
3. 掌握风险的度量方法。
4. 理解偏度与峰度的含义。
5. 理解在险价值与预期尾部损失的含义。
6. 理解风险偏好的三种类型。
7. 理解效用函数和无差异曲线的含义。
8. 了解风险容忍度和风险承受能力的评价。

6.1 收益的度量

金融资产的属性可以用两个维度来描述：收益与风险。对这两个维度进行比较可以大大简化金融资产的选择过程，使投资者选出最符合自己风险与收益偏好的投资对象。相对于金融资产，实物资产的属性更具有多样性，例如，服装的属性有面料、设计、做工、品牌、尺寸等，白酒的属性有口感、酒精度数、年份、厂商等，服装与白酒的属性存在很大的差异，因此，对实物资产进行比较与选择时要比金融资产考虑更多的维度。下面介绍金融资产收益的度量方法。

6.1.1 利率

1. 利率的概念及其构成

衡量投资收益必须要理解利率的含义。**利率**（interest rate），也称为利息率，是指一定时期内利息额与本金的比率。在经济学上，利率通常指**到期**

收益率（yield to maturity）。利率按照计算利息的期限单位不同，一般可分为**年利率**（annual interest rate）、**月利率**（monthly interest rate）和**日利率**（daily interest rate）。在金融市场上，资金可以看作一种特殊的商品，利率实际上是资金的交易价格，这个价格的变动会受到多种因素的影响。

利率水平是影响投资决策的一个非常重要的因素，要详尽地解释利率水平受哪些因素的影响，必须先了解利率的构成。在现实经济生活中，利息可以界定为投资者在一定时期内让渡资金使用权而要求的补偿，利率则是反映这种补偿水平的标准。一般来说，利率由两部分构成：机会成本补偿水平与和风险补偿水平。

机会成本补偿通常由无风险利率表示。**无风险利率**（risk-free interest rate）也称为无风险收益率或无风险报酬率，是指投资者投资于无风险资产所获得的收益率，如投资于国债、货币市场基金或者银行存款等的收益率。在市场经济中，由市场机制形成的无风险利率可以作为市场的**基准利率**（benchmark interest rate）。在多种利率并存的条件下，基准利率起决定作用，基准利率发生变动，其他利率也会随之变动，所以说基准利率是利率市场化机制形成的基础性利率。当然，在实际经济生活中，基准利率也有另外一个说法，即中央银行所确定的再贴现利率，在我国是中国人民银行对商业银行等金融机构的存、贷款利率，在美国主要是美联储确定的联邦基金利率。现实经济生活中，并不存在绝对无风险的投资，现实的选择是用风险最小的国债利率作为无风险利率。假定国债的利率是5%，视为无风险利率，我们可以把国债看作是没有违约风险的。但是，国债投资依然存在通货膨胀带来的货币购买力下降的风险，如果通货膨胀率是3%，则无风险利率5%中有3%是对通货膨胀风险的补偿。这么看来，所谓无风险利率并非真正无风险，主要是指没有违约风险，因此，无风险利率实际上包含了对通货膨胀风险的补偿。

利率的另外一部分是风险补偿，通常称为**风险溢价**（risk premium）或者风险收益率、风险报酬率，是指在存在风险的情况下投资者要求的对其投资风险的补偿，它是投资收益率中超过无风险利率的那部分额外收益率。风险越大，要求的风险溢价就越高。例如，以国债的年利率5%作为无风险利率，某只股票指数基金的预期收益率为10.85%，那么其风险溢价为5.85%。风险溢价通常由三部分组成：违约风险溢价、流动性风险溢价和期限风险溢价。违约风险是指债务到期时，借款人没有能力支付利息或偿还本金而给投资者带来的风险。对违约风险的补偿就是违约风险溢价，它是风险溢价的主要部分。流动性风险是指资产不能迅速变现而给投资者带来的损失，对这部分风险也需要进行补偿，这就是流动性风险溢价。比如，在债券市场上，国债比公司债券的流动性好，因此，公司债券就要有流动性风险溢价来作为补偿。一般来说，投资期限越长，资金出现损失的可能性会越大，因此要求有相应的期限风险溢价作为补偿，这就说明了为何长期利率一般会高于短期利率。由于金融资产的流动性与期限是密切相关的，往往期限越长，流动性越差，因此，经常将流动性风险与期限风险合二为一，统称为流动性风险。所以风险溢价可以说包括违约风险溢价和流动性风险溢价两部分。

2. 实际利率与名义利率

实际利率（real interest rate）是指在没有通货膨胀，从而货币购买力不变条件下的利率。实际利率反映了投资获得的实际收益率。在经济生活中，实际利率水平主要由以下因素决定：

（1）存款人（如家庭）的资金供给。

（2）企业投资厂房、设备及存货的融资需求。

（3）中央银行的货币政策，它们决定资金投放与收回，从而影响市场的资金供给与需求。

可以用资金需求曲线和供给曲线来描述均衡利率是如何实现的。图 6-1 中，横轴表示资金量（包括资金需求量和资金供给量），纵轴表示实际利率。向下倾斜的需求曲线 D_1 和 D_2 与向上倾斜的供给曲线 S 的交点 E_1 和 E_2 就是在资金借贷均衡水平下的均衡实际利率。当实际利率提高时，居民会推迟现时消费并进行储蓄，资金供给增加，所以供给曲线是向上倾斜的；当实际利率下降时，企业融资需求增加，所以需求曲线是向下倾斜的。政府和中央银行可以通过调整财政政策或货币政策使供给曲线和需求曲线向左或向右移动。例如，政府财政预算赤字增加，政府需要增加借款数量，需求曲线会向右平移，从而使均衡点从 E_1 点移动到 E_2 点。

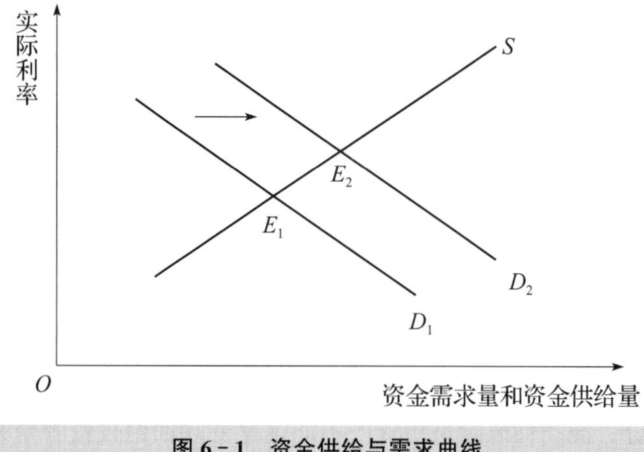

图 6-1 资金供给与需求曲线

名义利率（nominal interest rate）是包括通货膨胀补偿的利率。名义利率反映资金量的增长率，但不能反映投资的实际收益率。比如，你存入银行1 000元，期限为1年，假设存款利息率为10%，这可以视为无风险利率，1年后你可以得到本息和1 100元。假设1年的通货膨胀率为4%，货币购买力1年就下降了4%，存款1年本息和的货币实际购买力增加了多少呢？实际利率就是衡量实际购买力变化的标准。

名义利率与实际利率之间的关系可以用公式（6-1）表示：

$$R=r+i+r\times i \tag{6-1}$$

式中，R 表示名义利率；r 表示实际利率；i 表示预期通货膨胀率。

这个公式就是费雪等式（Fisher equation）。由于 $r\times i$ 非常小，可以忽略不计，因此，该等式可以简化为公式（6-2）：

$$R=r+i \tag{6-2}$$

用公式（6-1）计算的实际利率 r 为5.77%，而用公式（6-2）计算的实际利率 r 为6%。因此你的实际购买力只增加了5.77%。可见这两种计算结果还是存在差异的。

在现实生活中，我们所看到的利率都是名义利率，实际利率不易被直接观察到。费雪认为名义利率随着预期通货膨胀率的增加而增加，尽管这个结论并没有得到实证研究的强力支持，但是，人们仍然认为名义利率是预测通货膨胀变动趋势的一个可行方法，当名义利率上升时，人们预期通货膨胀率会上升。

3. 税收与实际利率

在考察投资的实际利率时，不能不考虑税收的影响。税收是根据名义收入征收的。假设个人所得税税率为 t，则税后名义利率为 $R(1-t)$，税后实际利率可以近似地等于税后名义利率减去通货膨胀率，可用公式（6-3）计算：

$$R(1-t)-i=(r+i)\times(1-t)-i=r(1-t)-it \tag{6-3}$$

由此可见，税后实际利率随着通货膨胀率的上升而下降，投资者承受了相当于税率乘以通货膨胀率的损失。例如，我国目前债券利息的个人所得税税率为20%，假设你购买了名义利率为6%的公司债券进行投资，通货膨胀率是4%。在没有税收的情况下，你投资的实际利率是名义利率6%扣除通货膨胀率4%后的值，为2%。而税后实际利率为 $6\%\times(1-20\%)-4\%=0.8\%$。税后实际利率比无税收情况下的实际利率小得多。

6.1.2 持有期收益率

投资者需要通过计算一些指标来评价投资的业绩。持有期收益率就是评价投资业绩的重要指标。**持有期收益率**（holding period return）是指在特定投资期限内持有资产获得的收益率。持有期收益率可以分为持有期总收益率、持有期年化收益率和内含收益率等不同表现形式，下面分别介绍其计算方法。

1. 持有期总收益率

持有期总收益率是整个投资期限内获得的收益额与投资本金之比。投资期限可以是短期，也可以是长期。持有期间的收益额包括资产升值的资本利得收益和期间收到的股利或利息收益，因此，对于股票投资来说，持有期总收益率等于资本利得收益率与股息收益率之和。持有期总收益率可以用公式（6-4）表示：

$$R=\frac{P_t-P_0+D}{P_0} \tag{6-4}$$

式中，R 表示持有期总收益率；P_0 表示资产期初价格，即投资本金；P_t 表示资产期末价格；D 表示资产在持有期间获得的收益，如股利、利息等。

这里假设资产在持有期间的收益是在持有期期末获得的。如果不是在期末获得的收益，那么持有期收益率的计算还应考虑取得收益时点到期末这段时间的再投资收益。因持有期限长短不同，持有期总收益率不便于比较不同投资的业绩差异。为此，我们需要计算持有期年化收益率。

如果持有期间为 n 年，第 t 年的收益率用 R_t 来表示，则持有期总收益率可用公式（6-5）表示：

$$\begin{aligned} R &=(1+R_1)\times(1+R_2)\times\cdots\times(1+R_n)-1 \\ &=\prod_{t=1}^{n}(1+R_t)-1 \end{aligned} \tag{6-5}$$

2. 持有期年化收益率

如果投资期限刚好为 1 年，那么持有期总收益率就是持有期年化收益率。但是，如果投资期限短于 1 年或者超过 1 年，就需要将持有期总收益率换算为持有期年化收益率。这样便于比较和评价不同投资期限的投资业绩差异。一般情况下，我们说的持有期收益率指的是持有期年化收益率。

如果投资期限为 n 年，n 年持有期总收益率为 R，用 r 表示持有期年化收益率，那么持有期年化收益率可以用公式（6－6）表示：

$$r=(1+R)^{\frac{1}{n}}-1 \tag{6-6}$$

如果投资期限为 n 年，第 t 年的收益率用 R_t 来表示，持有期年化收益率也可用公式（6－7）表示：

$$r=\sqrt[n]{\prod_{t=1}^{n}(1+R_t)}-1 \tag{6-7}$$

从公式（6－7）可以看出，持有期年化收益率是各期收益率的几何平均值，所以也称为**几何平均收益率**（geometric mean return）。几何平均收益率大体上反映的是一个“买入并持有”策略，它考虑了每期投资收益的再投资收益，因此是持有期间的年复合收益率。

有时，我们也需要计算各期收益率的算术平均值，即**算术平均收益率**（arithmetic mean return），例如，通过计算算术平均收益率和它的标准差来确定观测值分散在均值周围的状态。算术平均收益率可以用公式（6－8）表示：

$$\overline{R}=\frac{R_1+R_2+\cdots+R_n}{n}=\frac{1}{n}\sum_{t=1}^{n}R_t \tag{6-8}$$

例6－1

某投资者2019年3月15日以35元的价格买入A公司股票，并于2022年3月15日卖出A公司股票，卖出价格为42元，该公司在2022年3月12日每股分配现金股利1.4元。计算持有期总收益率和持有期年化收益率。

持有期总收益率 R 为：

$$R=\frac{42-35+1.4}{35}=24\%$$

将持有期总收益率换算为持有期年化收益率，持有期年化收益率 r 为：

$$r=(1+24\%)^{\frac{1}{3}}-1=7.43\%$$

这表明该项投资在3年中的年复合收益率是7.43%。

3. 内含收益率

前面计算的收益率没有考虑不同时期投资额的不同。对于投资者来说，投资可能不是一次性投入的，而是在不同时间分次投入的，在这种情况下，计算持有期收益率比较复杂，通常我们可以计算该投资的内含收益率，以此作为持有期年化收益率。内含收益率可以用公式（6－9）计算：

$$\sum_{t=0}^{n}\frac{CF_t}{(1+IRR)^t}=0 \tag{6-9}$$

式中，IRR 表示内含收益率；n 表示投资年限；CF_t 表示第 t 年发生的现金流量。

下面我们通过一个例子来说明内含收益率是如何计算的。

例 6－2

苏珊正在做退休后的投资规划，投资顾问为她提供了几只证券投资基金过去的业绩表现。经过比较分析，苏珊对 A 基金比较感兴趣，该基金过去 5 年的相关信息如表 6－1 所示。

表 6－1　A 基金的收益率

年份	年初管理的资产规模（亿元）	年收益率（%）
1	25	15
2	35	4
3	30	−8
4	32	12
5	40	10

根据以上信息，计算 A 基金下列收益率：

（1）5 年期的持有期总收益率。

（2）持有期的几何平均收益率和算术平均收益率。

（3）5 年间的内含收益率。

5 年期的持有期总收益率 R 为：

$$R=(1+15\%)(1+4\%)(1-8\%)(1+12\%)(1+10\%)-1=35.56\%$$

持有期的几何平均收益率 r 为：

$$r=\sqrt[5]{1+0.3556}-1=6.27\%$$

持有期的算术平均收益率 $\overline{R}$ 为：

$$\overline{R}=\frac{15\%+4\%-8\%+12\%+10\%}{5}=6.6\%$$

计算内含收益率需要先计算各年的现金流量，表 6－2 列示了各年的现金流量。

表 6-2　A基金各年现金流量　　单位：亿元

年份	1	2	3	4	5
上年余额	0	28.75	36.4	27.6	35.84
年初投资者的新投资额（基金的现金流入）	25	6.25	0	4.4	4.16
年末投资者赎回的投资额（基金的现金流出）	0	0	−6.4	0	0
年初资金余额	25	35	30	32	40
年投资收益率（%）	15	4	−8	12	10
投资收益（损失）	3.75	1.4	−2.4	3.84	4
年末资金余额	28.75	36.4	27.6	35.84	44

对于投资者来说，从第1年年初到第5年的现金流量如表6-3所示。

表 6-3　A基金投资者各年现金流量　　单位：亿元

年份	0	1	2	3	4	5
现金流量 *CF*	−25	−6.25	6.4	−4.4	−4.16	44

$$\frac{-25}{(1+IRR)^0}+\frac{-6.25}{(1+IRR)^1}+\frac{6.4}{(1+IRR)^2}+\frac{-4.4}{(1+IRR)^3}$$
$$+\frac{-4.16}{(1+IRR)^4}+\frac{44}{(1+IRR)^5}=0$$

解得内含收益率 IRR 为 6.51%。

6.1.3　期望收益率

如果一项投资存在风险，其未来收益率会存在多种可能性，可以根据市场状况进行情景分析，来测算这项投资的各种可能收益率的平均值。假设一项投资未来的收益率有 n 种情况，可以计算出 n 种情况下的期望收益率。期望收益率是在未来不同情境下各种可能收益率以其发生的概率为权重的加权平均值，可以用公式（6-10）来表示：

$$E(r)=\sum_{i=1}^{n}P_iR_i \tag{6-10}$$

式中，$E(r)$ 表示期望收益率；n 表示未来收益率存在 n 种可能性；P_i 表示第 i 种情况下收益率发生的概率；R_i 表示第 i 种情况下的收益率。

其中，概率 P_i 满足如下条件：$0\leqslant P_i\leqslant 1$，且 $\sum_{i=1}^{n}P_i=1$。

例 6-3

B基金在1年后根据市场状况不同，存在以下四种不同的收益率，如表6-4所示。

表 6-4　B基金持有期收益率的情景分析

市场状况	发生的概率	收益率（%）
过热	0.20	40
较好	0.25	20
一般	0.40	10
萧条	0.15	−20

B基金在四种可能的市场状况下的期望收益率为：

$$E(r)=0.20\times 40\%+0.25\times 20\%+0.40\times 10\%+0.15\times(-20\%)=14\%$$

在现实生活中，一项投资并不会像例6-3中B基金那样仅有4种收益率。一项资产或一个投资组合的历史收益率是以时间序列形式存在的，我们可以观察日期和持有期收益率，但不能明确这些收益率发生的概率是多少。所以，必须从有限的样本数据中推断出收益率的概率分布。

在利用历史数据时，通常赋予每个收益率相等的概率，如果存在 n 个样本数据，每个样本数据发生的概率就是 $1/n$，这时期望收益率就可以用公式（6-11）表示：

$$E(r)=\overline{R}=\frac{1}{n}\sum_{i=1}^{n}R_i \tag{6-11}$$

因此，期望收益率 $E(r)$ 实际上等于收益率的算术平均值，即算术平均收益率 $\overline{R}$。

6.2　风险的度量

6.2.1　风险的概念

投资者关心其投资在未来是否达到预期的结果。没有人能够确切地预知未来，所以风险是不可避免的。对于风险的定义，人们并没有统一的认识。一般来说，**风险**（risk）是指事件未来结果的不确定性。对于投资来说，风险就是未来收益的不确定性。如果一项投资事先就能确定未来的收益是多少，则认为这项投资是无风险的，如购买国债，事先可以计算出到期能得到多少利息，投资收益是确定的，这就属于无风险的投资。一项投资存在风险，意味着未来收益率存在多种可能的结果，也就是说，收益率会落在一定的范围之内。可以用收益率的波动性来衡量风险大小，波动性越大意味着风险就越大。

6.2.2　方差与标准差

期望收益率只代表未来各种可能情景下收益率的加权平均值，并不能用来衡量投资的风险大小。要衡量风险大小，需要考察收益率的波动性。通常用方差和标准差来度量风险。方差是各种可能的收益率与期望收益率偏差的平方的期望值，标准差是方差的平方根。收益率的方差或标准差用来衡量资产的各种可能收益率相对期望收益率的分散化程度，方差或标准差越大，说明收益率的波动性越大，风险也越大。方差与标准差的计算见公式（6－12）和公式（6－13）。

$$\sigma^2=\sum_{i=1}^{n}P_i[R_i-E(r)]^2 \tag{6-12}$$

$$\sigma=\sqrt{\sum_{i=1}^{n}P_i[R_i-E(r)]^2} \tag{6-13}$$

式中，σ^2 表示方差；σ 表示标准差；其他符号同前。

可以计算出例6－3中B基金收益率的方差与标准差。

$$\sigma^2=0.20\times(40\%-14\%)^2+0.25\times(20\%-14\%)^2+0.40\times(10\%-14\%)^2+0.15\times(-20\%-14\%)^2=0.0324$$

$$\sigma=\sqrt{0.20\times(40\%-14\%)^2+0.25\times(20\%-14\%)^2+0.40\times(10\%-14\%)^2+0.15\times(-20\%-14\%)^2}=0.18$$

收益率的方差或标准差并不会区分市场的好与差，它仅描述了收益率对平均值的偏离程度，方差或标准差越大，说明收益率分布越离散，波动性越大，从而风险越大。在特殊情况下，可以假设概率分布是正态分布，这样期望收益率和标准差就可以比较完美地描述出收益率及其概率分布情况。

由于我们并不知道收益率的总个数，也无法预计全部收益率及其概率，因此，可以利用样本数据来估计收益率的方差。在收益率存在 n 个样本数据，并且假设每个样本发生概率相等的情况下，样本的方差可以表示为公式（6－14）。

$$s^2=\frac{1}{n}\sum_{i=1}^{n}(R_i-\overline{R})^2 \tag{6-14}$$

式中，s^2 表示样本的方差。

很显然，这个方差 s^2 是存在误差的，因为在计算时采用的是对样本算术平均值 $\overline{R}$ 的偏差，而不是对未知的、真实的期望值 $E(r)$ 的偏差，这个误差称为自由度偏差，可以通过方差算术平均值与因子 $n/(n-1)$ 的乘积来消除。因此，样本的方差 s^2 和标准差 s 可以表示为公式（6－15）和公式（6－16）。

$$s^2=\frac{1}{n-1}\sum_{i=1}^{n}(R_i-\overline{R})^2 \tag{6-15}$$

$$s=\sqrt{\frac{1}{n-1}\sum_{i=1}^{n}(R_i-\overline{R})^2} \tag{6-16}$$

例 6－4

根据例 6－2 的样本数据，可以计算 A 基金的样本方差与标准差。

$$s^2=\frac{(15\%-6.6\%)^2+(4\%-6.6\%)^2+(-8\%-6.6\%)^2+(12\%-6.6\%)^2+(10\%-6.6\%)^2}{5-1}$$

$$=0.008\ 28$$

$$s=\sqrt{\frac{(15\%-6.6\%)^2+(4\%-6.6\%)^2+(-8\%-6.6\%)^2+(12\%-6.6\%)^2+(10\%-6.6\%)^2}{5-1}}$$

$$=0.090\ 99$$

6.2.3 夏普比率

理性的投资者在构建投资组合时，会综合比较投资组合的收益与风险。在风险水平相同的情况下，投资者总会选择期望收益率最大的投资组合，而在期望收益率相同的情况下，投资者总会选择风险最小的投资组合。**夏普比率**（Sharpe ratio）就是用来衡量收益与风险的一个重要指标，它是风险溢价与标准差之比，也称报酬波动率比率（reward-to-variability ratio），其计算见公式（6－17）。

$$S=\frac{E(r)-R_f}{\sigma} \tag{6-17}$$

式中，S 为夏普比率；R_f 为无风险收益率。

夏普比率衡量单位标准差所对应的风险收益是多少。这个指标越高，说明投资风险所获得的收益补偿越多。因此，在评价基金业绩时，经常采用夏普比率来综合判断基金的绩效。

例6-5

根据例6-3中B基金的数据，假设无风险收益率为5%，则B基金的夏普比率为：

$$夏普比率=\frac{14\%-5\%}{0.18}=0.5$$

6.2.4　正态分布

在日常生活中，许多随机变量具有正态分布的特征，如一个国家全部人口的身高、体重的分布基本符合正态分布。在用均值（期望收益率）和方差（风险）评估投资时，通常假设投资收益率服从以期望收益率为均值的正态分布。

图6-2显示了一个均值为$\overline{R}$、标准差为σ的正态分布。正态分布的曲线呈钟形，两头低，中间高，左右对称，又称为钟形曲线。正态分布具有三个特征：第一，均值和中值相等；第二，随机变量的分布是关于均值对称的；第三，它由均值和标准差两个参数定义。若某一项投资的收益率R为随机变量，且R服从一个期望值为$\overline{R}$、方差为σ^2的正态分布，可以记作$N(\overline{R},\sigma^2)$，期望值$\overline{R}$决定了正态分布曲线的位置，标准差σ决定了其分布的幅度。一个正态分布的形态完全由其均值和标准差来决定。这个图形展示了在给定上述参数下各种收益水平发生的理论概率。标准差越小时，各种可能的收益率越集中在期望收益率附近；标准差越大时，各种可能的收益率会越分散。任何一个特定收益率实现的概率都由均值和标准差来决定。图6-2展示了各种可能收益率的概率分布情况，有68.26%的收益率落在均值±1个标准差的范围内，有95.46%的收益率落在均值±2个标准差的范围内，有99.73%的收益率落在均值±3个标准差的范围内。

如果一项投资的各种可能收益率服从正态分布，那么投资管理将变得更加便捷。首先，收益率是左右对称的正态分布，可以方便地计算出收益率的

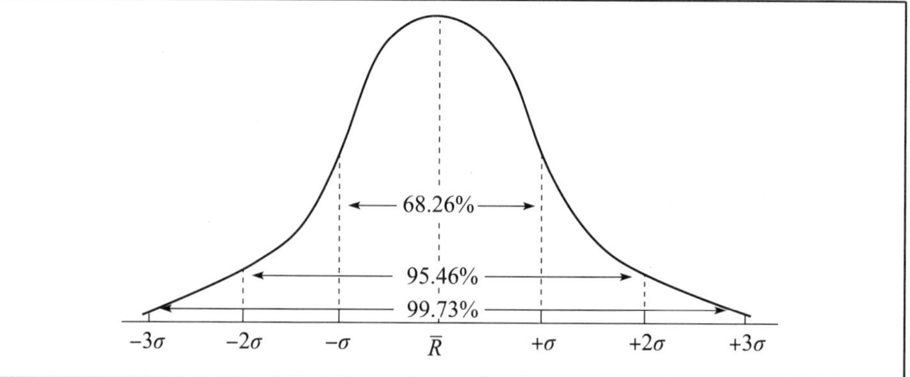

图 6-2 正态分布的概率区间

概率分布情况。很显然，如果收益率的分布不是这种正态分布，就不适合用收益率的标准差来衡量投资风险。其次，正态分布具有稳定性，这意味着由收益率呈正态分布的各类资产构成的投资组合，其收益率也同样服从正态分布，这样更便于投资组合管理。

6.2.5 非正态分布

前面讨论了收益率的正态分布情形，可以完美地用标准差来描述投资的风险水平，因此夏普比率可以很好地衡量一项投资的收益风险比，为理性投资者提供一个资产选择的工具。

然而，在现实生活中，资产的收益率并非完美地服从正态分布。有时收益率的分布是非对称的，会产生偏态。有时极端事件发生的概率会明显高于正态分布中隐含的发生概率，产生收益率分布的峰态或肥尾。这成为投资分析中不可忽视的问题。

1. **偏度**

偏态分布（skewness distribution）是连续随机变量的一种非对称性分布，其特征是分布曲线左右不对称，变量分布的高峰位于一侧，尾部向另一侧延伸。偏态分布可分为正偏态和负偏态。

正偏态（positive skewness）的分布高峰偏左，长尾向右延伸，分布曲线右侧偏长，左侧偏短，所以也称右偏态。图 6-3 展示了正偏态分布曲线，曲线的最高点偏向横轴的左边，左半部分的曲线比正态分布的曲线更陡，而右半部分的曲线比较平缓，并且其尾线比起左半部分的曲线更长，无限延伸直到接近横轴。在正偏态分布中，平均数 $\overline{x}$ 大于中数 Me，中数 Me 又大于众数 Mo，即 $\overline{x}>Me>Mo$。

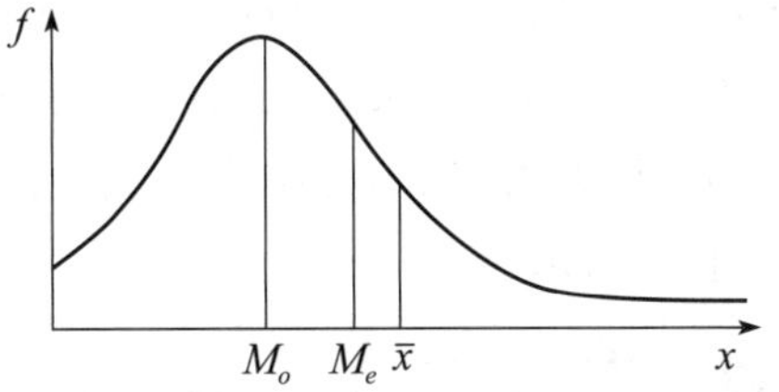

图 6-3　正偏态分布曲线

负偏态（negative skewness）的分布高峰偏右，长尾向左延伸，分布曲线左侧偏长，右侧偏短，所以也称左偏态。图 6-4 展示了负偏态分布曲线，曲线的最高点偏向横轴的右边，右半部分的曲线比正态分布的曲线更陡，而左半部分的曲线比较平缓，并且其尾线比起右半部分的曲线更长，无限延伸直到接近横轴。在负偏态分布中，平均数 $\overline{x}$ 小于中数 Me，中数 Me 又小于众数 Mo，即 $\overline{x}<Me<Mo$。图 6-5 描述了 1926—2008 年美国大公司股票收益率分布的直方图，可以看出美国大公司股票收益率的分布是负偏态。

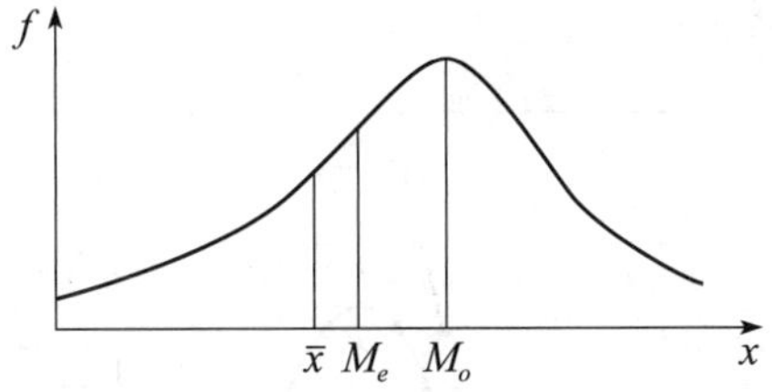

图 6-4　负偏态分布曲线

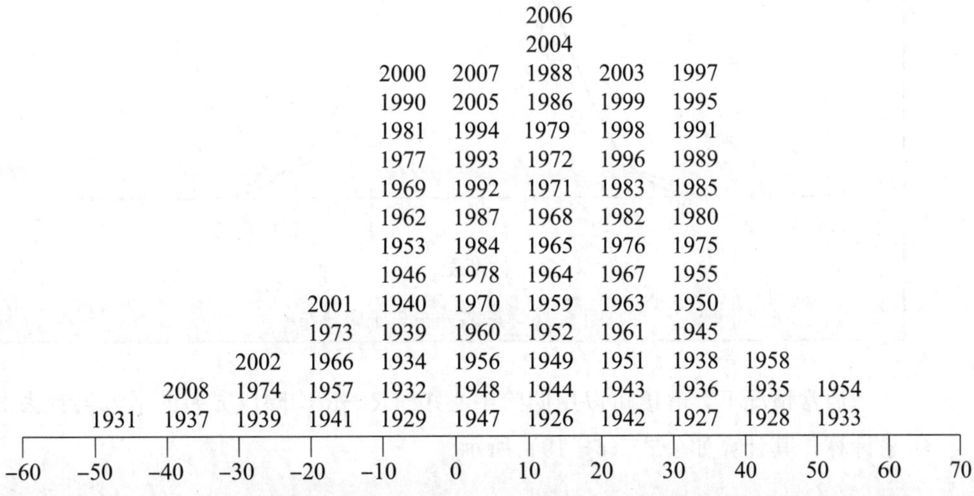

图 6-5　美国大公司股票收益率分布的直方图（1926—2008 年）（%）

资料来源：2009 Ibbotson SSBI Classic Yearbook（Table 2.2）.

在偏态分布中，通常用**偏度**（skewness）来衡量偏态的程度。偏度也称偏差系数或偏态系数（deviation coefficient），是描述数据分布的偏斜方向和程度的度量。偏度通常可以用三阶中心矩的均值除以标准差的三次方来计算，其计算如公式（6－18）所示。

$$S_k = E\left[\frac{(R-\overline{R})^3}{\sigma^3}\right] \tag{6－18}$$

式中，S_k 表示偏度；R 表示可能的收益率；$\overline{R}$ 表示收益率的均值；σ 表示标准差。

当偏度为 0 时，数据分布左右对称，因此正态分布的偏度为 0。当偏度大于 0 时，数据分布为正偏态（右偏态），此时标准差会高估风险。当偏度小于 0 时，数据分布为负偏态（左偏态），此时标准差会低估风险。

2. **峰度**

峰度（kurtosis），也称峰态系数，是用来度量随机变量在平均值处的峰值大小的指标，图 6－6 比较了正态分布与肥尾分布，峰度描述的是分布曲线峰部的尖度和肥尾性。

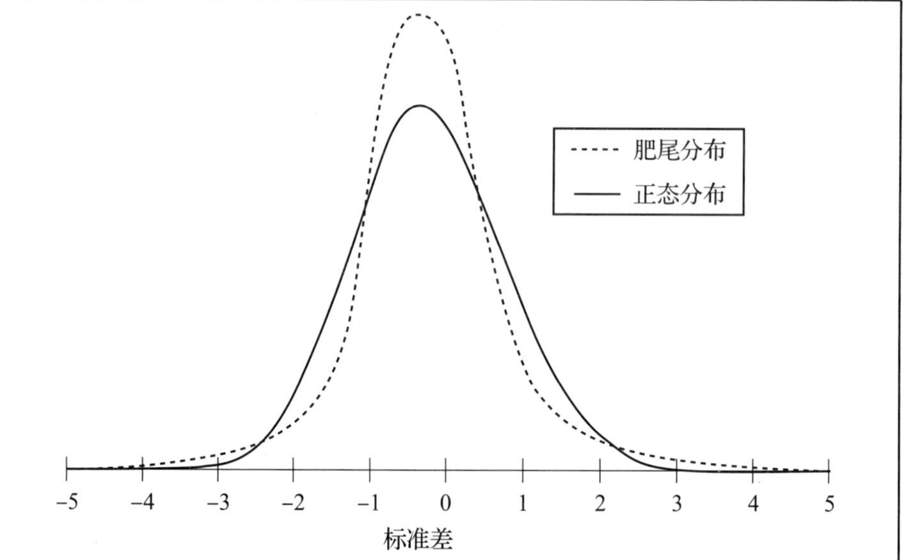

图 6－6　正态分布与肥尾分布

通常情况下，峰度可以用四阶中心矩 $(R-\overline{R})^4$ 除以方差的平方再减去 3 来计算，其计算如公式（6－19）所示。

$$kurt = E\left[\frac{(R-\overline{R})^4}{\sigma^4}\right] - 3 \tag{6－19}$$

式中，$kurt$ 表示峰度；R 表示可能的收益率；$\overline{R}$ 表示收益率的均值；σ 表示标准差。

公式（6-19）中所计算的 $kurt$ 也称为超值峰度。因为正态分布的四阶中心矩 $(R-\overline{R})^4$ 除以方差的平方等于 3，所以计算峰度时减去 3 是为了使正态分布的峰度为 0。如果以正态分布为参照，正态分布的峰度等于 0，那么当峰度大于 0 时为尖峰态分布，当峰度小于 0 时为低峰态分布。与正态分布对比，尖峰态曲线的顶端比较尖峭，尾部比较粗，会出现肥尾，极端数值发生的概率较大；低峰态曲线的顶端比较平缓，尾部比较细，极端数值发生的概率较小。当投资收益率出现肥尾分布时，尾部风险损失会明显高于正态分布的情况。

前面讨论了一项投资的风险通常可以用方差或标准差来度量。然而，方差或标准差只能反映一项投资收益率的整体波动幅度，并没有对其下行波动和上行波动进行区分，也没有体现出投资的极端损失风险。与收益率波动幅度相比，投资者往往更关心投资的极端损失风险。如果一项投资的极端损失风险较低，即使投资收益率的波动很大，亏损承受力较低的投资者来说也是可以接受的。在险价值和预期尾部损失为衡量投资极端损失风险的常用指标。下面首先介绍在险价值。

6.2.6 在险价值

在险价值（value at risk，VaR）是指在一定的概率水平下，一项投资在未来特定时期内发生极端负收益所造成的最小损失。这个损失既可以用金额来表示，也可以用百分比来表示。例如，某项投资金额为 100 万元，在 5% 的概率水平下，未来 1 年内的 VaR 为 20 万元。这意味着这项投资在未来 1 年内有 5%的概率最小亏损额是 20 万元，即亏损额大于或等于 20 万元的概率为 5%，或者说这项投资在未来 1 年内有 95%的概率收益额会大于−20 万元。将这项投资的在险价值用百分比来表示，即在 5%的概率水平下，未来 1 年内的 VaR 为 20%，如图 6-7 所示。阴影部分表示发生损失的累积概率为 5%，该概率对应的最大收益率为−20%，意味着这项投资有 5%的可能性亏损会超过 20%。阴影右边的累积概率为 95%，意味着这项投资有 95%的可能性亏损不会超过 20%。

对于亏损承受能力较弱的投资者来说，VaR 是评价风险水平的一个重要的指标，选择 VaR 较小的投资可以将投资者在正常情况下的最大亏损控制在一个较低的水平。因此，VaR 成为投资者进行投资时控制损失风险的一个阈值。

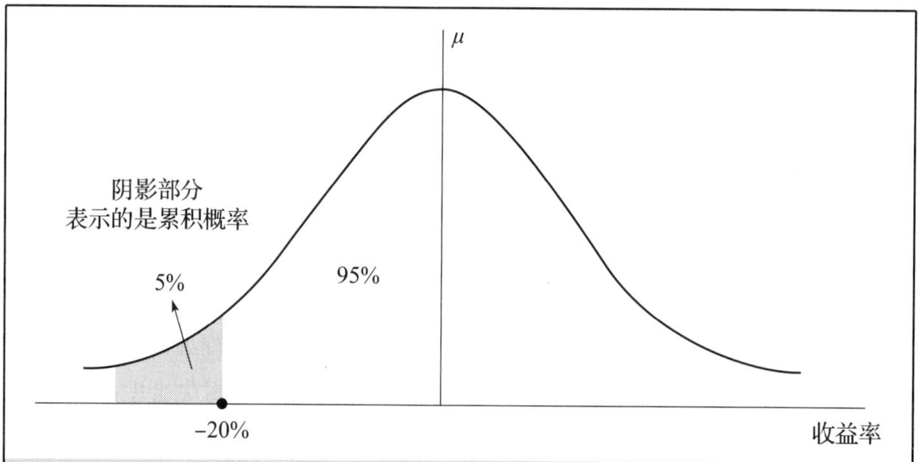

图 6-7　在险价值的概率分布

然而，*VaR* 也存在明显的缺陷：首先，*VaR* 无法衡量极端情况发生时损失的严重程度。其次，*VaR* 不满足次可加性（即投资组合的 *VaR* 不超过组合中单项资产的 *VaR* 之和的性质），这意味着以 *VaR* 作为风险度量指标可能出现投资组合的总体风险大于组合中各资产个体风险的总和的情况。

6.2.7　预期尾部损失

预期尾部损失（expected shortfall，ES），也称为**条件尾部期望**（conditional tail expectation，CTE），是指在一定概率水平下，一项投资在未来特定时期内超过 *VaR* 阈值的亏损期望值。预期尾部损失用来衡量极端情况发生时的平均亏损值，这个指标与亏损的左尾分布情况密切相关。

当投资的收益率服从正态分布时，*ES* 和 *VaR* 具有正相关性。但是，在投资的收益率不服从正态分布的情况下，*ES* 和 *VaR* 可能会提供不同的风险信息，较小的投资也可能会有比较大的 *ES*，在这种情况下，用 *ES* 和 *VaR* 进行风险评估便会得出不同的结论。因此，*VaR* 和 *ES* 两个指标结合使用可以更加全面地评价投资的极端损失。

6.3　风险偏好与效用函数

前面讨论的投资收益与风险都属于资产本身的属性，不同的资产有不同的收益和风险水平。投资者在选择资产时，不仅要评价资产的收益和风险，还需要找到适合自己的投资标的。如何选择不同收益与风险特征的资产，取决于投资者自身的风险偏好，这是影响投资者资产选择的重要属性。下面介绍投资者的风险偏好及投资者的效用函数。

6.3.1　风险偏好

风险偏好（risk preference，risk appetite）是指投资者在做决策时对待风险的态度。投资者在选择投资标的时，会对不同类别资产的收益和风险进行权衡和比较，然后根据自己的风险偏好进行取舍。由于年龄、性格、人生经历、个人收入与财富水平等的差异，人们会形成不同的风险偏好，不同人的风险偏好存在显著的个体差异。通常可以将投资者的风险偏好分为以下三种类型：风险追求、风险中性和风险厌恶。

假设一个人面临以下两种选择：

选项 A：可以确定地获得 5 000 元收益的投资。

选项 B：有 50%的概率可以获得 20 000 元收益，同时有 50%的概率会亏损 10 000 元的投资。

上述两项投资的期望收益是相同的，都是 5 000 元，但选项 A 的投资收益是肯定的，可以看作无风险收益，而选项 B 的投资收益存在风险。选择哪一项投资完全取决于投资者的风险偏好。投资者会有三种态度：（1）选择 B 赌一把；（2）选择 A 获得确定的收益；（3）认为两个选项无差异。

1. 风险追求

选择 B 的投资者属于风险追求型投资者。**风险追求**（risk seeker）也称**风险爱好**（risk lover），是指愿意追求风险，期望在收益率的波动中获得更高的收益。虽然 A 和 B 具有相同的期望收益，但是风险追求型投资者更愿意选择 B，说明他们可以从收益率的更大波动中获得额外的“效用”。对于期望收益相同的投资机会，风险追求型投资者更愿意选择高风险的投资，因为这样可以获得更大的效用。风险追求型投资者更愿意参加公平博弈或者赌博。有的风险追求型投资者甚至愿意接受一项风险更大但期望收益较低的投资。例如，如果选项 B 改为：有 50%的概率可以获得 20 000 元收益，同时有 50%的概率会亏损 11 000 元的投资。相对于获得确定的 5 000 元收益，一个风险追求型投资者可能更愿意选择期望收益为 4 500 元的选项 B。

2. 风险中性

如果投资者认为选项 A 和选项 B 没有差异，这个投资者就属于风险中性型投资者。**风险中性**（risk neutral）是指投资者只关心收益而不关心风险，他们对风险资产和无风险资产持有同样的偏好，因此高收益的投资对他们更有吸引力，即使相应的风险更高。风险中性型投资者对自己所承担的风险不要求风险补偿。风险中性型投资者既不回避风险，也不主动追求风险，他们选择资产的标准是期望收益的大小，他们追求最大化收益，而不考虑风险状况。当投资金额占投资者财富极小的比例时，盈亏给投资者带来的边际效用微不足道，这时投资者更容易表现出风险中性的特征。

3. 风险厌恶

如果投资者选择收益确定的选项 A，他就属于风险厌恶型投资者。**风险厌恶**（risk averse）是指不愿承担风险，对不确定性具有明显的回避心理。选项 A 与选项 B 具有相同的期望收益，在这种情况下，风险厌恶型投资者更愿意选择收益确定的选项 A，而不愿承担选项 B 的不确定性。风险厌恶型投资者对所承担的风险都会要求有风险补偿，他们不愿意接受公平博弈，不愿意冒得不到任何补偿的风险。风险厌恶程度高的投资者甚至愿意选择一个收益较低的无风险资产，也不选择具有较高期望收益的风险资产。例如，如果选项 A 改为：可以确定地获得 4 500 元收益的投资。风险厌恶程度高的投资者愿意选择 A 而不是 B。

对大量不同类型资产的收益和风险的研究表明，资产的收益与风险具有正相关性，风险资产需要有风险溢价作为风险补偿，风险越大的资产风险溢价越高。这说明资产的市场价格是基于风险厌恶型投资者的交易形成的，反映了大多数投资者的风险厌恶特征。因此，我们在讨论投资问题时，通常假设投资者是厌恶风险的。

6.3.2 效用函数和无差异曲线

1. 效用函数

投资者在选择资产时，会比较各类资产的收益与风险，给每个资产组合评出一个效用值，效用值较高的资产组合可以给投资者带来较高的效用。投资者会根据自己的风险偏好选择一个使自己效用最大的资产组合进行投资。对于风险厌恶型投资者而言，效用值与资产的期望收益率正相关，与资产风险水平负相关，期望收益率越高效用值就越大，风险越大效用值就越小。在投资实务中，有许多效用值的评分方法，一个常用的投资者效用函数如公式（6-20）所示。

$$U=E(r)-\frac{1}{2}A\sigma^2 \tag{6-20}$$

式中，U 表示效用值；$E(r)$ 为资产的期望收益率，收益率必须采用小数形式而不能用百分数形式；A 为投资者的风险厌恶系数；σ^2 为资产的方差。

由公式（6－20）可见，投资者的效用值取决于三个因素：资产的期望收益率 $E(r)$、资产的风险水平 σ^2、投资者的风险厌恶系数 A。其中前两个因素属于资产的属性，第三个因素属于投资者的属性。对于无风险资产，因为方差等于0，所以其效用值等于资产的期望收益率，即无风险收益率，因此对于所有投资者效用值是相同的。风险厌恶系数越大，说明投资者的风险厌恶程度越高，对风险要求的补偿就越高。风险厌恶型投资者的风险厌恶系数大于0，因此资产的风险增大，即资产的 σ^2 变大，投资者的效用值就会降低。风险中性型投资者的风险厌恶系数等于0，风险的变化对其效用值不会产生影响，效用值取决于资产的期望收益率。风险追求型投资者的风险厌恶系数小于0，风险的增加会提高其效用值。

例6－6

投资者效用值的计算

表6－5列示了4种投资项目的期望收益率和标准差。

表6－5 投资项目的期望收益率与标准差（%）

投资项目	期望收益率 $E(r)$	标准差 σ
A	15	20
B	18	25
C	22	35
D	25	45

（1）甲投资者的风险厌恶系数为4，他会选择哪一种投资？

（2）乙投资者的风险厌恶系数为2，他会选择哪一种投资？

（3）丙投资者为风险中性型投资者，他会选择哪一种投资？

（4）丁投资者为风险追求型投资者，其风险厌恶系数为－1，他会选择哪一种投资？

根据以上资料和公式（6－20）计算4个投资者的效用值，如表6－6所示。

表6－6 投资者效用值计算表

投资项目	期望收益率 $E(r)$(%)	标准差 σ (%)	甲投资者效用值	乙投资者效用值	丙投资者效用值	丁投资者效用值
A	15	20	0.07	0.11	0.15	0.17
B	18	25	0.055	0.117 5	0.18	0.211 25
C	22	35	－0.025	0.097 5	0.22	0.281 25
D	25	50	－0.25	0	0.25	0.375

根据表 6－6 中计算的 4 个投资者效用值可知，甲投资者会选择投资项目 A；乙投资者会选择投资项目 B；丙投资者为风险中性型投资者，其风险厌恶系数为 0，所以他仅依据投资期望收益率大小来选择投资项目，会选择投资项目 D；丁投资者是风险追求型投资者，他既喜欢高收益也喜欢高风险，所以他会选择投资项目 D。

2. 无差异曲线

投资的收益与风险都会对投资者的效用产生影响。通过对资产收益与风险的权衡，可以得到一个使投资者获得相同效用的资产集合。如果在一个平面直角坐标系中，以横轴表示资产的标准差，即投资的风险，以纵轴表示资的期望收益率，那么可以画出一条投资者的效用无差异曲线。这条无差异曲线描绘了在给定的相同效用水平下，投资者愿意接受的不同收益与风险的投资组合的集合。在同一条无差异曲线上的任意一个投资组合都可以给投资者提供相同的效用水平，也就是说，投资者认为这些投资组合在效用值上是无差异的。图 6－8 描绘了不同风险偏好的投资者的无差异曲线。风险厌恶程度越高的投资者，其无差异曲线的斜率越大，因为随着投资风险的增大，投资者要求更高的收益率来补偿风险。风险中性型投资者的无差异曲线是一条水平的直线，其效用主要取决于投资的期望收益率，不受风险变化的影响。风险追求型投资者的无差异曲线的斜率是负的，这表明风险追求型投资者愿意用风险替代收益，随着风险的增大，他们愿意放弃一定的收益而不影响其效用。

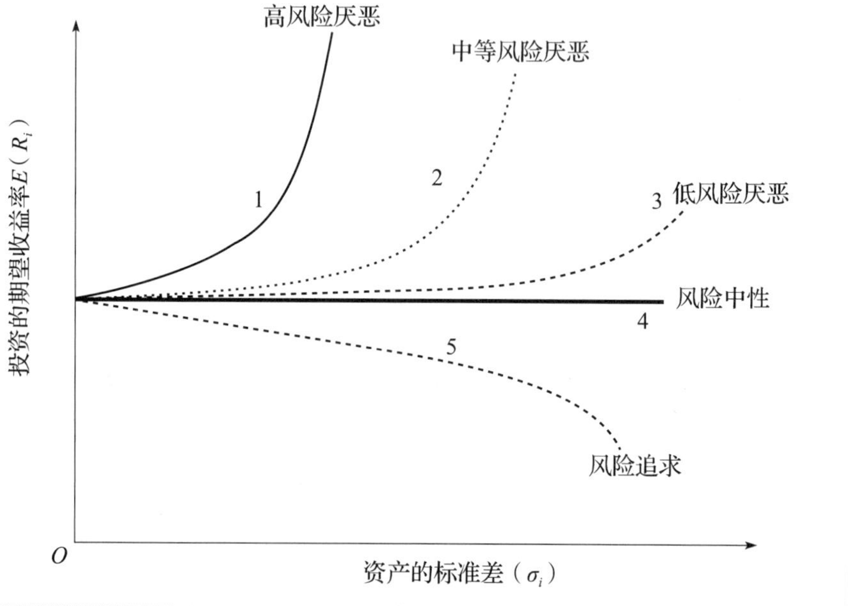

图 6－8 不同风险偏好的投资者的无差异曲线

前面已经说明，我们假设投资者都是风险厌恶型投资者，因此，风险厌恶型投资者的无差异曲线是一条从左至右向上方弯曲的曲线，风险厌恶程度越大，曲线越陡峭。每个投资者都存在一组平行的无差异曲线，各条无差异曲线不会发生交叉，它们分别代表不同的效用水平，越是上方的曲线代表效用越大。图 6-9 是一组风险厌恶型投资者的无差异曲线，曲线 1 的效用大于曲线 2，曲线 2 的效用大于曲线 3。

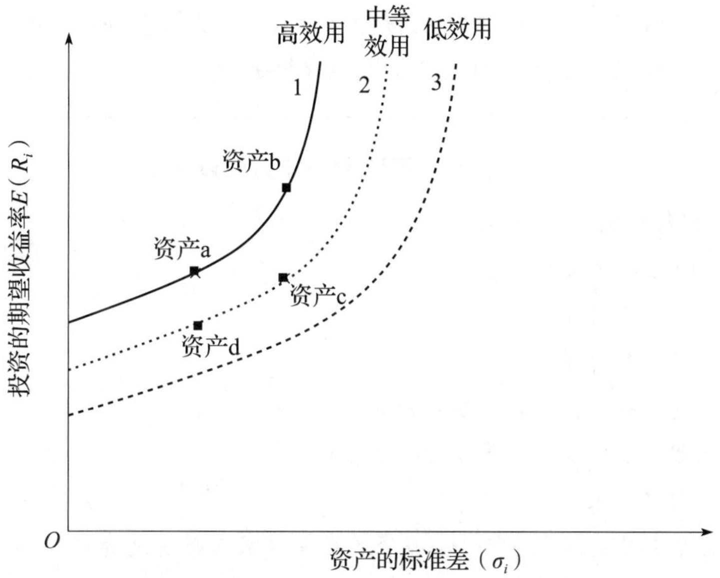

图 6-9 风险厌恶型投资者的无差异曲线

在无差异曲线 1 上的 a 和 b 两项资产给投资者提供的效用是相同的，无差异曲线 2 上的 c 和 d 两项资产给投资者提供的效用也是相同的。当资产给投资者提供的效用不同时，投资者总是尽可能选择使自己效用更大的资产。比较资产 a 和资产 c，两项资产的期望收益率是相等的，但资产 a 的风险低于资产 c，因此资产 a 的效用大于资产 c，投资者会选择资产 a。比较资产 b 和资产 c，两项资产的风险相同，但资产 b 的期望收益率大于资产 c，因此资产 b 的效用大于资产 c，投资者会选择资产 b。

6.3.3 风险容忍度与风险承受能力

风险容忍度是指投资者为实现投资目标承担风险的意愿。风险容忍度越高，越愿意承担风险。风险容忍度与风险厌恶负相关，可以用风险厌恶系数来衡量风险容忍度，风险厌恶系数越大，说明风险容忍度越低。如前所述，风险厌恶型投资者的风险厌恶系数大于0，风险中性型投资者的风险厌恶系数等于0，风险追求型投资者的风险厌恶系数小于0。

在实践中如何评价投资者的风险容忍度呢？通常可以观察投资者账户的交易情况，根据其资产选择、交易频率、持仓数量等因素来判断投资者的风险容忍度。许多机构会通过投资者的调查问卷来判断客户的风险容忍度。

除了对投资者风险容忍度做出评价，还需要对投资者风险承受能力做出评价。一般金融机构会通过调查问卷来评价投资者的风险承受能力。

下面是某金融机构的投资者风险承受能力调查问卷。通过问卷得分，可以评价投资者的风险承受能力及风险等级。

投资者风险承受能力调查问卷

一、财务状况

1. 您的主要收入来源是：

A. 工资、劳务报酬

B. 生产经营所得

C. 利息、股息、转让证券等金融性资产收入

D. 出租、出售房地产等非金融性资产收入

E. 无固定收入

2. 最近您家庭预计进行证券投资的资金占家庭现有总资产（不含自住、自用房产及汽车等固定资产）的比例是：

A. 70%以上

B. 50%～70%

C. 30%～50%

D. 10%～30%

E. 10%以下

3. 您是否有尚未清偿的数额较大的债务，如有，其性质是：

A. 没有

B. 有，住房抵押贷款等长期定额债务

C. 有，信用卡欠款、消费信贷等短期信用债务

D. 有，亲朋之间借款

4. 您的家庭可支配年收入为（折合人民币）：

A. 50万元以下

B. 50万元～100万元（不含）

C. 100万元～500万元（不含）

D. 500万元～1 000万元（不含）

E. 1 000 万元以上

F. 个人或家庭人均收入低于当地城乡居民最低生活保障标准

二、投资知识

5. 以下哪项描述符合您的实际情况：

A. 现在或此前曾从事金融、经济或财会等与金融产品投资相关的工作超过两年

B. 已取得金融、经济或财会等与金融产品投资相关的专业学士以上学位

C. 取得证券从业资格、期货从业资格、注册会计师证书或注册金融分析师证书中的一项及以上

D. 不符合以上任何一项描述

三、投资经验

6. 您的投资经验可以概括为：

A. 有限：除银行活期账户和定期存款外，我基本没有其他投资经验

B. 一般：除银行活期账户和定期存款外，我购买过基金、保险等理财产品，但还需要进一步的指导

C. 丰富：我是一位有经验的投资者，参与过股票、基金等产品的交易，并倾向于自己做出投资决策

D. 非常丰富：我是一位非常有经验的投资者，参与过权证、期货或创业板等高风险产品的交易

7. 有一位投资者一个月内做了 15 笔交易（同一品种买卖各一次算一笔），您认为这样的交易频率：

A. 太高

B. 偏高

C. 正常

D. 偏低

8. 过去一年内，您购买的不同金融产品（含同一类型的不同金融产品）的数量是：

A. 5 个及以下

B. 6～10 个

C. 11～15 个

D. 16 个及以上

9. 以下金融产品或服务，您投资经验在两年以上的有：（注：本题可多选，但评分以其中最高分值选项为准）

A. 银行存款等

B. 债券、货币市场基金、债券型基金或其他固定收益类产品等

C. 股票、混合型基金、偏股型基金、股票型基金等权益类投资品种等

D. 期货、融资融券

E. 复杂金融产品、其他产品或服务

10. 如果您曾经从事过金融产品投资，在交易较为活跃的月份，平均月交易额大概是多少：

A. 10万元以内

B. 10万元～30万元

C. 30万元～100万元

D. 100万元以上

E. 从未投资过金融产品

四、投资目标

11. 您用于证券投资的大部分资金不会用作其他用途的时间段为：

A. 短期——1年（含）以内

B. 中期——5年（含）以内

C. 长期——期限不限

12. 您打算重点投资哪些种类的投资品种？（注：本题可多选，但评分以其中最高分值选项为准）

A. 债券、货币市场基金、债券基金等固定收益类投资品种

B. 股票、混合型基金、偏股型基金、股票型基金等权益类投资品种

C. 期货、融资融券等

D. 复杂或高风险金融产品或服务

E. 其他产品或服务

13. 假设有两种不同的投资：投资A预期获得5%的收益，有可能承担非常小的损失；投资B预期获得20%的收益，但有可能面临25%甚至更高的亏损。您将您的投资资产分配为：

A. 全部投资于A

B. 大部分投资于A

C. 两种投资各一半

D. 大部分投资于B

E. 全部投资于B

五、风险偏好

14. 当您进行投资时，您的首要目标是：

A. 尽可能保证本金安全，不在乎收益率比较低

B. 产生一定的收益，可以承担一定的投资风险

C. 产生较多的收益，可以承担较大的投资风险

D. 实现资产大幅增长，愿意承担很大的投资风险

15. 您认为自己能承受的最大投资损失是多少?

A. 10%以内

B. 10%～30%

C. 30%～50%

D. 超过50%

16. 以下哪项描述最符合您的投资态度:

A. 希望赚取高回报，愿意为此承担较大本金损失

B. 寻求资金的较高收益和成长性，愿意为此承担有限本金损失

C. 保守投资，不希望本金损失，愿意承担一定幅度的收益波动

D. 厌恶风险，不希望本金损失，希望获得稳定回报

六、其他信息

17. 您的年龄是:

A. 18～30岁

B. 31～40岁

C. 41～50岁

D. 51～60岁

E. 超过60岁

18. 您的职业是:

A. 无固定职业

B. 专业技术人员

C. 一般企事业单位人员

D. 金融行业一般从业人员

E. 其他职业

19. 您的最高学历是:

A. 高中或以下

B. 大学专科

C. 大学本科

D. 硕士及以上

20. 您家庭的就业状况是:

A. 您与配偶均有稳定收入的工作

B. 您与配偶其中一人有稳定收入的工作

C. 您与配偶均没有稳定收入的工作或者已退休

D. 未婚，但有稳定收入的工作

E. 未婚，目前暂无稳定收入的工作

投资者风险承受能力评分表：

序号	1	2	3	4	5	6	7	8	9	10	11	12	13	14	15	16	17	18	19	20
A	3	1	3	1	5	1	1	1	0	1	1	2	0	0	1	6	5	0	1	4
B	2	3	2	2	5	2	2	3	1	2	3	4	1	2	2	4	6	2	2	3
C	1	4	1	3	5	3	3	4	2	3	5	5	3	3	4	2	3	3	4	2
D	1	5	0	4	0	5	4	6	4	4		6	5	4	6	0	2	5	5	1
E	0	6		5					6	0		6	6				0	1		0
F				0																

投资者类型分数划定标准：

	保守型	谨慎型	稳健型	积极型	激进型
得分下限	0	20	37	54	83
得分上限	19	36	53	82	100

投资者类型与投资风险等级匹配表：

投资者类型	建议参与投资风险等级
保守型	低风险
谨慎型	低风险、中低风险
稳健型	低风险、中低风险、中风险
积极型	低风险、中低风险、中风险、中高风险
激进型	低风险、中低风险、中风险、中高风险、高风险

本章重要名词

利率　无风险利率　风险溢价　实际利率
名义利率　持有期收益率　内含收益率　期望收益率
风险　夏普比率　偏态分布　正偏态
负偏态　偏度　峰度　在险价值
预期尾部损失　风险偏好　风险追求　风险中性
风险厌恶　效用函数　无差异曲线

思考与练习题

思考题

1. 投资者要求的必要收益率受哪些因素的影响?
2. 通货膨胀和税收是如何影响投资收益率的?
3. 对于衡量年化收益率，采用几何平均收益率和算术平均收益率有何差别?
4. 测算投资的期望收益率会受到哪些因素的影响?
5. 如何衡量一项投资的风险?
6. 如果投资收益率是非正态分布的，那么在投资决策中应当考虑哪些问题?
7. 在险价值和预期尾部损失在衡量投资风险时有何不同?
8. 风险追求型投资者与风险厌恶型投资者在做投资决策时有何不同?
9. 如何评价一个投资者的风险容忍度?

练习题

1. 根据供给需求关系分析以下情况对实际利率的影响。

a. 因经济衰退，对未来产品的需求越来越悲观，企业均决定减少资本支出。

b. 因为对未来收入的预期比较悲观，多数家庭倾向于更多储蓄。

c. 中央银行通过在公开市场上购买国债来增加货币供给。

2. 你面临一个投资选择：一是将100 000元存为1年期的银行定期存款，利息率为5%；二是购买1年期与通货膨胀率挂钩的大额存单，年收益率为1.5%加上通货膨胀率。

a. 你认为哪种投资更加安全?

b. 如何确定两种投资的期望收益率?

c. 如果预期未来1年通货膨胀率为3%，哪种投资更好?

3. 分析师预测某公司股票在未来1年中的收益率及其概率如下表所示。

市场状况	收益率（%）	概率
较好	25	0.2
正常	12	0.5
较差	−5	0.3

请计算该股票投资的期望收益率和标准差。

4. 假定1年期银行存款的名义利率为8%，预期通货膨胀率为3%，请计算实际利率。

5. 你有一项投资，期望收益率为12%，标准差为20%，你的风险厌恶系数为3。

a. 请计算你从这项投资中获得的效用值。

b. 为了获得相同的效用值，你需要获得的最低无风险收益率应该是多少?

第7章

投资组合理论

学习目标

1. 掌握资产相关性的概念。
2. 掌握协方差、相关系数的计算方法。
3. 理解系统性风险与非系统性风险的概念。
4. 掌握资产组合收益与风险的计算方法。
5. 掌握投资组合有效边界的含义。
6. 掌握最优投资组合的选择。
7. 理解分离定理。

在第6章中，我们讨论了投资收益与风险的度量，以及投资者的风险偏好与效用函数。投资者在进行投资决策时，总是要面对收益与风险的权衡问题。投资者一方面希望获得较高的收益率，另一方面又希望将投资风险限定在可承受的范围之内。高收益通常伴随着高风险。收益与风险似乎成为资产选择时互相矛盾的二难选择。投资者如何通过对各类资产的收益与风险的比较，选择一个满足自己效用最大的最优资产组合，这就是投资组合选择问题。1952年，美国经济学家哈里·马科维茨（Harry M. Markowitz）发表了《资产组合选择》① 的论文，为解决投资组合选择问题奠定了理论基础，标志着现代投资组合理论（MPT）的诞生。马科维茨对资产的收益和风险进行了量化，用期望收益率（均值）衡量资产的收益率，用方差衡量资产的风险，通过均值方差分析，确定投资组合的有效边界，并提出投资者最优投资组合选择模型。本章主要介绍投资组合理论。

7.1 投资组合的收益与风险

投资组合（portfolio）也称为**证券组合**（securities portfolio），是指由若

---

① Harry M. Markowitz. Portfolio Selection. Journal of Finance，1952；Harry M. Markowitz. Portfolio Selection：Efficient Diversification of Investments. New York：Wiley，1959.

干种证券组成的投资集合。在金融市场上交易的大部分证券都具有一定的风险，其投资收益率存在不确定性。投资者通过比较各种证券的期望收益率与标准差进行资产选择，并根据自己的风险偏好决定买入哪些证券。投资者在选择证券时会面临一个问题：是将资金全部投资于一只证券，还是分散投资于多只证券？投资组合又会对收益和风险产生怎样的影响？下面将分析投资组合的收益与风险问题。

7.1.1 资产的相关性

1. 相关性的概念

为了衡量投资组合的收益与风险，需要对各类资产之间的相互关系进行分析。资产的**相关性**（correlation）是指不同资产收益率变动的相互关联性。比如，证券 A 和证券 B 的收益率变动是否存在某种程度的互动性。资产的相关性可以分为正相关、负相关和不相关三种。**正相关**（positive correlation）是指两个资产收益率变动的方向是相同的。如果某些因素的变化会使证券 A 和证券 B 的价格同向变动，那么二者就具有正相关性，当二者具有完全的同步性时，称为**完全正相关**（perfect positive correlation）。**负相关**（negative correlation）是指两个资产收益率变动的方向是相反的。如果某些因素的变化会使证券 A 和证券 B 的价格反向变动，那么二者就具有负相关性，当二者的价格变动在方向上相反并且变动幅度相同时，称为**完全负相关**（perfect negative correlation）。不相关是指两个资产的收益率不存在相互关联性，是互相独立的。图 7-1 显示了证券 A 与证券 B 之间的三种相关性。

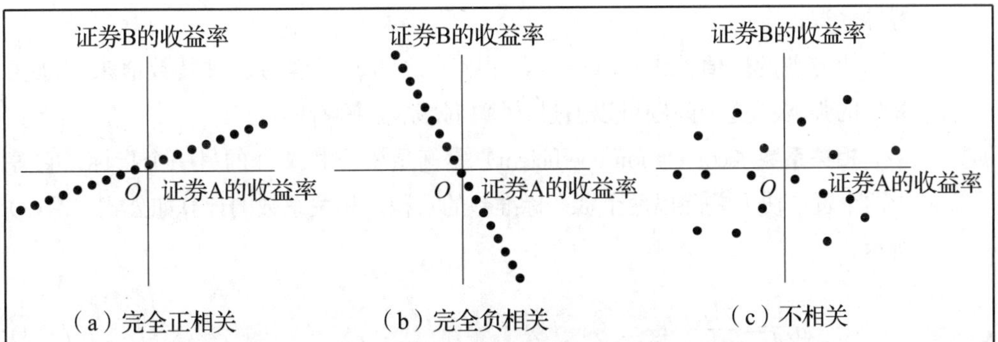

图 7-1 证券 A 与证券 B 之间的相关性

图 7-1 (a) 是完全正相关的证券 A 和证券 B 的收益率的散点图，所有点都严格地落在一条上倾的直线上。这意味着证券 A 和证券 B 收益率的变动是完全相同的，当一个证券的收益率上升时，另一个证券的收益率也上升。

图 7－1（b）是完全负相关的证券 A 和证券 B 的收益率的散点图，这两个证券收益率的变动完全是反向的，当一个证券的收益率上升时，另一个证券的收益率会下降。图 7－1（c）上的点非常分散，意味着证券 A 和证券 B 的收益率之间不相关。

2. 协方差与相关系数

可以用协方差与相关系数来衡量资产之间相关性的大小。

协方差（covariance）是统计学上衡量两个变量之间总体误差的指标，可以用来衡量两个资产收益率的互动性。当两个资产收益率的变动是正相关时，这两个资产的协方差为正数；当两个资产收益率的变动是负相关时，这两个资产的协方差为负数；当两个资产收益率的变动不相关时，这两个资产的协方差为 0。如果市场存在 n 种情景，那么证券 A 和证券 B 的协方差可以用公式（7－1）或公式（7－2）表示。

$$\sigma_{AB}=\sum_{i=1}^{n}[R_{Ai}-E(R_A)][R_{Bi}-E(R_B)]P_i \tag{7-1}$$

或者，

$$Cov(R_A,R_B)=E\{[R_A-E(R_A)][R_B-E(R_B)]\} \tag{7-2}$$

式中，σ_{AB} 和 $Cov(R_A, R_B)$ 表示证券 A 和证券 B 的协方差；$E(R_A)$ 表示证券 A 的期望收益率；$E(R_B)$ 表示证券 B 的期望收益率；P_i 表示第 i 种情景的概率，$\sum_{i=1}^{n}P_i=1$。

实际上两个资产的协方差就是这两个资产标准差乘积的期望值。一个资产和它自身的协方差就是这个资产的方差，因此方差可以看作协方差的一种特殊情况。

协方差的取值范围在（$-\infty$，$+\infty$）之间，不容易通过其数值来判断相关性的强弱。这个问题可以通过计算相关系数来解决。

相关系数（correlation coefficient）是衡量资产相关性的另一个指标，它等于两个资产协方差除以两个资产标准差的乘积。相关系数的计算如公式（7－3）所示。

$$\rho_{AB}=\frac{\sigma_{AB}}{\sigma_A\sigma_B} \tag{7-3}$$

式中，ρ_{AB} 表示证券 A 和证券 B 的相关系数；σ_A 表示证券 A 的标准差；σ_B 表示证券 B 的标准差。

因此，协方差也可以表示为两个资产之间的相关系数乘以两个资产标准差的积，如公式（7－4）所示。

$$\sigma_{AB}=\rho_{AB}\sigma_A\sigma_B \tag{7-4}$$

相关系数的取值范围在［－1，1］之间，相关系数等于－1时表示完全负相关，相关系数等于1时表示完全正相关，相关系数等于0时表示不相关。

7.1.2　分散化与组合风险

如果投资者将全部资金投资一只股票，比如只买入上汽集团的股票，那么这个投资的风险主要来自两种不确定性。第一种不确定性来自宏观经济状况的变化，如商业周期、通货膨胀、货币政策等宏观因素的变化，这些因素均无法准确地预测，并且都会影响上汽集团股票的收益率。第二种不确定性来自公司自身各种因素的变化，如原材料价格、产品研发、产品质量问题等，这些因素会影响上汽集团，但基本上不会影响其他公司股票的收益率。

假设投资者在其投资组合中加入其他股票，进行一个简单的分散化投资。比如，除了买入上汽集团的股票，还买入中国石油的股票。这样一个投资组合的风险会如何呢？宏观经济状况的变化对两家公司股票的收益率都会产生影响，但是，公司层面的因素对两家公司股票的影响不会相同。比如，石油价格下降会影响中国石油股票的价格，但是，对于上汽集团可能是利好。因此，这个投资组合的风险就可以抵消一部分，从而降低投资组合的整体风险。

分散化投资可以使投资组合的风险降低多少呢？这主要取决于组合中证券之间的相关性以及组合中包括的证券数量。图7－2列示了股票M与股票M′，二者是完全正相关的，这两只股票的期望收益率都为15%，标准差也是相等的，如果组合中只包含这两只股票，那么组合的期望收益率和标准差仍然不变。因此，完全正相关的两个证券组成的投资组合无法分散风险。

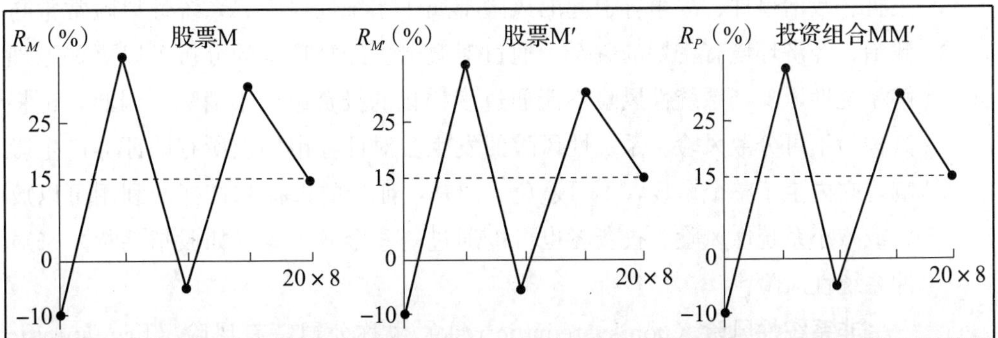

图7－2　完全正相关股票的投资组合的风险

图 7－3 列示了股票 W 与股票 M，这两只股票是完全负相关的，它们的期望收益率都是 15%，标准差相等。如果一半的资金投资于股票 W，一半的资金投资于股票 M，那么这个投资组合的收益率仍然等于 15%，但是，组合的风险可以完全抵消，标准差为 0。

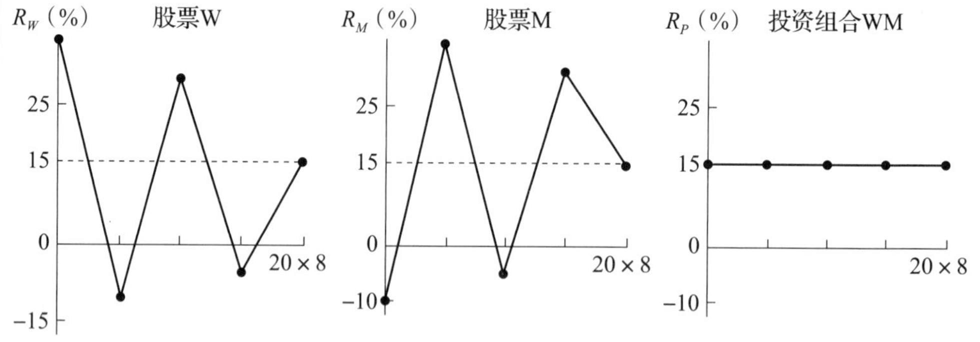

图 7－3　完全负相关股票的投资组合的风险

上面完全正相关与完全负相关证券组成的投资组合是极端的例子。在现实中，绝大多数证券不太可能是完全正相关或者完全负相关的。即便如此，如果增加组合中证券的种类，仍然可以起到分散风险的作用。可以不断地增加组合中证券的种类，使组合的风险不断下降，直到再增加证券数量无法降低风险为止。

实际上所有的证券都会受到宏观经济因素的影响，因此无论在组合中增加多少种证券都不可能将组合的风险降到 0。根据风险产生的原因，可以将风险分为两大类：系统性风险和非系统性风险。

系统性风险（systematic risk）也称市场风险（market risk）或不可分散风险（nondiversifiable risk），是指由一些宏观因素引起的，影响整个市场或经济的风险。系统性风险通常由一些影响全局的因素产生，对整个市场所有证券都会产生影响。经济危机、经济政策变化、通货膨胀、利率变化、自然灾害、政治事件、战争等引起的风险都属于系统性风险。系统性风险常常与政治、经济环境有密切的关系，通过对政治、经济环境的分析可以更好地理解系统性风险。系统性风险不能通过多样化的投资组合来消除，因此，也将其称为不可分散风险。系统性风险的发生会对证券市场上所有的证券产生影响，它内生于整个市场，不可避免。但是，证券的选择和杠杆的利用可以放大或减小系统性风险。投资者也可以通过一些金融工具（如股指期货）来对冲系统性风险。

非系统性风险（non-systematic risk）也称公司特有风险（firm-specific risk）或可分散风险（diversifiable risk），是指影响局部、个别公司或行业的风险。非系统性风险通常由一些影响公司或行业的因素产生，例如公司新产品研发失败、公司的劳资纠纷、法律诉讼、行业的负面消息等引起的风险都属于非系统性风险。非系统性风险可以通过构建多样化的投资组合来消除，因此，也将其称为可分散风险。非系统性风险的出现会直接影响相关的公司或行业，但是不会影响同这些行业关联性小的公司。投资者可以通过对关联性不高的证券进行组合来降低非系统性风险。投资组合中包含的证券种类越多，越能消除组合的非系统性风险。

投资组合中证券种类与投资组合风险的关系如图 7－4 所示。可以看出，随着组合中证券种类的增加，非系统性风险逐渐降低，组合风险越来越接近系统性风险。

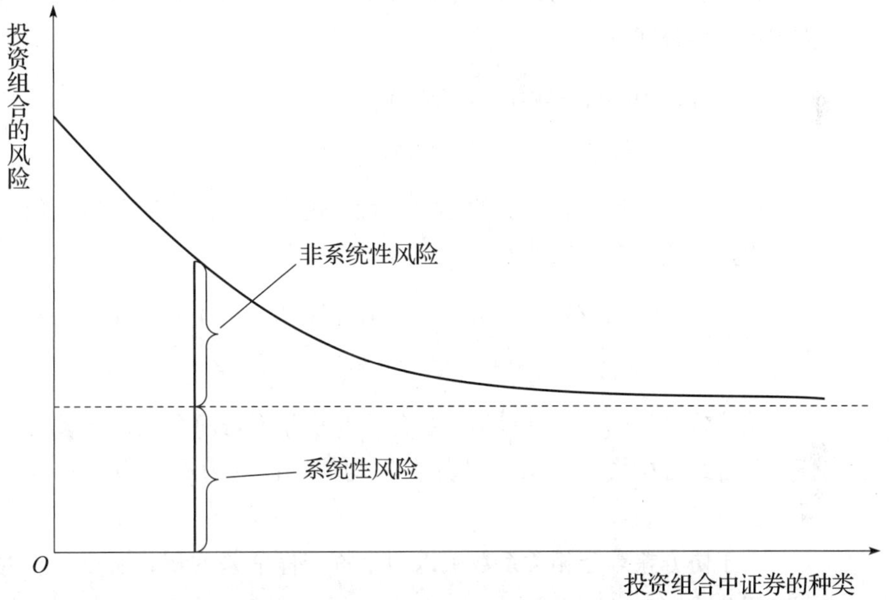

图 7－4 投资组合中证券种类与投资组合风险的关系

7.1.3 两个风险资产的组合

风险资产组合的收益与风险会如何呢？我们先分析两个风险资产构成的投资组合，然后分析多个风险资产构成的投资组合。

1. 组合的收益率

如果投资组合中只包括证券 A 和证券 B 两个风险资产，证券 A 在组合中的投资比例为 W_A，证券 B 在组合中的投资比例为 W_B，$W_B=1-W_A$，那么，投资组合的收益率可以用公式（7－5）计算：

$$R_P = W_A R_A + W_B R_B = W_A R_A + (1 - W_A) R_B \tag{7-5}$$

式中，R_P 表示组合的收益率；R_A 和 R_B 表示证券 A 和证券 B 的收益率。

因此，投资组合的期望收益率就是两只证券期望收益率的加权平均值，权重为两只证券在组合中的投资比例。投资组合期望收益率的计算如公式（7－6）所示：

$$E(R_P) = W_A E(R_A) + W_B E(R_B) \tag{7-6}$$

2. 组合的风险

组合的风险由投资组合的方差或标准差来衡量。通过前面对资产相关性的讨论，我们知道不同相关性的资产组合在一起可以降低风险。投资组合的方差可以用公式（7－7）计算：

$$\sigma_P^2 = W_A^2\sigma_A^2 + W_B^2\sigma_B^2 + 2W_A W_B \sigma_{AB} = W_A^2\sigma_A^2 + W_B^2\sigma_B^2 + 2W_A W_B Cov(R_A, R_B) \tag{7-7}$$

由于一个变量和它自己的协方差就是这个变量的方差，因此组合的方差也可以用公式（7－8）计算：

$$\sigma_P^2 = W_A W_A Cov(R_A, R_A) + W_B W_B Cov(R_B, R_B) + 2W_A W_B Cov(R_A, R_B) \tag{7-8}$$

从公式（7－8）可以看出，组合的方差并不是两个资产方差的加权平均值，而是组合中资产协方差的加权平均值，权重为组合中每对资产权重的乘积。

由于协方差等于相关系数乘以两个资产标准差的积，所以组合的方差也可以用公式（7－9）表示：

$$\sigma_P^2 = W_A^2\sigma_A^2 + W_B^2\sigma_B^2 + 2W_A W_B \sigma_A \sigma_B \rho_{AB} \tag{7-9}$$

当证券 A 与证券 B 完全正相关时，它们的相关系数 $\rho_{AB}=1$，公式（7－9）就简化为公式（7－10）：

$$\sigma_P^2 = W_A^2\sigma_A^2 + W_B^2\sigma_B^2 + 2W_A W_B \sigma_A \sigma_B = (W_A\sigma_A + W_B\sigma_B)^2 \tag{7-10}$$

标准差可用公式（7－11）表示：

$$\sigma_P = W_A\sigma_A + W_B\sigma_B \tag{7-11}$$

可见，当两个资产是完全正相关时，组合的标准差等于两个资产标准差的加权平均值，权重为两个资产在组合中的投资比例。这种情况下，无法通过组合来降低风险。但是，当两个资产的相关系数小于1时，组合的标准差就会小于两个资产标准差的加权平均值，组合就可以降低风险。此时，组合的期望收益率依然等于两个资产期望收益率的加权平均值，并不会因为组合而受到影响。因此，只要不是完全正相关的资产组合在一起，在不降低组合期望收益率的情况下，能够降低组合的总风险，可以为投资者提供更好收益风险比的投资机会。

图7-5描绘了资产A和资产B在不同相关系数下构成的投资组合的期望收益率与组合标准差。当资产A和资产B的相关系数等于1时，两个资产构成的组合都在线段AB上，无法抵消风险；当资产A和资产B的相关系数等于−1时，两个资产构成的组合在折线AMB上，可以更好地对冲风险，当组合落在点M时，可以完全对冲风险，形成无风险的组合；当资产A和资产B的相关系数在−1和1之间时，可以在一定程度上降低组合风险。

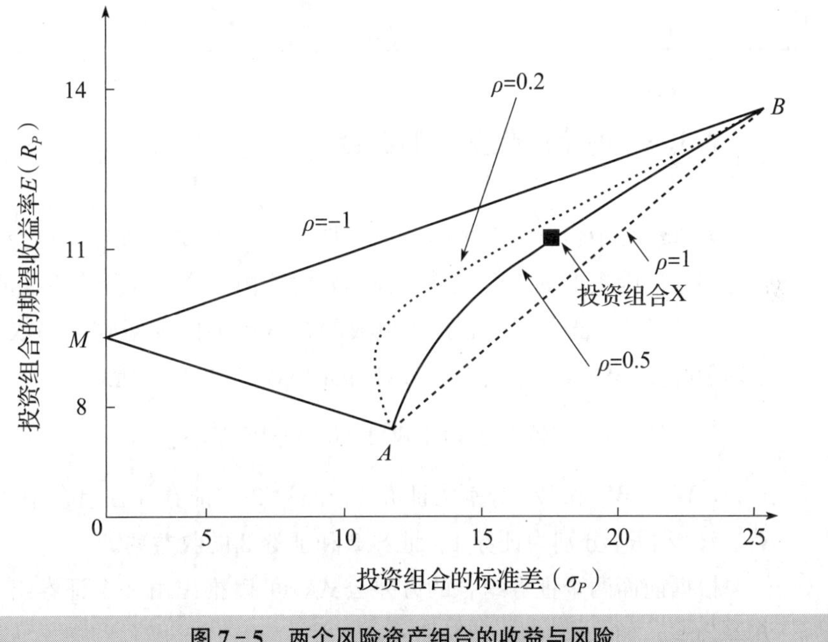

图7-5 两个风险资产组合的收益与风险

例7-1

图7-5中的一个投资组合X包含两个风险资产，资产A的期望收益率为7.5%，标准差为12%，资产B的期望收益率为13.5%，标准差为25%。40%的资金投资于资产A，60%的资金投资于资产B。计算：（1）如果两个资产的相关系数为0.5，那么这个投资组合的期望收益率和标准差分别是多少？（2）如果两个资产

的相关系数为－1，那么资产A和资产B的投资比例为多少时能实现风险完全对冲？

（1）根据公式（7－6）计算的投资组合的期望收益率为：

$$E(R_P)=0.4\times7.5\%+0.6\times13.5\%=11.1\%$$

根据公式（7－9）计算的投资组合的方差为：

$$\sigma_P^2=0.4^2\times0.12^2+0.6^2\times0.25^2+2\times0.4\times0.6\times0.12\times0.25\times0.5=0.032$$

开平方根求得标准差 $\sigma_P=0.178\,9$。

因此，投资组合X的期望收益率为11.1%，标准差为17.89%。

（2）从图7－5中可以看出，在点 M 时组合的标准差为0，实现了风险完全对冲。假设投资组合M中资产A的投资比例为 W，则资产B的投资比例为 $1-W$。因为组合M的方差等于0，所以可以列出如下方程式：

$$W^2\times0.12^2+(1-W)^2\times0.25^2+2W(1-W)\times0.12\times0.25\times(-1)=0$$

$$W=0.675\,7$$

因此，资产A的投资比例为67.57%，资产B的投资比例为1－67.57%＝32.43%。

7.1.4 多个风险资产的组合

如果组合中包含多个风险资产，那么组合的收益率与风险会如何呢？在阐述多个风险资产的组合之前，我们先讨论由3个风险资产组成的投资组合。

由证券1、证券2和证券3组成的投资组合的期望收益率依然是3个证券期望收益率的加权平均值，其计算如公式（7－12）所示：

$$E(R_P)=W_1E(R_1)+W_2E(R_2)+W_3E(R_3) \tag{7-12}$$

式中，W_1、W_2 和 W_3 分别为证券1、证券2和证券3在组合中的投资比例。R_1、R_2 和 R_3 分别为证券1、证券2和证券3的收益率。

根据前面两个证券组合的方差公式，可以推出由3个证券组成的组合的方差公式，如公式（7－13）所示：

$$\sigma_P^2=W_1^2\sigma_1^2+W_2^2\sigma_2^2+W_3^2\sigma_3^2+2W_1W_2\sigma_{12}+2W_1W_3\sigma_{13}+2W_2W_3\sigma_{23} \tag{7-13}$$

式中，σ_1、σ_2 和 σ_3 分别为证券1、证券2和证券3的标准差。σ_{12} 表示证券1和证券2的协方差，以此类推。

通过分析公式（7－13），我们可以发现一些规律，并归纳出任意数量的资产组合的方差公式。组合的方差有两个组成部分，前三项是方差项，它将每个证券的方差与该证券的投资比例的平方相乘，然后加总；后三项是协方差项，它用组合中每一对证券的协方差乘以两种证券投资比例之积，再乘以2，然后加总。

根据以上3个风险资产组成的投资组合的期望收益率与方差的公式，可以归纳出由 n 个资产组成的投资组合的期望收益率的计算如公式（7-14）所示，方差的计算如公式（7-15）或者公式（7-16）所示。

$$E(R_P)=\sum_{i=1}^{n}W_iE(R_i) \tag{7-14}$$

$$\sigma_P^2=\sum_{i=1}^{n}(W_i^2\sigma_i^2)+\sum_{i=1}^{n}\sum_{\substack{j=1\\ j\neq i}}^{n}(W_iW_j\sigma_{ij}) \tag{7-15}$$

$$\sigma_P^2=\sum_{i=1}^{n}\sum_{j=1}^{n}(W_iW_j\sigma_{ij}) \tag{7-16}$$

对方差开平方根得标准差为：

$$\sigma_P=\sqrt{\sum_{i=1}^{n}\sum_{j=1}^{n}(W_iW_j\sigma_{ij})}$$

式中，W_i 表示证券 i 在组合中的投资比例；W_j 表示证券 j 在组合中的投资比例；$E(R_i)$表示证券 i 的期望收益率；σ_i 表示证券 i 的方差；σ_P^2 和 σ_P 表示组合的方差和标准差；σ_{ij} 表示证券 i 和证券 j 的协方差。

假设组合中 n 个资产的投资比例相等，每个资产的投资权重为 $1/n$，公式（7-15）就可以表示为公式（7-17）。

$$\sigma_P^2=\sum_{i=1}^{n}\left(\frac{1}{n}\right)^2\sigma_i^2+\sum_{i=1}^{n}\sum_{\substack{j=1\\ j\neq i}}^{n}\left(\frac{1}{n}\times\frac{1}{n}\times\sigma_{ij}\right) \tag{7-17}$$

公式（7-17）中，从第一项求和式中提取因子 $1/n$，从第二项求和式中提取因子（$n-1$）$/n$，可得公式（7-18）。

$$\sigma_P^2=\frac{1}{n}\sum_{i=1}^{n}\left(\frac{\sigma_i^2}{n}\right)+\frac{n-1}{n}\sum_{i=1}^{n}\sum_{\substack{j=1\\ j\neq i}}^{n}\left[\frac{\sigma_{ij}}{n(n-1)}\right] \tag{7-18}$$

从公式（7-18）可以看出，两个括号项都是平均值的表达式。第一个括号项是组合中各资产方差的平均值，可以记作 $\bar{\sigma}_i^2$。由于 j 不能等于 i，j 的数量比 i 少一个，有 n 个 i 值，有（$n-1$）个 j 值，所以总共有 $n(n-1)$ 个协方差，第二个括号项是组合中 $n(n-1)$ 对资产协方差的平均值，可以记作 $\bar{\sigma}_{ij}$。这样公式（7-18）就可以变形为公式（7-19）。

$$\sigma_P^2=\frac{1}{n}\bar{\sigma}_i^2+\frac{n-1}{n}\bar{\sigma}_{ij} \tag{7-19}$$

公式（7－19）更直观地反映了投资组合的风险构成。组合中的资产种类 n 越大，公式中第一部分方差项 $\frac{1}{n}\bar{\sigma}_i^2$ 就越小。当 n 趋于无穷大时，方差项 $\frac{1}{n}\bar{\sigma}_i^2$ 趋于 0。这说明当组合中包含非常多的资产时，单个资产方差对投资组合方差的贡献趋近 0。当 n 增大时，公式中第二部分协方差项 $\frac{n-1}{n}\bar{\sigma}_{ij}$ 对投资组合方差的贡献趋近协方差的平均值 $\bar{\sigma}_{ij}$。因此，在投资组合中，随着资产种类的增加，单个资产对组合整体风险的影响越来越小，逐渐被分散掉，但是，组合中各资产的协方差对组合整体风险的影响不能分散，并且成为决定组合整体风险的主要因素。这样，我们就可以更好地理解图 7－4，随着组合中资产种类的增加，非系统性风险逐渐降低，组合风险越来越接近系统性风险。

7.2 投资组合的有效边界

7.2.1 机会集合与最小方差边界

1. 机会集合

图 7－5 描述了两个资产的投资组合，两个资产构成的投资组合会依其相关系数不同落在图 7－5 中的线段或者曲线上。在现实中，资产种类当然不只有两种。随着资产的种类不断增加，可以构造出越来越多的投资组合。成千上万个可投资的资产可以构造出一个非常大的投资组合的**机会集合**（opportunity set），也称投资组合的**可行集合**（feasible set），它是由所有可供选择的风险资产构造出的可行的投资组合。如图 7－6 所示，曲线及其右边的区域代表了投资组合的机会集合。在计算出每个资产的期望收益率、标准差以及每对资产之间的协方差之后，就可以计算出各个投资组合的期望收益率和标准差，从而描绘出图 7－6 的投资组合的机会集合。

这个投资组合机会集合中包含众多的组合，每个组合都有不同的期望收益率和标准差。投资组合的机会集合会随着资产种类的增加而不断扩展。只要新加入的资产种类和现有的资产种类不是完全正相关的，机会集合就会向左上方扩展，提供具有更优收益风险比的投资机会。投资者在选择资产时，会尽可能增加资产种类直到不能再改善收益风险比为止，因此所有的可投资的资产都包含在投资组合的机会集合里。

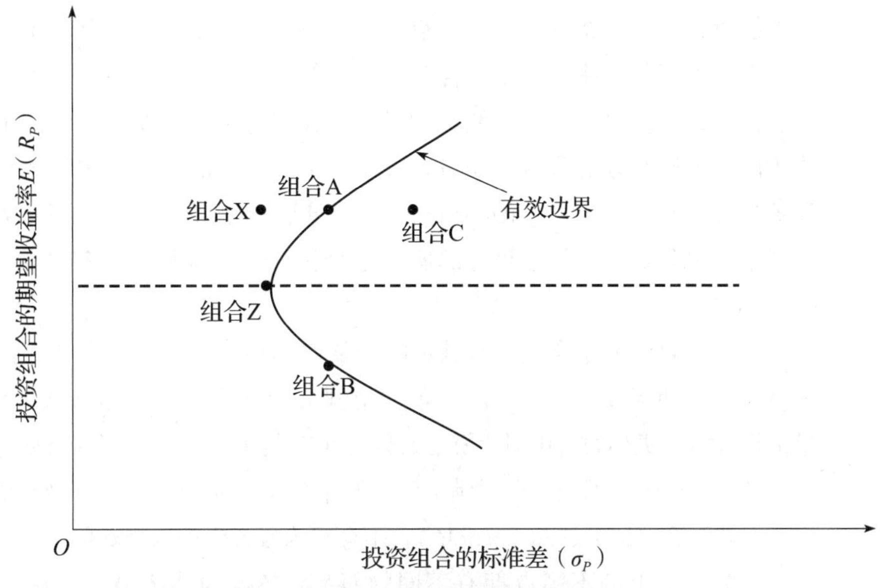

图 7－6　投资组合的机会集合

2. **最小方差边界**

前文已经阐述过，对风险厌恶型投资者来说，对于具有相同标准差的投资组合，如图 7－6 中的组合 A 和组合 B，投资者会选择期望收益率更高的组合 A。而对于具有相同期望收益率的投资组合，如图 7－6 中的组合 A 和组合 C，投资者会选择标准差更小的组合 A。组合 X 与组合 A 在同一条水平线上，且组合 X 的标准差小于组合 A，但是组合 X 不在投资组合的机会集合里，该组合是不存在的。在投资组合的可行集中，具有相同期望收益率而风险最小的组合都在图 7－6 的曲线上，这条曲线称为**最小方差边界**（minimum variance frontier），它是由给定的期望收益率下风险最小的组合构成的集合。在最小方差边界上最左边的点是组合 Z，它是所有由风险资产构成的组合中方差最小的组合，称为**最小方差组合**（minimum variance portfolio）。

7.2.2　风险资产有效边界

从图 7－6 可以看出，风险资产的最小方差边界是在给定的组合期望收益率下方差最小的组合点形成的曲线，它为我们提供了给定收益率水平下风险最小的投资组合。然而，投资者在选择投资组合时，不仅要在收益率一定的情况下尽可能降低风险，还希望在风险一定的情况下最大化收益率。如组合A和组合B的标准差相等，说明它们的风险水平相同，但是组合A的期望收益率高于组合B，因此投资者会选择组合A。观察图7-6可知，最小方差边界曲线以最小方差组合Z为分界点可以分为上下两部分，组合Z下方曲线上的组合的期望收益率都低于组合Z上方曲线上的组合的期望收益率，所以投资者都会选择组合Z上方曲线上的组合。我们将最小方差组合Z的上方曲线称为**风险资产有效边界**（efficient frontier of risky assets），也称为**马科维茨有效边界**（Markowitz efficient frontier）。风险资产有效边界是最小方差边界的子集，风险资产有效边界上的所有组合构成了风险资产的**有效集合**（efficient set）。

有效集合中的组合应同时满足两个条件：（1）在每一风险水平下，可以提供最大的期望收益率；（2）在每一期望收益率水平下，风险最低。有效集合是由投资组合机会集合中对投资者有效的组合构成的集合。不在有效边界上的所有其他可行组合都无法同时满足以上两个条件，对于风险厌恶型投资者而言属于无效组合（inefficient portfolio），不会成为投资者的选择对象。

有效边界上的不同点拥有不同的斜率，Z点的斜率最大，从Z点沿着曲线向右上方移动，意味着组合的期望收益率伴随着风险的上升而增大，但是，因为斜率是递减的，所以每承担一个单位风险所增加的收益率是递减的。

7.3 最优投资组合的选择

最优投资组合的选择是非常个性化的过程，不同风险偏好的投资者会有各自不同的最优投资组合。因此，所谓最优投资组合实际上是针对某个特定的投资者而言的。对甲投资者是最优投资组合，对乙投资者不一定是最优的。

通常最优投资组合的选择需要经过三个步骤：

首先，通过计算各种资产的期望收益率、标准差以及资产之间的协方差，确定投资组合的机会集合，并根据均值方差分析确定投资组合的有效集合。这一步骤已经在前文中介绍。

其次，我们需要在组合中加入一个无风险资产，分析在包含无风险资产和风险资产组合的情况下，如何确定资本配置线，并选择最优风险资产组合。

最后，根据资本配置线和投资者的效用无差异曲线来选择适合投资者风险偏好的最优投资组合。

下面阐述后面两个步骤。

7.3.1　无风险资产与风险资产的投资组合

1. 资本配置线

前面分析了由风险资产组成的投资组合，现在我们要在风险资产组合中加入一个无风险资产，并分析这种投资组合的收益和风险。

无风险资产是指有确定收益率的资产。投资者在投资无风险资产的时候，就已经明确地知道持有期间的收益是多少。在实际的经济活动中，无风险资产应该无违约风险，并能提供确定的收益率，具备这样特征的资产主要是政府所发行的债券。一国中央政府发行的国债以国家信用作为保证，可以看作无风险资产。实际上，即使政府发行的国债也并非完全没有风险，所谓无风险主要指无违约风险。在实际操作中，许多投资者将货币市场工具作为无风险资产，因为其期限短，基本上无利率风险，并且信用风险极低。无风险资产收益率的标准差等于0，无风险资产与风险资产之间的协方差也等于0。

假设投资者将资金投资于一个无风险资产F和一个风险资产组合P，风险资产组合P的投资比例为w，无风险资产F的投资比例为$1-w$，无风险资产的收益率为R_f，风险资产组合P的期望收益率为$E(R_P)$，标准差为σ_P。整个投资组合命名为组合C，其期望收益率$E(R_C)$的计算如公式（7-20）所示：

$$\begin{aligned}E(R_C)&=wE(R_P)+(1-w)R_f\\&=R_f+w[E(R_P)-R_f]\end{aligned}\qquad(7-20)$$

因为无风险资产F的标准差等于0，无风险资产F与风险资产组合P的协方差也等于0，所以组合C的方差σ_C^2可以用公式（7-21）计算：

$$\sigma_C^2=w^2\sigma_P^2\qquad(7-21)$$

组合C的标准差σ_C可以用公式（7-22）计算：

$$\sigma_C=w\sigma_P\qquad(7-22)$$

例7-2

某投资者的投资组合中包含一个无风险资产和一个风险资产组合，无风险资产的收益率为5%，风险资产组合的期望收益率为15%，标准差为20%。无风险资产的投资比例为0.6，风险资产组合的投资比例为0.4。如图7-7所示，投资组合位于点C，称该组合为投资组合C。

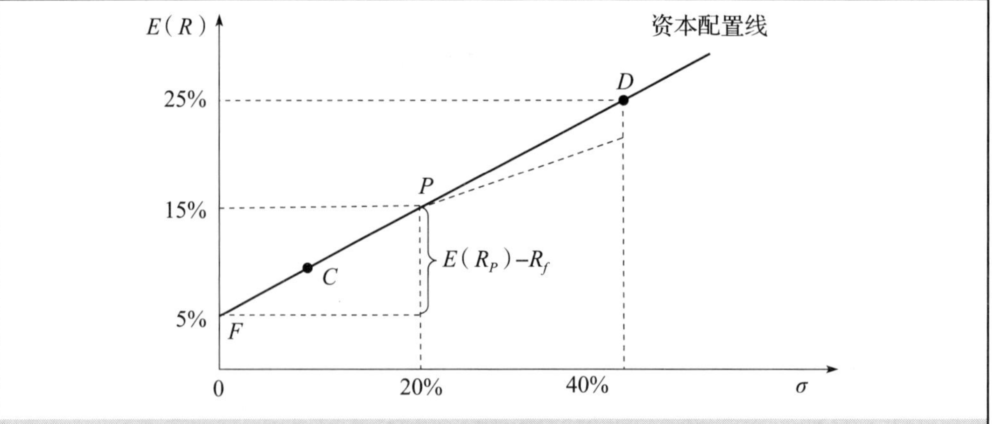

图 7-7　资本配置线

计算投资组合 C 的期望收益率：

$$E(R_C)=5\%+0.4\times(15\%-5\%)=9\%$$

计算投资组合 C 的标准差：

$$\sigma_C=0.4\times 20\%=8\%$$

图 7-7 描述了由收益率为 5%的无风险资产 F 和期望收益率为 15%、标准差为 20%的风险资产组合 P 所连成的一条直线 *FP*，其与纵轴的截距为无风险收益率 5%，斜率为 $[E(R_P)-R_f]/\sigma_P$，即 (15%−5%)/20%=0.5。例题中的投资组合落在线段 *FP* 上。

图 7-7 中的直线 *FP* 称为**资本配置线**（capital allocation line，CAL）。改写公式（7-22），得 $w=\sigma_C/\sigma_P$，代入公式（7-20）后可以得到资本配置线的公式：

$$\begin{aligned}E(R_C)&=R_f+\frac{\sigma_C}{\sigma_P}[E(R_P)-R_f]\\&=R_f+\frac{E(R_P)-R_f}{\sigma_P}\sigma_C\end{aligned}\tag{7-23}$$

公式（7-23）的截距为无风险资产的收益率 R_f，斜率记作 S，可用公式（7-24）表示：

$$S=\frac{E(R_P)-R_f}{\sigma_P}\tag{7-24}$$

资本配置线代表对投资者而言所有可行的投资组合，是投资组合的线性可行集。斜率 S 表示每增加一个单位标准差，投资组合增加的期望收益率，也就是报酬波动率比率，或夏普比率。

怎样在资本配置线上选择自己的投资组合，取决于投资者如何在无风险资产 F 与风险资产组合 P 之间分配资金。如果全部资金都投资于无风险资产，投资组合就落在点 F；如果全部资金都投资于风险资产组合 P，投资组合就落在点 P；如果投资于风险资产组合的投资比例 w 介于 0 和 1 之间，投资组合就会落在点 F 与点 P 之间的某一点，如例题中的点 C。

2. 利用杠杆的资本配置

风险厌恶程度低的投资者可能会利用杠杆进行投资，通过借入资金买入更高收益率的风险资产组合。

假设投资者可以用无风险利率借入资金，并将全部资金投资于风险资产组合 P，那么风险资产组合 P 的投资比例 $w>1$，投资者利用杠杠进行投资，这时投资组合就会落在点 P 右边的某点，如图 7-7 中点 D。

例 7-3

利用例 7-2 中的数据，假设投资者有 100 万元的自有资金，并用 5%的无风险利率借入资金 100 万元，将 200 万元资金全部投资于风险资产组合 P。这个投资组合的收益与风险是多少？

由于投资者投入风险资产组合 P 的总资金是自有资金的 2 倍，所以，风险资产组合 P 的投资比例 w 为 2，无风险资产的投资比例为 $1-2=-1$。称该组合为投资组合 D，投资组合 D 的期望收益率和标准差计算如下：

$$E(R_D)=5\%+2\times(15\%-5\%)=25\%$$

$$\sigma_D=2\times20\%=40\%$$

因此，投资组合 D 的期望收益率为 25%，标准差为 40%，都高于无杠杆的投资组合。

在实际的经济活动中，非政府投资者并不能以无风险利率借入资金，通常借入资金的利率会高于无风险利率。在这种情况下，点 P 右边的组合并不在资本配置线上，而是会在点 P 右边向下偏移，如图 7-7 中点 P 右边的虚线。

7.3.2 最优风险资产组合

通过前面的分析可知，资本配置线是由无风险资产和风险资产组合确定的。无风险资产可以用政府发行的国债表示，那么风险资产组合如何来确定呢？前文已经讨论过风险资产有效边界，我们知道风险资产组合一定在有效边界上。图 7-8 中，点 A 代表最小方差组合，点 A 上方的曲线是风险资产有效边界。无风险资产的收益率为 R_f，从 R_f 到点 A 连一条直线，构成了资本配置线 $CAL(A)$。资本配置线的斜率就是报酬波动率比率，理性的投资者会追求更高报酬波动率比率的资本配置线。从图 7－8 可以看出，在有效边界上，有比资本配置线 $CAL(A)$ 更优的有效资产组合可供投资者选择。因此，我们将资本配置线以无风险资产为中心向上旋转，直到资本配置线与有效边界相切为止，这样就找到一个在切点 P 的风险资产组合。连接 R_f 与切点 P 形成一条资本配置线 $CAL(P)$，这条资本配置线是最优资本配置线，切点 P 的组合就是最优风险资产组合。我们无法在有效边界上再找到一个其他的点形成比 $CAL(P)$ 更优的资本配置线。最优资本配置线 $CAL(P)$ 就是在引入无风险资产后的投资组合可行集。投资者可以在这条最优资本配置线上选择适合自己风险偏好的投资组合。观察图 7－8 可知，组合 X 虽然在有效边界上，但它并不是投资者的最佳选择，因为在资本配置线 $CAL(P)$ 上组合 Y 与组合 X 的标准差相同，但组合 Y 的期望收益率更高。如果投资者可以用无风险利率借入资金，就可以通过杠杆来实现对组合 Y 的投资。

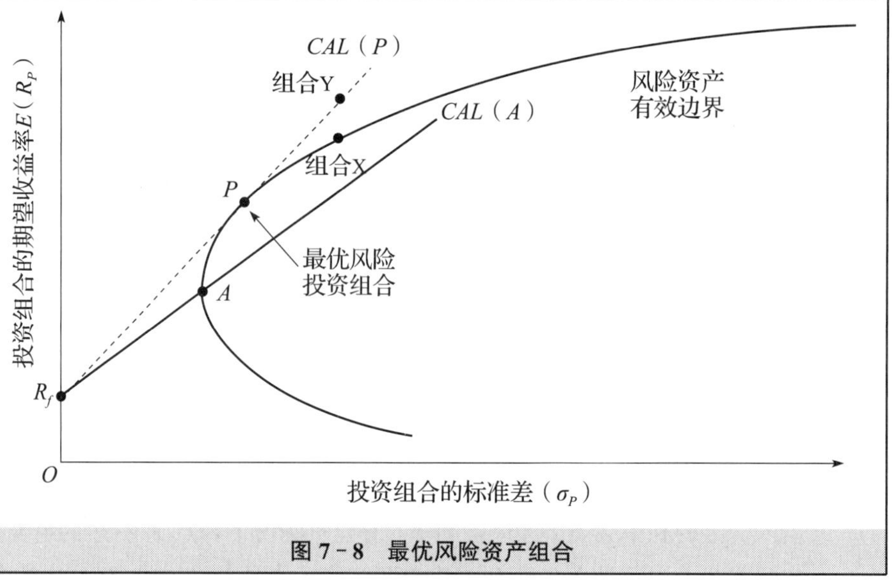

图 7－8　最优风险资产组合

7.3.3　最优投资组合

1. 最优投资组合的选择

通过最优风险资产组合和无风险资产，我们找到了最优资本配置线 $CAL(P)$。在资本配置线上存在许多不同风险和收益的投资组合供投资者选择。那么，对于一个投资者来说，应该如何确定最优投资组合呢？

不同的投资者因为风险偏好不同，会有自己的效用无差异曲线。投资者在选择投资组合时，会尽可能选择使自己效用最大的投资组合。图 7－9 中有某投资者的三条效用无差异曲线，无差异曲线 1 在资本配置线上方，无差异曲线 2 与资本配置线相切，切点为 E，无差异曲线 3 与资本配置线有两个交点。曲线 1 的效用最大，但是它上面的点不在投资可行集之内，曲线 3 与资本配置线的两个交点处的组合是可行的，但这两个组合的效用都低于曲线 2 与资本配置线的切点 E。因此，只有切点 E 处的组合能使投资者效用最大化，组合 E 就是投资者的最优投资组合。在资本配置线上找不到其他组合可以实现比组合 E 更高的效用。

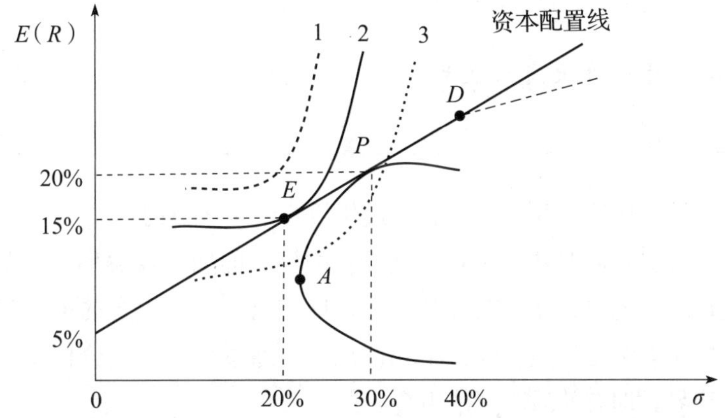

图 7－9　最优投资组合

不同的投资者，因其效用无差异曲线不同，在资本配置线上选择的最优投资组合会不同。风险厌恶程度高的投资者会配置更少的风险资产，选择靠近无风险资产 F 的投资组合，风险厌恶程度低的投资者会配置较多的风险资产，选择靠近最优风险资产组合 P 的组合，甚至会加杠杆投资风险资产组合 P，选择资本配置线上点 P 右边的组合，如组合 D。

投资者会通过选择风险资产的最优配置比例来实现其效用最大化。根据上一章学习的效用计算公式（6－20）：$U=E(r)-\frac{1}{2}A\sigma^2$，可以计算出风险资产的最优配置比例。将公式（7－20）的期望收益率和公式（7－21）的方差代入效用公式，得到公式（7－25）：

$$\begin{aligned} U &= E(R_C)-\frac{1}{2}A\sigma_C^2 \\ &= R_f+w[E(R_P)-R_f]-\frac{1}{2}Aw^2\sigma_P^2 \end{aligned} \qquad (7-25)$$

使效用值U最大的风险资产配置比例w，可以通过求一阶导数为0得到，风险资产最优配置比例的计算见公式（7－26）。

$$w^{*}=\frac{E(R_P)-R_f}{A\sigma_P^2} \tag{7-26}$$

式中，w^{*}为风险资产最优配置比例。

例7－4

利用例7－2中的数据，假设投资者的风险厌恶系数A为5，可以计算出风险资产组合P的最优配置比例：

$$w^{*}=\frac{15\%-5\%}{5\times0.2^2}=0.5$$

因此，对于风险厌恶系数为5的投资者，应将50％的资金配置给风险资产组合。

综上所述，我们可以总结最优投资组合选择的步骤：

首先，需要估算所有可供投资的资产的期望收益率、方差，并计算每对资产之间的协方差。在此基础上，确定风险资产组合的可行集，并计算可行集中所有组合的期望收益率和标准差，通过均值方差分析，确定风险资产有效边界，即有效风险资产组合。

其次，加入无风险资产，确定由无风险资产和有效边界上的风险资产组合形成的资本配置线，夏普比率最大的资本配置线为最优资本配置线，最优资本配置线与有效边界的切点为最优风险资产组合。

最后，计算资金在无风险资产与最优风险资产组合之间的分配比例，并计算投资者的效用，根据投资者的效用无差异曲线与最优资本配置线的切点确定投资者的最优投资组合。

2. 分离定理

从上述最优投资组合的选择过程中可以看出，投资决策可以分为两个独立的步骤：第一步是确定最优风险资产组合。这项工作可以由投资经理完成，投资经理通过证券分析估计有关数据，然后确定风险资产的有效边界和最优风险资产组合。投资经理确定最优风险资产组合时无须考虑投资者的风险厌恶程度和初始财富水平，投资经理向所有客户提供的最优风险资产组合都是相同的。第二步是根据具体投资者的风险偏好在无风险资产和最优风险资产组合之间进行资金配置，也就是确定投资者的效用无差异曲线与最优资本配置线的切点，从而选择适合投资者的最优投资组合。这项工作是根据客户的要求完成的。

因此，所有的投资者，无论其个人喜好、风险厌恶程度和初始财富水平存在什么差异，都会持有两个投资组合：一个是货币市场的无风险资产组合，一个是资本配置线与有效边界切点上的最优风险资产组合，这就是**分离定理**（separation theorem），或称为**两基金分离定理**（two-fund separation theorem）。根据分离定理，投资经理可以在不知晓投资者的风险偏好的情况下，确定最优风险资产组合，这使得投资管理更有效率且成本更低。

当然，在实践中，不同的投资经理对证券分析的水平存在差异，从而会得到不同的有效边界，给投资者提供的最优风险资产组合也会不同。当输入的数据质量很差时，必然得出低质量的结果。“垃圾进垃圾出”的情况同样适用于证券分析。有时，最优风险资产组合会受到投资者自身约束条件的影响，如有的投资者可能有现金分红、税收、自身偏好等特殊的要求。为了满足这些特殊要求，投资者需要对最优风险资产组合做出适当的调整。

本章重要名词

投资组合	相关性	正相关	负相关
协方差	相关系数	系统性风险	非系统性风险
机会集合	可行集合	最小方差边界	最小方差组合
风险资产有效边界	资本配置线	两基金分离定理	

思考与练习题

思考题

1. 现实经济中会存在完全负相关的资产吗？
2. 由两个非完全正相关的证券组成的投资组合可以分散风险吗？
3. 在投资实践中，为了分散投资风险，组合中包括的证券种类越多越好吗？
4. 协方差与相关系数有何关系？
5. 最小方差组合的期望收益率会低于无风险收益率吗？
6. 如果不存在无风险资产，投资者的最优投资组合应当如何确定？
7. 每一名投资者的资本配置线都相同吗？
8. 分离定理在投资实践中有何意义？

练习题

1. 以下哪些因素的变化会引起系统性风险？

a. 货币政策变化导致国债收益率上升。

b. 公司仓库发生火灾。

c. 发生严重的通货膨胀。

d. 公司研发失败导致重大损失。

2. 以下哪些关于最小方差组合的陈述是正确的?

a. 它的方差小于其他证券或组合。

b. 它的期望收益率比无风险利率低。

c. 它可能是最优风险组合。

d. 它包含所有证券。

3. 一个投资组合P包含两只基金:一只是股票基金,其期望收益率为20%,标准差为30%;另一只是债券基金,其期望收益率为10%,标准差为15%。投资组合中股票基金占比60%,债券基金占比40%。

a. 如果两只基金的相关系数为0.4,那么投资组合P的期望收益率和标准差是多少?

b. 如果两只基金的相关系数为-1,那么两只基金的投资比例为多少时才能完全对冲风险?

4. 假设某投资者用100万元构建了一个包括以下两种资产的投资组合:A是无风险资产,年收益率为10%;B是风险资产,期望收益率为20%,标准差为50%。构建的投资组合的标准差为30%,请计算投资组合的期望收益率。

5. 下列关于投资组合分散化的说法中,哪些是正确的?

a. 适当的分散化可以减少或消除系统性风险。

b. 分散化减少投资组合的期望收益,因为它减少了投资组合的总体风险。

c. 当把越来越多的证券加入投资组合时,总体风险一般会以递减的速率下降。

d. 除非投资组合包含至少30只个股,否则分散化降低风险的好处不会充分显现。

6. 假设一名风险厌恶型投资者拥有A公司的股票,他决定在其投资组合中加入B公司或C公司的股票。这3只股票的期望收益率和总体风险水平相当,A公司股票与B公司股票的协方差为-0.5,A公司股票与C公司股票的协方差为0.5。下列关于投资组合的风险变化的说法中,正确的是:

a. 买入B公司股票,投资组合的风险会降低更多。

b. 买入C公司股票,投资组合的风险会降低更多。

c. 买入B公司股票或C公司股票都会导致投资组合的风险增加。

d. 买入B公司股票会降低投资组合的风险,而买入C公司股票会增加投资组合的风险。

第8章
资本资产定价模型

学习目标

1. 理解资本资产定价模型的假设。
2. 理解市场组合的含义。
3. 掌握资本资产定价模型的含义。
3. 掌握资本市场线和证券市场线的含义。
4. 理解贝塔系数的估计方法。
5. 了解资本资产定价模型的应用。
6. 了解关于资本资产定价模型的质疑。

哈里·马科维茨于1952年建立了现代投资组合选择理论。该理论阐述了一个风险厌恶型投资者如何通过均值方差分析在众多的风险资产中确定投资组合的有效边界，并构建最优资产组合。哈里·马科维茨的投资组合选择理论是对资产选择的规范研究，告诉投资者应该怎么做，但这种方法难以应用于投资实践中。使用这个方法选择投资组合时，投资者需要估计出全部资产的期望收益率、方差和各风险资产之间的协方差。市场上可供投资者选择的资产种类非常多，这给投资组合选择带来了很大困难。比如，如果有1 000种风险资产，就需要估计出1 000个收益率、1 000个方差和499 500个（1 000×999÷2=499 500）协方差。何况市场上的资产种类远远超过1 000种，计算工作量极其巨大。

20世纪60年代，在哈里·马科维茨的投资组合选择理论基础上，夏普（W. Sharpe）、林特纳（J. Lintner）和莫辛（J. Mossin）分别发表论文，对均衡市场条件下的资本资产定价问题进行了研究，提出了关于资产收益率的一般均衡模型——资本资产定价模型（capital asset pricing model，CAPM）。资本资产定价模型是现代金融学的奠基石。该模型阐述了在市场处于均衡状态时，一个资产的期望收益率与衡量该资产风险的一个尺度——贝塔系数之间存在线性关系。资本资产定价模型是投资组合理论的重大创新，为投资实践提供了理论基础。这个模型极大地简化了投资组合选择的复杂运算过程，使哈里·马科维茨的投资组合选择理论向实践应用迈进了一大步，也使投资理论从规范性研究转入实证研究，对证券投资的理论研究和投资实践都产生了重大影响。在市场处于均衡状态时，投资者在进行证券分析时可以根据该模型判断证券的期望收益与其“合理”收益是否存在差异。资本资产定价模型是投资组合理论的重大创新，本章将介绍该模型及其应用。

8.1 资本资产定价模型的假设

为了更好地解释纷繁复杂的现实世界，通常要建立一个模型来描述其变化的规律。然而现实世界总是极其复杂的，各种各样的因素会影响研究对象。为了使模型简单明了，必须聚焦于影响研究对象的最主要的几个因素，并剔除那些对研究对象只有轻微影响的复杂因素。比如，牛顿第一运动定律描述了在没有外力作用下，物体会保持静止或匀速直线运动。经济学家在完全理性人的假设下，研究现实世界的经济活动。为了研究资产定价的主要影响因素，需要对复杂的环境因素做出一些假设，过滤掉那些对资产定价影响不大的因素，建立一个更加简洁的模型，来抽象地解释影响资产定价的最重要因素。对于一个模型，不应过于关注其假设的合理性，而应检验其对所描述的现实世界的解释能力。关于理论的假设，著名的经济学家弗里德曼有这样的论述：“关于一个理论的假设问题，并不在于这些假设是否很好地描述了现实，因为这些假设从来就不是真的，而在于它们是否对我们所研究的目标有足够好的近似。要回答理论假设是否恰当这个问题，只有通过观察这个理论是否起到了作用，弄清楚这个理论是否可以得出足够准确的预测结果，才能对此进行判断。”①

建立资本资产定价模型也需要对复杂的金融市场进行假设。在这些假设的基础上，我们过滤掉一些复杂的影响因素，简单明了地分析资本资产定价的基本原理。在严格的假设条件下建立了标准的资本资产定价模型后，可以通过不断放松假设条件对模型进行检验和修正。资本资产定价模型经历了一个较长的发展过程，最初的十分严格的假设条件下的**标准资本资产定价模型**（standard capital asset pricing model），或被称为**单因素资本资产定价模型**（one-factor capital asset pricing model），是一个“完美的理想市场”上的均衡模型，其多数假设条件都与现实世界相悖。我们通过不断放松假设条件对

① Milton Friedman. Essays in the Theory of Positive Economics. Chicago：University of Chicago Press，1953：15.

模型进行修正，使其更加接近现实。下面主要介绍标准资本资产定价模型的假设条件。

资本资产定价模型假设的核心是在一个简单化的市场中使每个投资者尽可能同质化。尽管投资者的初始财富水平和风险厌恶程度存在显著的差异，但是，这种同质化的假设会大大简化对投资者行为的分析，便于探寻资本资产定价的基本原理。资本资产定价模型的假设包括以下几项。

1. 假设市场不存在交易成本及税收

这个假设是指投资者在市场上买卖任何资产都不存在交易成本，也不存在税收。也就是说，市场是一个无摩擦的市场。如果市场存在交易成本和税收，投资者在进行交易时就需要考虑交易成本和税收对其收益率的影响，从而使模型变得非常复杂。考虑到通常情况下交易成本和税收对资产风险和收益的影响并不十分显著，将其引入模型不太重要。在无摩擦的市场中，交易活动不受交易成本和税收的影响，资产风险与收益的关系免受其影响，模型会更加简洁明了。当然，在现实经济活动中，交易成本和税收是存在的，有的时候其影响需要加以考虑。例如，投资者申购和赎回证券投资基金的交易成本较高，会对投资收益产生较大影响。政府对利息收入、股利收入、资本利得可能征税，投资者在进行资产选择时需要考虑其对投资收益的影响。

2. 假设市场是完全竞争的

这个假设与经济学中对完全竞争市场的假设是一致的。在完全竞争的市场中，存在大量的投资者，每一个投资者的财富相对于所有投资者的财富总和都是微不足道的，投资者都是价格接受者，没有哪一个投资者的交易行为能够显著影响资产的价格。

3. 假设所有资产都是可交易的

这个假设是指所有的资产都可以在市场上自由地买卖交易，这意味着投资者可以在非常广阔的市场中选择资产。当然，在现实中，许多资产是无法在市场上进行交易的，比如人力资本、私有企业和政府投资的一些资产（如市政大楼、国际机场）等。因此，这个假设可以设定为，投资者的投资范围仅限定于市场上公开交易的金融资产，比如国债、公司债券、股票、金融衍生工具等。

4. 假设每一个资产都是无限可分的

这个假设意味着投资者可以买卖交易一项资产的任何头寸，而不必受自身资金量多少的限制。比如，中国石化股票价格为5元时，投资者可以用1元钱买入0.2股中国石化股票。但是，在现实中，资产并不是无限可分的，如我国股票市场的最小交易单位为1手（100股），贵州茅台的股价在2020

年 12 月 31 日的收盘价为 1 978.71 元，如果投资者买入贵州茅台股票，交易金额加上交易费用需要近 20 万元的资金，许多资金量小的投资者无法买入 1 手贵州茅台股票。

5. 假设投资者都可以无风险利率借入资金或贷出资金

这个假设意味着投资者可以根据自己的风险偏好决定投资无风险资产和风险资产的比例。投资者可以无风险利率贷出资金，比如购买国债等无风险资产。投资者也可以无风险利率借入资金来买入更多的风险资产组合，利用杠杆增加风险资产的头寸。当然，现实经济活动中，许多投资者不可能以无风险利率来借贷资金，比如个人投资者通常无法以无风险利率借入资金。

6. 假设允许无限卖空资产

投资者既可以买入资产做多，也可以不受限制地卖空资产。所有的投资者都可以卖空任意数量的资产。然而，现实中，卖空资产常常会受到各种限制。

7. 假设对于所有投资者，信息都是充分的、免费的并且是立即可得的

这个假设意味着对于市场上所有的投资者，信息是对称的，并且可以及时、免费获得。所有投资者都可以免费地获得充分的信息，这是投资者产生一致预期的条件。但现实中，信息是不对称的。许多投资者，尤其是个人投资者可能无法及时、免费获得充分的信息。

8. 假设所有投资者都是理性的，而且是厌恶风险的

假设投资者都是理性的，他们在选择资产时都追求效用最大化，追求资产组合方差最小化。这意味着投资者都运用哈里·马科维茨模型选择资产组合。追求效用最大化意味着投资者追求更高的收益和更多的财富，他们永不满足，当面临其他条件相同的两个资产组合时，他们将选择具有较高期望收益率的资产组合。理性的投资者能够利用可得信息进行分析并做出理性投资决策和正确资产定价。假设投资者都是厌恶风险的，这意味着投资者对所承受的风险要求得到相应的风险收益率作为补偿。这个假设并不是说投资者具有相同的风险厌恶程度，只是表明他们都是厌恶风险的。风险厌恶和效用最大化作为现实观点比较容易被普遍接受。然而，投资者在做决定时会因为个人偏好和经历做出次优选择，所以投资者理性的假设常常受到质疑。尽管如此，只要投资者的非理性行为对资产价格的影响不显著，比如非理性投资者的交易互相抵消或者理性投资者交易在市场上占优，模型的结构就不会受到影响。

9. 假设所有投资者都有一个相同的投资持有期

资本资产定价模型是一个单期模型，假设所有投资者的投资决策都基于一个相同的时期。这种投资行为是短期的，它忽略了在持有期结束时发生的任何变化。这个假设是为了减少多期模型的复杂性。然而，一个单期模型没有考虑投资者可以学习的情况，导致坏的投资决定会持续且无法改善。即便如此，这个假设并没有限制资本资产定价模型应用到多期投资。

10. 假设所有投资者都具有相同预期

这个假设被称为同质期望（homogeneous expectation），意味着所有投资者都运用相同的方法对信息进行分析和处理，对经济前景具有一致的看法。所有投资者对风险资产的期望收益率、方差和资产之间的协方差都具有一致的估计。也就是说，无论资产的价格如何，投资者都可以得到相同的哈里・马科维茨模型输入表。在给定一系列资产价格和无风险利率的情况下，所有投资者具有相同的期望收益率和协方差矩阵，这样所有投资者都会有相同的有效边界和唯一的最优风险资产组合，这个最优风险资产组合就是市场组合。

综上所述，资本资产定价模型假设的核心在于两个方面：一是市场简单化为一个**完全市场**（perfect market），这个市场是完全竞争的，所有资产都可以进行交易，并且可以无限制卖空资产，资产无限可分，没有交易成本和税收，信息是充分且免费的，所有投资者都可以无风险利率借入和贷出资金；二是同质化投资者，所有的投资者都是理性的、厌恶风险的，他们都有一个相同的投资期限，拥有相同的信息，对经济前景有一致的预期，对各项资产未来的预期收益和风险有相同的看法，并且以相同的方法来分析和处理信息。通过考察这样一个完全市场上所有投资者的集体行为，可以获得每个资产的风险与收益之间的均衡关系。

8.2　资本市场线

8.2.1　投资者的资本配置线

第 7 章阐述了投资组合的有效边界。在允许卖空，但不允许无风险借贷的情况下，一个投资者的有效边界如图 8－1 所示，图中曲线 AZB 代表最小方差投资组合的集合，AZ 代表有效边界。一般说来，不同投资者对各项资产期望收益率和风险的看法不一致，他们的有效边界并不相同。在不允许无风险借贷的情况下，最优风险资产组合就是投资者的效用无差异曲线与有效边界的切点 D 处的风险资产组合。因为不同的投资者有效边界不同，无差异曲线也不同，所以他们会有自己的最优风险资产组合。这个所谓的最优风险资产组合对于投资者自己是最优的，对于其他投资者并非如此。

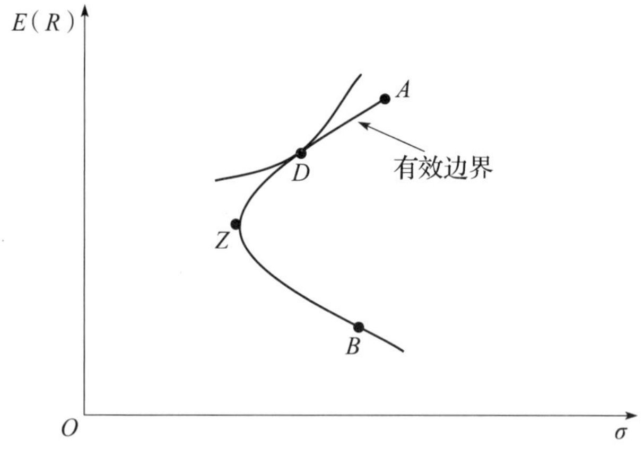

图 8-1　无借贷的投资组合的有效边界和效用无差异曲线

然而，在允许无风险借贷的情况下，投资者愿意持有的风险资产组合与投资者的风险偏好无关。此时，投资者的最优风险资产组合位于从 R_f 点出发的射线与有效边界的切点 P，如图 8-2 所示，风险资产组合 P 代表某一个投资者的最优风险资产组合，该投资者可以通过风险资产组合 P 和无风险借贷的方法来满足自己的风险偏好。直线 *CAL*(*P*) 就是这个投资者的资本配置线，他可以根据自己的风险偏好将资金按照一定的比例分配到风险资产组合 P 和无风险资产上，形成自己的投资组合。由于不同的投资者有不同的有效边界，所以切点不会相同，每个投资者都有自己的资本配置线。

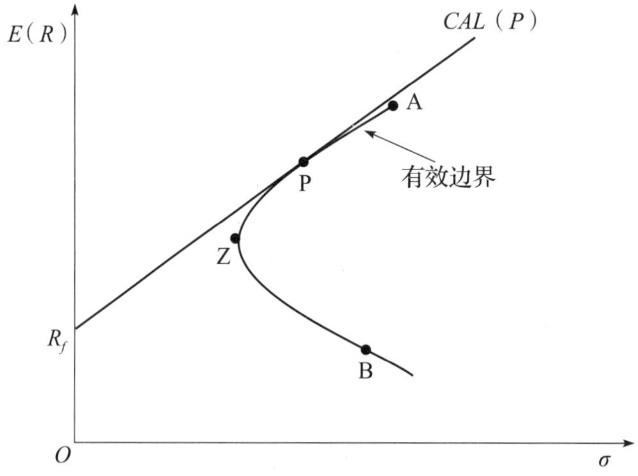

图 8-2　允许借贷的投资组合的有效边界和资本配置线

8.2.2　市场组合与资本市场线

1. 市场组合

如果在资本资产定价模型假设的条件下，在一个完全市场中，所有投资者对各种资产的期望收益率和风险持有一致的预期，并且都面对相同的借贷利率，那么所有投资者都将面对一个如图 8-2 所示的图形。也就是说，所有投资者都会有一个相同的有效边界，有一个相同的最优风险资产组合。如果所有投资者持有相同的风险资产组合，那么在市场均衡状态下，这个最优风险资产组合必将是**市场组合**（market portfolio）。市场组合是包含所有风险资产的一个组合，每种资产在市场组合中的投资比例等于这种资产的价值占市场全部风险资产总价值的比例。比如，工商银行股票市值占市场总市值的 1.4%，那么工商银行股票在市场组合中的投资比例也应该是 1.4%。每一位投资者都会将风险资产资金总额的 1.4%用于购买工商银行股票。因此，所有投资者都将市场组合作为其最优风险资产组合，每一个投资者的最优风险资产组合只是市场组合的一部分。

为什么在市场均衡状态下所有投资者都持有市场组合作为最优风险资产组合呢？现在我们假定投资者的最优风险资产组合中不包含某公司股票，比如不包含格力电器的股票，也就是说，所有投资者对格力电器股票的需求为 0，这种情况下，格力电器的股票价格将会下跌。当格力电器的股票价格跌到一个较低水平时，相比于其他公司股票，格力电器股票的期望收益率会变得对投资者更有吸引力，投资者就会买入该股票，将其纳入投资组合中。因此，在市场均衡状态下，投资者的最优风险资产组合必然是包含市场上所有风险资产的市场组合。

2. 资本市场线

在市场均衡状态下，所有投资者都有相同的最优风险资产组合——市场组合 M。这样，图 8-2 中的切点组合 P 就被市场组合 M 替代，资本配置线 $CAL(P)$ 就是所有投资者的资本配置线，这条直线通常被称为**资本市场线**（capital market line，CML），如图 8-3 所示。点 M 代表市场组合，R_f 代表无风险利率，**有效资产组合**（efficient portfolio）落在从 R_f 出发穿过点 M 的资本市场线上。这条资本市场线代表了由无风险资产与市场组合构成的资产组合的线性有效集合。所有投资者的有效资产组合都将落在资本市场线上。因此，投资者在构建投资组合时，只需根据自己的风险偏好将资金按照一定比例分配在无风险资产和市场组合 M 上，这就是第 7 章所阐述的分离定理。

任何不是使用市场组合及无风险资产构成的投资组合都落在资本市场线下方，属于无效组合。

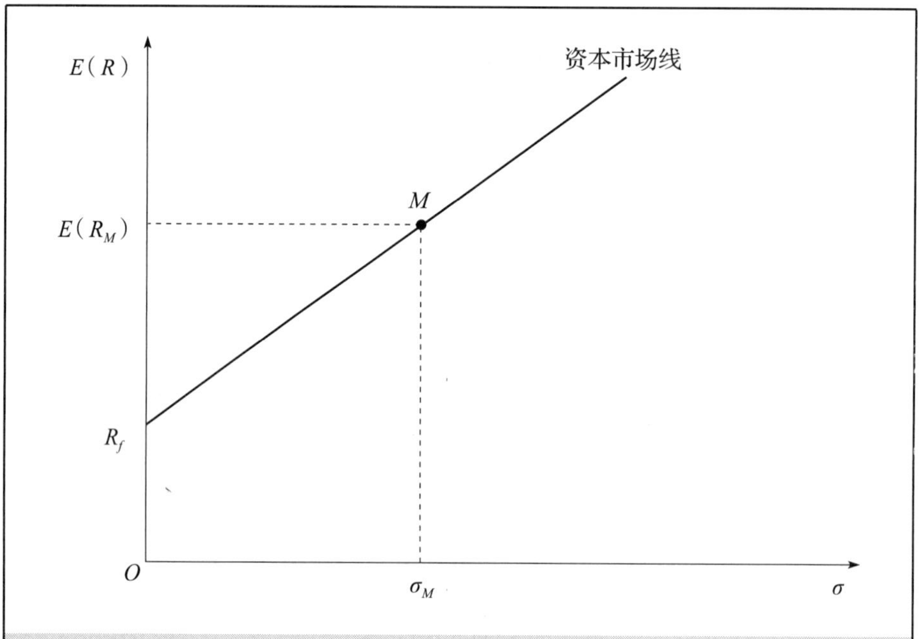

图 8-3 资本市场线

通过观察资本市场线可以得出，资本市场线的斜率等于市场组合的期望收益率 $E(R_M)$ 和无风险利率 R_f 的差除以它们风险的差，即 $\frac{E(R_M)-R_f}{\sigma_M}$，资本市场线的截距为 R_f，所以资本市场线的方程可以表示为公式（8-1）。

$$E(R_i)=R_f+\frac{E(R_M)-R_f}{\sigma_M}\sigma_i \tag{8-1}$$

式中，$E(R_i)$ 表示资产组合 i 的期望收益率；R_f 表示无风险利率；$E(R_M)$ 表示市场组合的期望收益率；σ_i 表示资产组合 i 的标准差；σ_M 表示市场组合的标准差。

资本市场线的斜率 $\frac{E(R_M)-R_f}{\sigma_M}$ 是风险的市场价格，它代表有效资产组合中每增加 1 个单位的风险所带来的额外收益率。方程右边第二项是风险的市场价格乘以投资组合中的风险数量，代表对投资组合风险的补偿率，即风险报酬率。方程右边第一项截距 R_f 是无风险利率，即在未来现金流完全确定的条件下，投资者所要求的投资报酬率，它可以看作时间价格。证券市场给投资者提供了一个交易场所，在这个市场上，时间和风险都是有价格的，都可以进行交易，它们的价格由资金供需双方的力量对比来决定。资本市场线的截距和斜率可以看作时间和风险的价格。因此，有效资产组合的期望收益率可以表示为：

期望收益率＝时间价格＋风险价格×风险数量

8.3　证券市场线及 β 值的估计

8.3.1　证券市场线

前面阐述的资本市场线解释了在市场均衡状态下有效资产组合的期望收益率与其标准差之间的均衡关系。所有的有效资产组合都位于资本市场线上，所有的非有效资产组合都位于资本市场线的下方。单个风险证券将始终位于资本市场线的下方，因为单个风险证券不是一个有效资产组合。因此，资本市场线不能揭示任何单个证券的期望收益率与其标准差之间的关系。为了更多地了解单个证券的期望收益率，下面进行更深入的分析。

在第 7 章中，我们阐述了资产组合的风险可以用组合的标准差来表示，其计算如公式（8－2）所示：

$$\sigma_P = \sqrt{\sum_{i=1}^{n}\sum_{j=1}^{n}(W_i W_j \sigma_{ij})} \tag{8-2}$$

式中，σ_P 表示组合 P 的标准差；W_i 表示证券 i 在组合中的投资比例；W_j 表示证券 j 在组合中的投资比例；σ_{ij} 表示证券 i 和证券 j 的协方差。

现在用这个公式来计算市场组合的标准差，其计算如公式（8－3）所示：

$$\sigma_M = \sqrt{\sum_{i=1}^{n}\sum_{j=1}^{n}(W_{iM} W_{jM} \sigma_{ij})} \tag{8-3}$$

式中，σ_M 表示市场组合的标准差；W_{iM} 表示证券 i 在市场组合中的投资比例；W_{jM} 表示证券 j 在市场组合中的投资比例；σ_{ij} 表示证券 i 和证券 j 的协方差。

公式（8－3）也可以表示为公式（8－4）：

$$\sigma_M = \sqrt{W_{1M}\sigma_{1M} + W_{2M}\sigma_{2M} + \cdots + W_{nM}\sigma_{nM}} \tag{8-4}$$

式中，W_{1M} 表示证券 1 在市场组合中的投资比例；σ_{1M} 表示证券 1 与市场组合的协方差；以此类推。

市场组合的方差就可以用公式（8－5）表示：

$$\sigma_M^2 = W_{1M}\sigma_{1M} + W_{2M}\sigma_{2M} + \cdots + W_{nM}\sigma_{nM} \quad (8-5)$$

由此可见，市场组合的方差等于所有证券与市场组合的协方差的加权平均值，权重等于各个证券在市场组合中的投资比例。

在市场处于均衡状态时，每个投资者都持有市场组合，市场组合的标准差决定了组合的风险，并影响资本市场线的斜率，进而影响到投资者投资于市场组合的资金比例。每个投资者在进行资本配置时，都会考虑市场组合的标准差大小。从公式（8－4）和公式（8－5）中可以看出，每个风险证券对市场组合标准差或方差的贡献，取决于它与市场组合之间的协方差，与市场组合具有较大协方差 σ_{iM} 的证券对市场组合的风险有较多的贡献。因此，市场组合中每一个证券的相对风险的度量指标是它与市场组合的协方差 σ_{iM}。而证券的标准差大小并不是衡量其对市场组合风险的贡献的指标。这意味着，相对于标准差较小的证券，标准差较大的证券并不意味着它给市场组合增加更多的风险。与市场组合具有较大协方差 σ_{iM} 的证券，自然应该有更高的期望收益率。故此，证券的期望收益率可以用公式（8－6）来表示：

$$E(R_i) = R_f + \left[\frac{E(R_M) - R_f}{\sigma_M^2}\right]\sigma_{iM} \quad (8-6)$$

公式（8－6）是资本资产定价模型的一种形式，它反映了证券期望收益率与协方差 σ_{iM} 的关系。公式右边第一项是无风险利率，第二项是风险报酬率，证券的风险报酬率取决于它与市场组合的协方差 σ_{iM}。在期望收益率与协方差的坐标系中，公式（8－6）的图如图 8－4 所示。图 8－4 中的直线是协方差版本的**证券市场线**（security market line，SML）。

从图 8－4 可以看出，该证券市场线的截距为无风险利率 R_f，斜率 $\frac{E(R_M) - R_f}{\sigma_M^2}$ 可以看作风险的市场价格。由于斜率为正，这表明与市场组合有较大协方差 σ_{iM} 的证券将会有较高的期望收益率 $E(R_i)$。如果一个风险证券与市场组合的协方差 σ_{iM} 等于市场组合的方差 σ_M^2，那么这个风险证券的期望收益率与市场组合的期望收益率相同，因为这个风险证券对市场组合的风险做出了平均贡献。如果一个风险证券与市场组合的协方差 σ_{iM} 等于 0，那么这个风险证券的期望收益率就等于无风险利率，因为这个风险证券就像无风险证券一样，没有对市场组合的风险做出任何贡献，尽管它的标准差是正的。有时，一些具有正标准差的风险证券甚至具有比无风险利率还低的期望收益率。根据资本资产定价模型，当一个风险证券与市场组合的协方差 $\sigma_{iM} < 0$

时，表明这个风险证券对市场组合的风险做出了负的贡献，此时该风险证券的期望收益率会低于无风险利率。

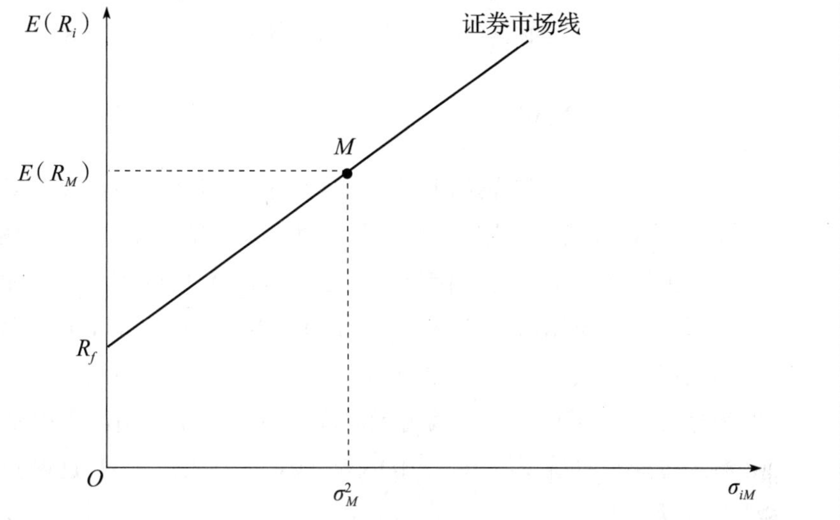

图 8-4　证券市场线（协方差版本）

资本资产定价模型也可以用另一种形式表示，如公式（8-7）所示：

$$E(R_i)=R_f+\beta_{iM}[E(R_M)-R_f] \tag{8-7}$$

公式（8-7）是资本资产定价模型最普遍的一种表达方式。公式中的 β_{iM} 称为证券 i 的贝塔系数（β 值），它是证券 i 与市场组合的协方差 σ_{iM} 除以市场组合方差 σ_M^2 得出的比值，也等于证券 i 与市场组合的相关系数 ρ_{iM} 乘以证券 i 的标准差 σ_i 再除以市场组合标准差 σ_M。β_{iM} 用来衡量证券 i 对市场组合风险的贡献程度，因此可以看作证券协方差的另一种表达方式。β_{iM} 的计算如公式（8-8）所示：

$$\beta_{iM}=\frac{Cov(R_i,R_M)}{\sigma_M^2}=\frac{\sigma_{iM}}{\sigma_M^2}=\frac{\rho_{iM}\sigma_i\sigma_M}{\sigma_M^2}=\frac{\rho_{iM}\sigma_i}{\sigma_M} \tag{8-8}$$

β_{iM} 表示一个证券与市场组合的相关性，它衡量证券的系统性风险，解释一个证券对市场变化的敏感程度，即当市场的收益率发生变化时，该证券收益率随之发生变化的程度。一个证券的 β 值越大，说明这个证券的收益率相对于市场收益率的敏感程度越大。如果一个证券的 β 值为正数，表示其收益与市场收益同方向变化；如果一个证券的 β 值为负数，表示其收益与市场收益反方向变化。实际上，在证券市场上，大多数证券与市场高度相关，所以很难找到 β 值为负数的资产。无风险资产的 β 值为 0，因为它与任何资产的协方差为 0。根据公式（8-8）可以计算出市场组合的 β 值等于 1。

$$\beta_M = \frac{Cov(R_M, R_M)}{\sigma_M^2} = \frac{\sigma_M^2}{\sigma_M^2} = 1$$

一个资产组合的 β 值等于组合中各个证券 β 值的加权平均值，权重为各个证券在投资组合中的投资比例。资产组合的 β 值可用公式（8－9）表示：

$$\beta_{PM} = \sum_{i=1}^{n} W_i \beta_{iM} \tag{8-9}$$

根据资本资产定价模型，在期望收益率-贝塔系数的坐标系中，证券市场线如图 8－5 所示。图 8－5 中的直线是贝塔版本的证券市场线，其截距仍然是无风险利率 R_f，斜率则与公式（8－6）中的不同，这里的斜率为市场期望收益率与无风险利率的差，即 $E(R_M)-R_f$。证券市场线必然经过代表市场组合的点 M。点 M 的 β 值为 1，期望收益率为 $E(R_M)$，所以点 M 的坐标为［1，$E(R_M)$］；因为无风险证券的 β 值为 0，所以证券市场线也必然经过期望收益率为 R_f、坐标为（0，R_f）的点。有这两点就能够确定证券市场线了。

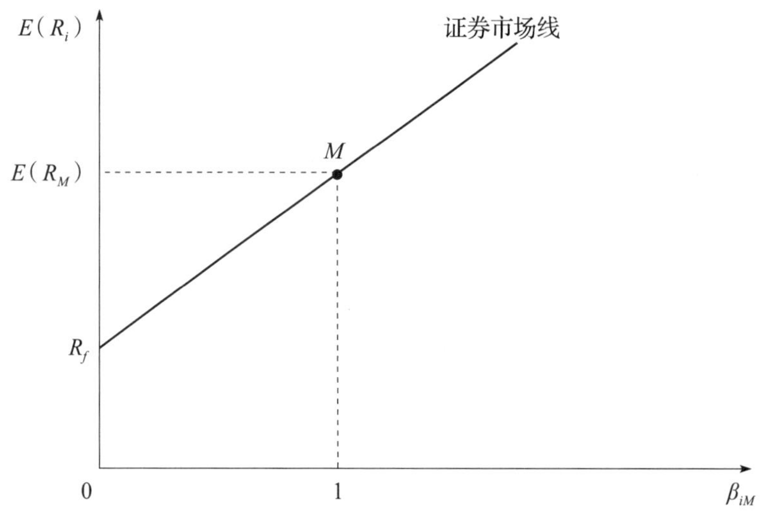

图 8－5　证券市场线（贝塔版本）

资本资产定价模型是金融领域最重要的发现之一。该模型描述了市场中所有资产和资产组合的期望收益率与衡量系统性风险的指标贝塔系数之间的线性关系。对于任何资产或资产组合而言，不论是否为有效组合，它的期望收益率都可以由这一关系确定。对于任何一个证券，β 值越大，均衡收益率必定越高，并且期望收益率和 β 值线性相关。

前面我们已经说过，资本市场线只能用于有效资产组合而不是所有证券或资产，所有的有效资产组合都在资本市场线上，由于单个证券不是有效组合，所以单个证券都落在资本市场线的下方。然而，证券市场线适用于任何证券和资产组合，每一个证券都落在证券市场线上，由这些证券构成的组合自然也落在证券市场线上。总而言之，有效资产组合既会落在资本市场线上，也会落在证券市场线上，而非有效资产组合都会在资本市场线下方，但却落在证券市场线上。因此，根据资本资产定价模型，所有的资产和资产组合，无论有效与否，都必然落在期望收益率-贝塔系数坐标系中的证券市场线上。如果存在任何投资机会位于证券市场线之上或之下，就会存在无风险套利机会。套利行为将会持续发生，直到所有投资机会都收敛到证券市场线上为止。

之所以有这样的区别，是因为资本市场线运用的是资产的总风险而不是系统性风险，而只有系统性风险才能定价，所以资本市场线只能适用于那些总风险等于系统性风险的资产组合，即不再有可分散风险的有效资产组合。证券市场线对证券的定价是基于系统性风险而不是总风险，所以证券市场线适用于所有的证券及其组合，无论是否为有效组合。

通过资本资产定价模型，可以发现什么因素决定了资产的期望收益率，什么因素对于确定期望收益率并不重要。前面我们已经阐述过，任何证券的风险都可分为系统性风险和非系统性风险，β 值是系统性风险的度量指标。资本资产定价模型阐明了在确定期望收益率的过程中，系统性风险是唯一的重要因素，而非系统性风险并不起作用。也就是说，投资者只有承受系统性风险才能得到风险补偿。影响证券期望收益率的并不是总风险，仅仅是总风险中不能被分散的那个部分，即系统性风险。这个结论所蕴含的经济意义十分重要。如果投资者可以通过分散化来消除所有的非系统性风险，他们就没有理由因为承受非系统性风险而获得更高的收益补偿。

例8-1

假定无风险利率为3%，市场组合的期望收益率为13%，标准差为25%。股票A的标准差为50%，但股票A与市场组合不相关。股票B的标准差为60%，并且股票B与市场组合的相关系数为0.7。请分别计算股票A和股票B的 β 值和期望收益率。

计算股票A的 β 值和期望收益率：

$$\beta_A=\frac{\rho_{AM}\sigma_A}{\sigma_M}=\frac{0\times 0.5}{0.25}=0$$

$$E(R_A)=R_f+\beta_A[E(R_M)-R_f]=3\%+0\times(13\%-3\%)=3\%$$

计算股票B的 β 值和期望收益率：

$$\beta_B=\frac{\rho_{BM}\sigma_B}{\sigma_M}=\frac{0.7\times0.6}{0.25}=1.68$$

$$E(R_B)=R_f+\beta_B[E(R_M)-R_f]=3\%+1.68\times(13\%-3\%)=19.8\%$$

因为股票A与市场组合的相关系数为0，所以股票A的β值为0，尽管股票A的标准差为50%，但它的期望收益率为无风险利率3%。而股票B与市场组合的相关系数较高，β值为1.68，说明其系统性风险高于市场组合的系统性风险，根据资本资产定价模型计算出期望收益率为19.8%，也高于市场组合的期望收益率。

例8-2

甲投资者构建一个投资组合，将20%的资金投资于无风险资产，30%的资金投资于市场组合，50%的资金投资于上海证券交易所上市的广汽集团股票，其β值为1.66。给定的无风险利率为3%，市场组合的期望收益率为13%。请计算甲投资者的投资组合的β值和期望收益率。

因为无风险资产的β值为0，市场组合的β值为1，广汽集团股票的β值为1.66，所以甲投资者的投资组合的β值为：

$$\beta_P=W_1\beta_1+W_2\beta_2+W_3\beta_3=0.2\times0+0.3\times1+0.5\times1.66=1.13$$

甲投资者的投资组合的期望收益率为：

$$E(R_P)=R_f+\beta_P[E(R_M)-R_f]=3\%+1.13\times(13\%-3\%)=14.3\%$$

因为该组合的β值为1.13，高于市场组合的β值，所以期望收益率也高于市场组合的期望收益率。

也可以用每个资产的期望收益率加权平均计算投资组合的期望收益率。

广汽集团股票的期望收益率$E(R_{GQ})$为：

$$E(R_{GQ})=3\%+1.66\times(13\%-3\%)=19.6\%$$

所以，甲投资者的投资组合的期望收益率为：

$$E(R_P)=0.2\times3\%+0.3\times13\%+0.5\times19.6\%=14.3\%$$

8.3.2 β值的估计

从资本资产定价模型可以看出，β值是影响证券期望收益率的一个重要因素。因此，如何计算β值十分重要。计算β值需要的方差与协方差通常基于历史收益率。一个常用的估计 β 值的方法是用下面的公式（8－10）进行回归分析。

$$R_i = \alpha_i + \beta_i R_M + e_i \tag{8-10}$$

式中，R_i 表示某一时期证券 i 的收益率；R_M 表示相同时期证券市场组合的收益率，一般可用具有代表性的市场指数收益率来代替；α_i 表示截距；β_i 表示斜率；e_i 表示随机误差。

历史数据并不能直接提供参数 α_i 和 β_i，能够直接观察到的是证券和市场指数收益率。所以，需要利用证券与历史的市场指数收益率通过回归分析来估计 α_i 和 β_i。回归分析的方法是在证券收益率与市场组合收益率的坐标系中，将一定时期的证券收益率和市场指数收益率的点标在坐标系中，画出一条直线使各点到直线的距离平方和最小，如图 8－6 所示，图中横坐标表示市场组合收益率，纵坐标表示证券收益率。

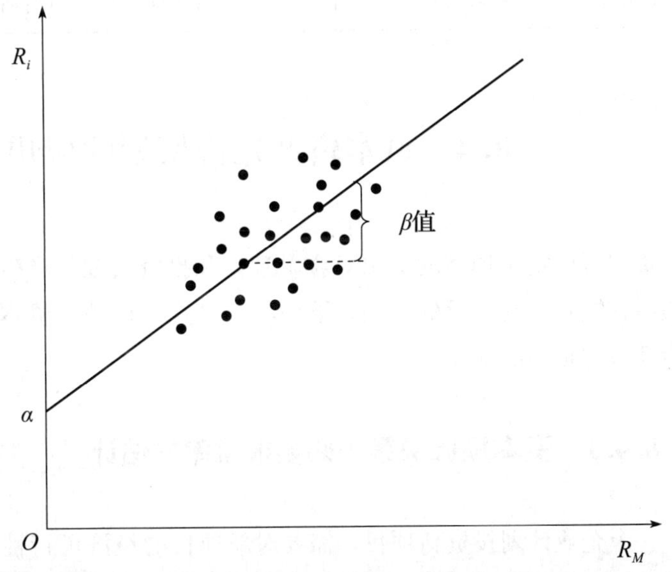

图 8－6　用回归分析法估计 β 值

尽管 β 值的估计对于预测未来证券的风险水平很重要，但是人们对其准确性常常持有怀疑。一般来说，短期（如 12 个月）的估计比较接近证券当前的系统性风险水平，但短期的估计与长期的估计相比，准确性更差，因为短期受到特殊事件的影响更大。因此，我们应当明白估计的 β 值不一定能够代表证券未来的系统性风险水平。表 8－1 列示了 2021 年 11 月份上证 50 指数部分成分股的 β 值。

表 8-1 上证 50 指数部分成分股的 β 值

股票代码	股票简称	β 值	股票代码	股票简称	β 值
600000	浦发银行	0.36	600276	恒瑞医药	0.68
600016	民生银行	0.37	600309	万华化学	0.98
600028	中国石化	1.37	600519	贵州茅台	0.42
600030	中信证券	1.41	600585	海螺水泥	1.04
600031	三一重工	1.00	600690	海尔智家	1.01
600036	招行银行	1.12	600703	三安光电	1.24
600048	保利发展	0.43	600837	海通证券	0.98
600050	中国联通	0.57	600887	伊利股份	0.70
600104	上汽集团	0.90	601066	中信建投	1.68
600196	复星医药	1.38	601088	中国神华	1.57

8.4 资本资产定价模型的应用

资本资产定价模型的提出对金融理论和投资实践都产生了巨大影响。这一模型在实践中有广泛的应用，下面将讨论这个模型在资本预算决策和投资基金绩效评估中的应用。

8.4.1 资本预算决策中必要报酬率的估计

一个企业计划投资新项目，需要对新项目的经济可行性进行评估。通常的做法是测算出新项目全部预算期的各年净现金流量，然后确定一个适合的折现率对项目的净现金流量进行折现，计算出项目的净现值。折现率一般可用企业所要求的必要报酬率。如果能够测算出新项目的 β 值，就可以依据资本资产定价模型来确定其必要报酬率。

例 8-3

某公司计划投资一个新项目。预计第 1 年年初投入资金 10 亿元，第 2 年年初投入资金 20 亿元，建设期为 2 年。第 3 年年初项目竣工，投产时需要投入营运资本 10 亿元。第 3 年至第 7 年为经营期，每年可以收回经营净现金流量 50 亿元。第 7 年年末计划将项目出售，预计出售价款为 80 亿元。经营期的各年现金流量假设都在年末发生。市场组合的期望收益率为15%，无风险利率为5%，经测算该项目的β值为1.5。请计算该项目的净现值并判断项目是否具有经济可行性。

首先，确定该项目的各年净现金流量，如表8-2所示。

表8-2 项目各年净现金流量 单位：亿元

年度	0	1	2	3	4	5	6	7
净现金流量（NCF）	−10	−20	−10	50	50	50	50	130

其次，根据资本资产定价模型计算项目的必要报酬率。

$$必要报酬率=5\%+1.5\times(15\%-5\%)=20\%$$

最后，计算项目的净现值。

$$NPV=-10+\frac{-20}{1+20\%}+\frac{-10}{(1+20\%)^2}+\frac{50}{(1+20\%)^3}+\frac{50}{(1+20\%)^4}+\frac{50}{(1+20\%)^5}+\frac{50}{(1+20\%)^6}+\frac{130}{(1+20\%)^7}=92.56(亿元)$$

新项目的净现值为92.56亿元，大于0，所以该项目可行。

8.4.2 投资基金的绩效评估

证券投资基金经理、养老基金经理等职业投资管理人为投资者管理大量资金，他们的投资业绩直接关系到投资者的利益。积极管理型基金的管理费用明显高于消极管理型基金，如华夏基金公司的华夏大盘精选证券投资基金的管理费率为1.5%，而指数基金华夏沪深300ETF的管理费率为0.5%，二者相差1%。投资者都期望积极管理型基金的业绩表现好于消极管理型基金，至少可以覆盖管理费用的差值。因此，如何对投资基金进行绩效评估一直是投资界的一个重要课题。

根据资本资产定价模型，在市场均衡状态下，市场组合是最优风险资产组合，投资者无须进行证券分析，只需要持有市场组合即可，证券市场线是用来估计风险资产正常期望收益率的基准。依据这样的理论，消极投资是一个有效的管理方法。然而，如果所有投资者都不进行证券分析，就无法对证券公平定价，市场就无法实现均衡状态。这似乎是一个悖论。积极型基金经理试图通过证券分析来实现高于正常期望收益率的超额收益率。如果一只证券的价格被低估，那么它将提供超过证券市场线给定的正常收益率的超额收益率。也就是说，在给定 β 值的情况下，被低估的证券的期望收益率将高于根据资本资产定价模型所得出的正常期望收益率；反之，如果一只证券的价格被高估，它的期望收益率会低于根据证券市场线所得出的正常期望收益率。证券的期望收益率与正常期望收益率的差称为**阿尔法（alpha 或 α）收益**。与之相对应的是因承担系统性风险而获得的**贝塔（β）收益**。例如，如果市场收益率为 13%，无风险利率为 3%，某股票的 β 值为 1.5，那么根据证券市场线可以计算出这只股票的正常期望收益率为 18%。但某位投资者认为这只股票的期望收益率为 20%，此时就有 2%的阿尔法收益。积极管理型基金经理希望通过证券分析选择证券，增加阿尔法收益大于 0 的证券，减少阿尔法收益小于 0 的证券，以实现阿尔法收益；而消极管理型的指数基金则主要获得贝塔收益。

积极管理型基金的业绩和仅仅持有市场组合的消极管理型基金的业绩相比究竟如何呢？下面将讨论如何利用资本资产定价模型进行基金的绩效评估(performance evaluation)。绩效评估常常会运用以下四个指标：夏普比率、特雷诺比率、M^2 指标和詹森 α 指标。

1. 夏普比率

夏普比率也称报酬波动率比率，是投资组合的风险溢价与标准差之比，用来衡量收益与风险之比。夏普比率的计算如公式（8－11）所示。

$$S_P=\frac{R_P-R_f}{\sigma_P} \tag{8-11}$$

式中，S_P 为夏普比率；R_f 为该时期的无风险利率；R_P 为投资组合在样本期内的平均收益率；σ_P 为投资组合投资收益的标准差，表示投资组合所承担的总风险。

夏普比率是用投资组合的长期平均超额收益除以这个时期该投资组合的收益的标准差。夏普比率也是资本配置线的斜率，这个斜率越大表明资产组合的绩效越好；也就是说，夏普比率越高，投资组合的表现越好。这个比率具有如下缺点：第一，计算夏普比率用的是投资组合的总风险而不是系统性风险，在只有系统性风险才能定价的情况下，用风险溢价与总风险之比来解释投资绩效并不恰当；第二，夏普比率本身不能提供太多的信息。

例 8－4

在过去 10 年中，投资组合 A 的平均收益率是 11.4%，标准差是 30%（组合的总风险），市场组合的平均收益率是 10%，市场组合的标准差是 25%（市场的系统性风险），无风险利率是 3%。假定用过去 10 年的市场组合的平均收益率代表市场组合的期望收益率。请计算投资组合 A 的夏普比率和市场组合的夏普比率。

投资组合 A 的夏普比率 $S_A=\frac{11.4\%-3\%}{30\%}=0.28$

市场组合的夏普比率 $S_M=\frac{10\%-3\%}{25\%}=0.28$

投资组合 A 与市场组合的夏普比率都是 0.28，所以，投资组合 A 的绩效与市场组合相同。但是，投资组合 A 的夏普比率的分母是总风险，市场组合的夏普比率的分母仅是系统性风险，我们无法据此判断投资组合 A 的绩效表现是否与市场组合一样好。

---

2. 特雷诺比率

特雷诺比率（Treynor ratio）是对夏普比率的改进，它用衡量系统性风险的 β 值替代衡量总风险的标准差，是组合的风险溢价与组合的 β 值的比率，其计算如公式（8－12）所示。

$$T_P=\frac{R_P-R_f}{\beta_P} \tag{8-12}$$

式中，T_P 为特雷诺比率；R_P 为投资组合在样本期内的平均收益率；R_f 为样本期内的平均无风险利率。

特雷诺比率表示单位系统性风险所获得的风险报酬大小，使用这个指标可以将一个投资组合的绩效与市场组合的绩效进行比较。它可以说明基金经理的管理能力是否可以战胜市场。

例 8－5

假设前例中投资组合 A 与市场组合的相关系数为 0.6，请计算投资组合 A 与市场组合的特雷诺比率。

首先，计算投资组合 A 的 β 值。

$$\beta_A=\frac{\rho_{AM}\sigma_A}{\sigma_M}=\frac{0.6\times0.3}{0.25}=0.72$$

其次，计算投资组合 A 的特雷诺比率。

$$T_A=\frac{11.4\%-3\%}{0.72}=0.12$$

最后，计算市场组合的特雷诺比率，因为市场组合的 β 值为 1，所以其特雷诺比率为：

$$T_M=\frac{10\%-3\%}{1}=0.07$$

采用特雷诺比率可以得出，投资组合 A 的绩效表现优于市场组合。

我们可以根据资本资产定价模型计算投资组合 A 的正常期望收益率。

$$E(R_A)=R_f+\beta_A[E(R_M)-R_f]=3\%+0.72\times(10\%-3\%)=8.04\%$$

过去 10 年间投资组合 A 的实际平均收益率为 11.4%，高于根据证券市场线计算出的正常期望收益率 3.36%（11.4%－8.04%＝3.36%），因此，投资组合 A 的阿尔法收益为 3.36%。这也说明了投资组合 A 的绩效优于市场组合。

投资的总风险包括系统性风险和非系统性风险。在进行绩效评估时，夏普比率使用的是投资组合的总风险，特雷诺比率使用的是投资组合的系统性风险，没有包括非系统性风险。这种区别可能使绩效评估产生很大的差异。例如，利用夏普比率衡量时，投资组合 A 的绩效比投资组合 B 好，而利用特雷诺比率衡量时，投资组合 B 的绩效比投资组合 A 好。在这种情况下，我们如何选择评估指标呢？当投资组合包含投资者所能够选择的全部资产时，用投资组合收益率的标准差来衡量投资风险是较为适当的，此时用夏普比率能更好地解释投资管理绩效。而当投资组合仅仅包含投资者能够选择资产的较小一部分时，从理论上看，投资者可以继续进行分散化投资来降低非系统性风险，此时用该投资组合的 β 值度量风险更为恰当，应该选择特雷诺比率进行绩效评估，因为这个指标更能体现投资者构建组合和分散风险的能力，尤其可以评价投资组合的绩效是否超越了市场组合。

3. M^2 指标

M^2 指标是由诺贝尔经济学奖得主弗兰科・莫迪利安尼（Franco Modigliani）和其孙女利娅・莫迪利安尼（Leah Modigliani）提出的，因此称之为 M^2 指标。该指标的计算方法是：由无风险资产（如国债）与一个投资组合 P 构建一个虚拟资产组合 P′，调整无风险资产与投资组合 P 的比例，使这个虚拟资产组合 P′的总风险与市场组合的风险相同，然后计算虚拟资产组合 P′的收益率与市场组合收益率的差额，这个差额就是 M^2 指标。在虚拟资产组合 P′中，投资组合 P 的投资比例为 W_P，无风险资产的投资比例为 $1-W_P$，因为无风险资产的标准差为 0，且无风险资产与市场组合的相关系数为 0，所以，虚拟资产组合 P′的标准差 σ'_P 为：

$$\sigma'_P=W_P\sigma_P+(1-W_P)\sigma_f=\sigma_M$$

因此，$W_P\sigma_P=\sigma_M$，$W_P=\dfrac{\sigma_M}{\sigma_P}$。

虚拟资产组合 P′的收益率为：

$$R'_P = W_P R_P + (1 - W_P) R_f = \left(\frac{\sigma_M}{\sigma_P}\right) R_P + \left(1 - \frac{\sigma_M}{\sigma_P}\right) R_f$$

$$= R_f + \left(\frac{\sigma_M}{\sigma_P}\right)(R_P - R_f)$$

因此，虚拟资产组合收益率和市场组合收益率的差（M^2）如公式（8 - 13）所示：

$$M^2 = (R_P - R_f)\frac{\sigma_M}{\sigma_P} - (R_M - R_f) \tag{8-13}$$

因为虚拟资产组合 P′的总风险与市场组合的风险相等，所以比较虚拟资产组合 P′的收益率与市场组合的收益率，就可以对投资组合进行绩效评估。当 M^2 等于 0 时，投资组合的绩效与市场组合相同；当 M^2 大于 0 时，投资组合的表现好于市场组合。

例 8 - 6

根据前例中的数据，请计算投资组合 A 的 M^2。

$$M^2 = (11.4\% - 3\%) \times \frac{0.25}{0.3} - (10\% - 3\%) = 0$$

我们看到，对于投资组合 A 的绩效，采用夏普比率与 M^2 指标进行评价，得出的结论是相同的，原因是这两个指标的计算使用的都是投资组合的总风险。

4. 詹森 α 指标

同特雷诺比率一样，詹森 α 指标也是基于系统性风险进行投资组合的绩效评估。但是，与夏普比率、特雷诺比率不同的是，詹森 α 指标是个绝对数指标，其目的是判断投资经理是否具有预测证券价格的能力，从而使得整体业绩超过购买-持有策略。詹森采用美国 1945—1964 年 115 只共同基金的年收益率为样本，对其与标准普尔 500 指数的市场收益率进行实证分析，通过计算詹森 α 指标来评价共同基金的业绩表现。

计算詹森 α 指标的步骤如下：

首先，将投资组合 P 的超额收益率与市场组合（可以用市场指数替代）的超额收益率进行时间序列回归。回归方程式如公式（8 - 14）所示：

$$R_{Pt} - R_f = \alpha_P + \beta_P (R_{Mt} - R_f) + e_{Pt} \tag{8-14}$$

式中，R_{Mt} 为市场组合在某时期的收益率；R_{Pt} 为投资组合 P 在该时期的收益率；R_f 为该时期的无风险利率；α_P 和 β_P 为回归系数，β_P 为该投资组合的系统性风险；e_{Pt} 为 t 期投资组合 P 的收益的回归误差项。

对公式（8－14）两边取期望值，e_{Pt} 的期望值为 0，可得公式（8－15）：

$$\overline{R}_{Pt}-R_f=\alpha_P+\beta_P(\overline{R}_{Mt}-R_f) \tag{8-15}$$

其次，通过回归分析得到回归直线的截距 α_P 和斜率 β_P。β_P 可以作为投资组合 P 的 β 的估计值。

最后，计算詹森 α 指标，如公式（8－16）所示。

$$\alpha_P=\overline{R}_{Pt}-[R_f+\beta_P(\overline{R}_{Mt}-R_f)] \tag{8-16}$$

当投资组合 P 的 α_P 等于 0 时，表明投资组合 P 的表现与市场组合一致。当投资组合 P 的 α_P 大于 0 时，表明投资组合 P 的表现优于市场组合，投资管理是成功的，取得了高于市场平均收益的超额收益率。如果投资组合 P 的 α_P 小于 0，表明投资组合 P 的表现不如市场组合，投资管理是失败的。

根据詹森的研究结论，共同基金的业绩表现令人失望。根据詹森 α 指标的标准，在 115 只共同基金中，只有 26 只基金的绩效超过市场组合。平均计算，投资者持有共同基金 10 年的收益率，比在相同风险水平下持有市场组合少了 15%。詹森进一步研究发现，即使扣除共同基金的费用重新计算基金绩效，共同基金的绩效仍然比持有市场组合少了 8.9%，而且在 115 只基金中，43 只基金的绩效超过市场组合的表现。

詹森的研究令人想起巴菲特的“十年赌约”。2007 年 12 月，巴菲特在 Long Bets 网站上发布“十年赌约”，以 100 万美元作为赌注，约定从 2008 年 1 月 1 日至 2017 年 12 月 31 日的 10 年间，在不考虑基金费用的情况下，标普 500 指数的表现将超过对冲基金组合的表现。Protégé Partners 的联合经理人泰德·西德斯（Ted Seides）接受了挑战，他选择了 5 只对冲基金组成一个基金组合，期望能在 10 年中超过标准普尔 500 指数的业绩，这 5 只基金组合持有超过 200 只对冲基金的权益。2018 年 2 月 24 日，巴菲特在“巴菲特致股东的信”中提到了这个“十年赌约”。在这 10 年间，只有 2008 年对冲基金组合跑赢了标普 500 指数，在随后的 9 年里，这 5 只基金构成的组合都落后于标普 500 指数。标普 500 指数产生了高达 125.8%的累计收益，而 5 只基金中表现最好的对冲基金累计收益为 87.7%，最差的只有 2.8%。

詹森 α 指标的评估模型奠定了投资组合绩效评估的理论基础，也是迄今为止使用最广泛的模型之一。但是，詹森 α 指标的计算隐含了一个假设，即投资组合的非系统性风险通过投资组合彻底被分散，因此该模型只反映了组合收益率和系统性风险因子之间的关系，如果投资组合并没有完全消除非系统性风险，那么詹森 α 指标得出的结论可能并不正确。

8.5 关于资本资产定价模型的质疑

自从 20 世纪 60 年代资本资产定价模型被提出以来，它就成为金融理论界研究的一个重要领域。许多学者对资本资产定价模型是否有效进行了实证研究。20 世纪 70 年代早期的一些实证检验支持了资本资产定价模型的结论，如 1972 年 Black-Jensen-Scholes 的检验和 1973 年 Fama-MacBeth 的检验都支持了资本资产定价模型。但是，70 年代后期以来，不少学者对资本资产定价模型提出质疑，其中最为著名的是"罗尔的批评"（Roll's critique）。①

资本资产定价模型的检验主要包含两个方面的预测：第一，市场组合是有效的；第二，证券市场线准确地描绘了资产的风险收益，也就是 α 为 0。第二个预测是由第一个预测引申出来的，因此对资本资产定价模型的检验主要是检验市场组合的有效性。在资本资产定价模型中，市场组合包括所有风险资产，它远比股票指数广泛得多，还应包括债券、房地产、外汇资产、私人公司、人力资本等，但这在实证检验中不可能做到。因此，通常的做法是用标准普尔 500 指数或其他股票价格指数作为市场组合的替代变量，并假设替代变量与市场组合之间具有高度相关性。罗尔 1977 年发表了著名论文"资本资产定价理论检验的批评"，对资本资产定价模型的检验提出了质疑。检验资本资产定价模型就等同于检验市场组合的有效性。如果市场组合是有效的，则资本资产定价模型成立。罗尔认为市场组合有效性的假设是无法检验的。他认为，市场组合应包括股票、债券、期权、邮票、黄金、艺术品等所有风险资产，对这些风险资产的度量几乎是不可能的。虽然可以采用替代变量，但是不同的替代变量对资本资产定价模型的影响非常大。罗尔举例证明了这一点：Black，Jensen，and Scholes（1972）所采用的市场组合与 Sharp and Lintner（1973）所采用的市场组合的相关系数高达 90%，但前文所得到的无风险利率为 5.976%，显著大于后文的 1.920%。这就否定了资本资产定价模型的一致性。罗尔认为在对资本资产定价模型的检验中，即使衡量市场组合的替代变量有微弱的差异，也会造成实证检验结果出现较大的误差。因为在检验资本资产定价模型时，一种资产的缺少不仅会影响该资产在市场组合中所占的比例，还会影响整个市场组合的有效性，继而影响证券市场线的有效性。因此，不能使用替代变量来替代真实市场组合。这就说明，真实市场组

① Richard Roll. A Critique of the Asset Pricing Theory's Test：Part Ⅰ：On Past and Potential Testability of the Theory. Journal of Financial Economics，1977.

合是无法取得的，其有效性也是无法检验的，从而使得资本资产定价模型无法检验。

真实的市场组合不可能取得，资本资产定价模型不具备可检验性，这会影响资本资产定价模型的实用性和有效性。因此，采用资本资产定价模型来评价市场组合管理者的业绩会造成基准误差（benchmark errors）。罗尔 1980 年发表的“业绩评价和基准误差Ⅰ”和 1981 年发表的“业绩评价和基准误差Ⅱ”两篇论文论述了这个问题。罗尔以未被管理的资产组合的收益率为基准，与有经理管理的资产组合的收益率进行比较，据此评价管理者的业绩。他认为，在不知道投资组合是否有效以及存在无风险资产的情况下，采用替代变量来衡量市场组合会产生两方面的影响：第一，计算的投资组合的 β 值是不准确的，因为它是采用替代变量所计算的系统性风险；第二，证券市场线也是不准确的，因为它是替代变量的风险与无风险投资组合的连线。所以，采用资本资产定价模型来评价管理者的业绩并不可靠，会造成基准误差。Reilly and Akhtar（1995）分别使用标准普尔 500 指数和布里森公司全球证券市场指数计算了 30 只股票在三个不同时期的平均 β 值，结果发现不同替代变量的 β 值存在显著差异，这就支持了罗尔的研究结论。

尽管资本资产定价模型受到不少人的质疑，模型也没有通过一些实证检验，但资本资产定价模型的逻辑思想在投资领域依然占据重要的地位，对该理论的研究依然热度不减。许多学者通过不断放宽资本资产定价模型的假设条件，对模型进行扩展研究，如零 β 模型、跨期模型、基于消费的资本资产定价模型、多因素模型等。

本章重要名词

完全市场	市场组合	资本市场线	证券市场线	资本资产定价模型
贝塔系数	阿尔法收益	贝塔收益	夏普比率	特雷诺比率
M^2 指标	詹森 α 指标			

思考与练习题

思考题

1. 为什么资本资产定价模型需要假设所有投资者都具有相同的预期？

2. 在资本资产定价模型的世界里，为什么所有投资者持有的最优风险资产组合都是市场组合？

3. 在现实中，所有投资者的资本配置线都是相同的吗？为什么？

4. 为什么无效资产组合会落在资本市场线的下方？

5. 非系统性风险可以获得风险报酬率的补偿吗？为什么？

6. 为什么说贝塔系数是衡量系统性风险的指标？

7. 根据资本资产定价模型，影响证券期望收益率的因素有哪些？它们是如何影响证券期望收益率的？

8. 无风险利率上升对高β值证券和低β值证券的期望收益率的影响相同吗？为什么？

9. 如何估计一个证券的β值？

10. 在评价基金投资绩效时，夏普比率和特雷诺比率哪一个具有优势？为什么？

11. 用詹森α指标评价基金投资绩效是否合理？

12. 在资本市场的投资实践中，资本资产定价模型是否具有指导价值？

▶ 练习题

1. 下列说法是否正确？请给出解释。

a. β值为0的股票提供的期望收益率为0。

b. 资本资产定价模型认为投资者对持有高波动性证券要求更高的收益率。

c. 根据资本资产定价模型，非系统性风险也可以获得风险补偿收益。

2. 分析师测算A公司股票的预测收益率为12%，收益标准差为15%，β值为1.4。已知无风险利率为4%，市场风险溢价为6.5%。请计算A公司股票的期望收益率。目前股价是被低估了还是高估了？

3. 分析师测算在市场收益率为5%的情况下，A公司股票的期望收益率为2%；在市场收益率为20%的情况下，A公司股票的期望收益率为32%。

a. 计算A公司股票的β值。

b. 如果市场收益率为5%和20%的概率都是50%，那么A公司股票的期望收益率是多少？

4. 假定无风险利率为5%，对于一个β值为1的资产组合，市场要求的期望收益率为13%，根据资本资产定价模型：

a. 市场组合的期望收益率为多少？

b. β值为0的股票的期望收益率为多少？

c. 某投资者正准备买入一只股票，股票市场价格为20元，计划持有1年时间，预计可以收到1.5元现金股利，预计1年后的出售价格为21元。该股票的β值为0.8。该股票是被高估了还是被低估了？

5. 假设你要比较两个投资经理管理的基金的业绩。A基金的平均收益率为19%，β值为1.5；B基金的平均收益率为16%，β值为1.0。已知无风险利率为6%，市场收益率为15%。请问哪个投资经理的业绩更出色？

第9章
套利定价理论

学习目标

1. 掌握因素模型的含义。
2. 了解市场模型的含义。
3. 理解在因素模型中分散化的作用。
4. 了解法玛-弗伦奇的三因素模型以及五因素模型。
5. 了解卡哈特的四因素模型以及动量效应的含义。
6. 掌握套利的概念与作用。
7. 理解如何建立套利组合。
8. 理解套利定价模型的含义。

前一章阐述的资本资产定价模型描述了在市场均衡状态下，资产的期望收益率与市场组合的风险收益率及资产的贝塔系数之间的相关性。资本资产定价模型并没有解释资产的期望收益率可能会受到哪些具体的宏观因素的影响，及其对这些宏观因素的敏感性如何。本章所要介绍的套利定价理论将提供一个新的方法来衡量诸如国内生产总值、通货膨胀、利率、经济增长等宏观因素的变动是如何影响资产价格的。**套利定价理论**（arbitrage pricing theory，APT）是美国经济学家斯蒂芬·罗斯（Stephen Ross）于 1976 年提出的，相对于传统的资本资产定价模型而言，套利定价模型是一种更现实、更一般化的资产定价模型。罗斯提出的套利定价模型是一种解释资产定价的多因素模型。它用多因素模型描述了资产收益的产生过程，假设资产的收益率与若干个共同的因素相关，然后在无套利的均衡状态下确定资产的价格。本章首先介绍资产收益的生成过程——因素模型，然后将因素模型与无套利条件相结合，得到期望收益率和风险之间的关系，推导出套利定价模型。

9.1 因素模型

因素模型（factor model）又称为指数模型，是建立在证券收益率对各种因素或指数变动的敏感度这一假设之上的统计模型，它描述了一个证券收益的生成过程（return-generating process）。因素模型的核心思想是：市场上的全部资产（这里假设证券市场上所有的证券）的收益率都会受到一些宏观的、共同的因素影响，这表明这些资产的收益率具有相关性，它们通过对模型中一个或多个因素的共同反应而一起变动，这也是资产之间相关性的经济来源。当这些因素发生非预期的变化，市场上所有证券的收益率也会发生非预期的变化。这些共同因素可能是经济增长率、通货膨胀、利率期限结构、大宗商品价格等。作为对一个证券收益的生成过程的描述，因素模型试图提取那些系统地影响所有证券价格的主要经济因素。证券收益率中不能被因素模型解释的部分被认为是该证券的特性，与其他证券无关。

假设有一个或多个因素影响证券的收益率，在进行证券分析时，需要确定这些影响因素是什么以及证券收益率对这些因素的敏感度。这时就需要建立一个合乎逻辑的证券收益率的因素模型。因素模型可以分为单因素模型和多因素模型，下面首先讨论最简单的单因素模型。

9.1.1　单因素模型

1. 单因素模型

通过观察股票市场的价格变化可知，当股价（常以一个代表性的股票市场价格指数衡量）上涨时，大多数股票价格都会上涨；当股价下跌时，大多数股票价格也会下跌。这说明证券价格（或者收益率）可能对市场某一因素的变动有共同反应，证券收益率的变化具有一定的相关性。我们就证券收益率的协同变化与某一共同因素建立一个函数关系，这个证券收益的生成过程仅包含一个因素，这个模型称为**单因素模型**（single-factor model）。单因素模型比较简单，它把证券收益率的非预期变化看作某一宏观经济因素变化的结果。单因素模型可以用公式（9-1）表示。

$$R_i = \alpha_i + \beta_i F + e_i \tag{9-1}$$

式中，R_i 为证券 i 的收益率；α_i 为所有其他因素的值为 0 时，证券 i 的期望收益率；F 为影响证券 i 收益率的一个共同的宏观因素；β_i 为证券 i 的收益率对共同因素 F 的敏感系数，也称为**因素敏感度**（factor sensitivity）、**因子载荷**（factor loading）或**因子贝塔**（factor beta）；e_i 为公司特有的影响因素，即公司特有事件引起的随机变量，可称为随机误差或残差。

单因素模型简单地将证券收益率分为两部分，即受宏观因素 F 变动影响的部分和独立于宏观因素的部分。$\beta_i F$ 表示证券收益率受宏观因素变动影响的部分，当宏观因素 F 发生超预期变化时，证券的收益率也随之变化，β_i 表示证券收益率对这种变化的敏感性。宏观因素 F 的变动会影响市场上所有证券的收益率，具体对某个证券收益率影响的程度取决于这个证券对宏观因素 F 的敏感系数β_i。不同公司对宏观因素 F 的敏感度是不同的，如汽车制造公司对经济增长的反应要比制药公司大得多，所以不同证券对宏观因素 F 会有不同的敏感系数。$\alpha_i + e_i$ 表示证券收益率独立于宏观因素的部分，这部分收益率不受宏观因素 F 变化的影响，它又分为 α_i 和 e_i 两部分。α_i 表示在宏观因素F 为 0（即无超预期变化）时证券 i 的期望收益率，e_i 是公司发生的特有事件对证券 i 的收益率所产生的影响，是一个随机变量，其期望值 $E(e_i)=0$。

在因素模型中，对于所有证券来说，各个证券的特有影响因素都是相互独立的，也就是说，证券 i 与证券 j 的随机误差项 e_i 和 e_j 的协方差为 0，二者不相关，以数学形式表达就是：$E(e_ie_j)=0$。同时，证券的特有影响因素与共同的宏观因素 F 也是不相关的。这说明证券之间系统性协同变动的唯一原因就是宏观因素 F 的变化。

下面总结单因素模型的性质：

基本模型：$R_i=\alpha_i+\beta_iF+e_i$，对于所有证券 $i=1$，…，n 适用。

随机误差 e_i 的均值：$E(e_i)=0$，对于所有证券 $i=1$，…，n 适用。

随机误差互不相关：$E(e_ie_j)=0$，对于所有证券的配对适用。

随机误差项与宏观因素不相关：$E[e_i(F-\overline{F})]=0$，对于所有证券 $i=1$，…，n 适用。

不难得出公式（9－2）至公式（9－4）。

$$\text{证券 } i \text{ 的期望收益 } E(R_i)=\alpha_i+\beta_i\overline{F} \tag{9-2}$$

$$\text{证券 } i \text{ 收益的总方差 } \sigma_i^2=\beta_i^2\sigma_F^2+\sigma_{ei}^2 \tag{9-3}$$

$$\text{证券 } i \text{ 和证券 } j \text{ 之间的协方差 } \sigma_{ij}=\beta_i\beta_j\sigma_F^2 \tag{9-4}$$

可以看出，证券的期望收益率由两部分构成：证券特有部分 α_i 和宏观因素相关部分 $\beta_i\overline{F}$。与此类似，证券收益的总方差也由两部分构成：证券特有部分 σ_{ei}^2 和宏观因素相关部分 $\beta_i^2\sigma_F^2$，因而证券 i 的总风险可以分解为因素风险（系统性风险）和非因素风险（非系统性风险）。而证券之间的协方差仅仅与宏观因素的方差相关，这说明证券收益协同变动的唯一原因是对宏观因素变动的共同响应。

如果单因素模型中的宏观因素采用某一具有代表性的市场指数，比如在美国市场可以用标准普尔 500 指数，在中国市场可以用沪深 300 股票指数，那么这个单因素模型可以称为**指数模型**（index model）或者**市场模型**（market model)。市场模型如公式（9－5）所示。

$$R_i = a_i + \beta_i R_M + e_i \tag{9-5}$$

式中，R_M 为某一代表性的市场指数的收益率。

市场模型将一种股票在某一给定时期的收益率与同一时期市场指数的收益率相联系。如果市场指数上涨，该股票很可能也会上涨；如果市场指数下跌，该股票很可能也会下跌。因为市场指数是一个股票组合，其价格和收益率都易于观察，所以我们有足够的历史数据来估计其系统性风险，也方便用回归分析来估计一个证券对市场指数的敏感系数。

2. 分散化的作用

对于一个证券组合P来说，其单因素模型的收益的生成过程如公式（9－6）所示。

$$R_P = \alpha_P + \beta_P F + e_P \tag{9-6}$$

证券组合的期望收益率可以用公式（9－7）表示：

$$E(R_P) = \alpha_P + \beta_P \overline{F} \tag{9-7}$$

假定组合P中各个证券是等权重的，即每只证券在组合中的权重为$\frac{1}{n}$，则公式（9－6）可以变形为公式（9－8）。

$$\begin{aligned} R_P &= \sum_{i=1}^{n} w_i R_i = \frac{1}{n}\sum_{i=1}^{n} R_i = \frac{1}{n}\sum_{i=1}^{n}(\alpha_i + \beta_i R_f + e_i) \\ &= \frac{1}{n}\sum_{i=1}^{n}\alpha_i + \left(\frac{1}{n}\sum_{i=1}^{n}\beta_i\right)R_f + \frac{1}{n}\sum_{i=1}^{n} e_i \end{aligned} \tag{9-8}$$

比较公式（9－6）和公式（9－8），可得到公式（9－9）至公式（9－11）。

$$\alpha_P = \sum_{i=1}^{n} w_i \alpha_i = \frac{1}{n}\sum_{i=1}^{n}\alpha_i \tag{9-9}$$

$$\beta_P = \sum_{i=1}^{n} w_i \beta_i = \frac{1}{n}\sum_{i=1}^{n}\beta_i \tag{9-10}$$

$$e_P = \sum_{i=1}^{n} w_i e_i = \frac{1}{n}\sum_{i=1}^{n} e_i \tag{9-11}$$

所以，公式（9－3）也适用于衡量组合的总风险。这样，组合的方差就可以表示为公式（9－12）。

$$\sigma_P^2 = \beta_P^2 \sigma_F^2 + \sigma_{eP}^2 \tag{9-12}$$

组合方差中的系统性风险部分为 $\beta_P^2\sigma_F^2$，它取决于每个证券的敏感系数和

宏观因素 F 的方差。组合方差中的非系统性风险 σ_{eP}^2 来自公司层面的 e_i。因为 e_i 是独立的，e_P 均值为 0，所以对于更加分散化的组合，这部分非系统性风险会被消除。这一点从公式（9-13）中可以很清晰地看出。

$$\sigma_{eP}^2=\sum_{i=1}^{n}\left(\frac{1}{n}\right)^2\sigma_{ei}^2=\frac{1}{n}\left(\frac{\sigma_{e1}^2+\sigma_{e2}^2+\cdots+\sigma_{en}^2}{n}\right) \tag{9-13}$$

从公式（9-12）中可以看出，组合中的证券种类 n 越大，这部分非系统性风险就越小。如果组合中的 n 足够大，那么 σ_{eP}^2 趋近 0，非系统性风险会被消除。这个结论是根据等权重组合得出的，实际上，即使组合的权重不相等，这个结论也是成立的。因此，公式（9-12）可以改写为公式（9-14）。

$$\sigma_P^2=\beta_P^2\sigma_F^2 \tag{9-14}$$

组合的标准差如公式（9-15）所示。

$$\sigma_P=\beta_P\sigma_F \tag{9-15}$$

可见，组合中 β_P 所代表的风险并没有被消除。σ_F 对于所有证券都是相同的。对于任何一个证券，都可以用 β_i 衡量该证券对一个投资组合的风险的贡献程度。

总而言之，一个组合越是分散化，每个证券在组合中的比例就越小。这不会引起组合的敏感系数 β_P 显著减小或增大，除非刻意在组合中增加具有相对低或高的敏感系数的证券。因为一个组合的敏感系数是其各个证券的敏感系数的加权平均，所以分散化不会引起组合的敏感系数的显著变化，但可以使组合的市场风险更加平均。然而，对于非系统性风险而言，情况完全不同。在一个组合中，一些证券的收益率会因为公司预期之外的好消息而上涨，另一些证券的收益率可能会因为公司预期之外的坏消息而下跌。当组合中包含的证券种类足够多时，好消息和坏消息的影响相互抵消，使非系统性风险变得更小，进而使总风险变得更小。

9.1.2 多因素模型

单因素模型虽然简洁明了，但是可能无法解释资产收益率的复杂性。在现实中，资产收益率可能会受到多种因素的影响，它常常是多种因素共同作用的结果。因此，许多学者提出多因素模型。多因素模型的收益生成过程中包含多个宏观因素，这些因素对所有证券的收益都会产生影响，但不同证券对其敏感度存在差异。多因素模型可以用公式（9-16）表示。

$$R_i=\alpha_i+\beta_{i1}F_1+\beta_{i2}F_2+\cdots+\beta_{ik}F_k+e_i \tag{9-16}$$

式中，R_i 为证券 i 的收益率；α_i 为所有其他因素的值为 0 时，证券 i 的期望收益率；F_k 为影响证券 i 的收益率的第 k 个宏观因素；β_{ik} 为证券 i 的收益率对宏观因素 F_k 的敏感系数；e_i 为公司特有的影响因素，即随机误差或残差。

在多因素模型中，任意一个宏观因素 F_k 对于所有证券的取值都是相同的，它会影响每个证券的收益，但是，每个证券 i 对宏观因素 F_k 都有一个敏感系数。也就是说，任意一个宏观因素 F_k 不只作用于一个证券，否则它的影响将被合并到公司的随机误差项中。这些宏观因素影响多个证券的收益率，它们也是证券之间协方差产生的来源。敏感系数 β_{ik} 是每个证券特有的属性，表示证券 i 对宏观因素 F_k 变化的敏感程度，不同证券的敏感程度是不一样的。

前面所阐述的单因素模型的性质也适用于多因素模型，这里不再赘述。

下面介绍几个常用的多因素模型。

1. 法玛-弗伦奇的三因素模型

法玛和弗伦奇 1993 年提出的三因素模型是具有广泛影响力的多因素模型。[①] 法玛-弗伦奇模型中的系统风险因素有市场指数、公司规模和账面-市值比（B/M）三个因素。在市场指数之外加入公司规模和账面-市值比两个额外因素，是因为人们通过长期观察发现：小公司股票和具有较高股权账面-市值比的股票的历史平均收益率一般要高于资本资产定价模型中证券市场线的预测值。

法玛-弗伦奇的三因素模型可以用公式（9－17）表示。

$$R_i = a_i + \beta_1 R_M + \beta_2 SMB + \beta_3 HML + e_i \tag{9-17}$$

式中，R_M 为市场组合的收益率；*SMB*（small minus big）为小公司股票与大公司股票的收益率之差，即市值规模小的股票组合与市值规模大的股票组合的收益率之差；*HML*（high minus low）为高 B/M 股票与低 B/M 股票的收益率之差，即由高账面-市值比的股票组成的投资组合与由低账面-市值比的股票组成的投资组合的收益率之差。β_1、β_2 和 β_3 分别为三个因素的敏感系数，或称因子载荷。

法玛和弗伦奇认为，*SMB* 可以解释为公司的规模效应，小公司的期望收益率往往大于大公司的期望收益率。至于 *HML*，一般而言，高账面-市值比（低市净率）的股票被称为价值股，因为它们的市值大多来自公司拥有的净资产；而低账面-市值比（高市净率）的股票被称为成长股，因为它们的价

① Eugene F. Fama and Kenneth R. French. Common Risk Factors in the Returns on Stocks and Bonds. Journal of Financial Economics，1993，33：3－56.

值大多来自公司未来盈利增长的预期。一般来说，小公司股票和账面价值低的股票风险更高。

2. **卡哈特的四因素模型**

Jegadeesh 和 Titman 在 1993 年的研究中发现了股票的动量效应（momentum effect）[①]，他们研究发现股票较好或较差的表现会持续数月之久，具有一定的动量效应。动量效应可以带来比较显著的超额回报率。1997 年卡哈特在法玛-弗伦奇的三因素模型基础上，将动量因素加入模型中，提出了四因素模型。[②] 这个四因素模型常常用来评估股票组合的异常表现。四因素模型可以用公式（9－18）表示。

$$R_i = \alpha_i + \beta_1 R_M + \beta_2 SMB + \beta_3 HML + \beta_4 WML + e_i \quad (9-18)$$

式中，*WML*（winner minus loser）为赢家股票组合与输家股票组合的收益率之差；β_4 为 *WML* 因素的敏感系数。

卡哈特的研究以过去 1～12 个月收益的赢家股票组合和输家股票组合为样本，他发现许多共同基金的 α 值可以通过对市场动量的敏感性来解释。当然，这个额外的因素也带来更多的难题，用法玛-弗伦奇的三因素模型来反映风险来源已经有不少挑战，动量因素使得风险与收益关系的描述更加困难。

3. **法玛-弗伦奇的五因素模型**

2015 年法玛和弗伦奇对他们 1993 年提出的三因素模型进行了改进，提出了五因素模型，在原来三个因素的基础上增加了盈利能力（profitability）因素和投资模式（investment patterns）因素。法玛和弗伦奇将盈利能力因素定义为高盈利股票组合与低盈利股票组合的收益率之差（robust minus weak，RMW），将投资模式因素定义为高投资比例股票组合与低投资比例股票组合的收益率之差（conservative minus aggressive，CMA）。法玛-弗伦奇的五因素模型可以用公式（9－19）表示。

$$R_i = \alpha_i + \beta_1 R_M + \beta_2 SMB + \beta_3 HML + \beta_4 RMW + \beta_5 CMA + e_i \quad (9-19)$$

式中，*RMW* 为高盈利股票组合与低盈利股票组合的收益率之差；*CMA* 为高投资比例股票组合与低投资比例股票组合的收益率之差；β_4 和 β_5 分别为 *RMW* 因素和 *CMA* 因素的敏感系数。

以上只介绍了几个具有代表性的多因素模型。对于影响证券收益率的因

---

① Narasimhan Jegadeesh and Sheridan Titman. Returns to Buying Winners and Selling Losers：Implications for Stock Market Efficiency. Journal of Finance，1993，48：65－91.

② Mark M. Carhart. On Persistence in Mutual Fund Performance. Journal of Finance，1997，52：57－82.

素，不断有人提出新的见解。比如，1986年，陈乃富、理查德·罗尔和斯蒂芬·罗斯在一篇论文中确定了下列因素，以度量这些因素所引起的非预期收益的变化：

（1）通货膨胀。通货膨胀既影响折现率水平，也影响未来现金流量的规模。

（2）利率期限结构。长期债券和短期债券之间的利率差异会影响未来远期支付相对于近期支付的价值。

（3）风险溢价。高信用等级债券（AAA）和低信用等级债券（BAA）之间的收益率差异被用来度量市场对风险的反应。

（4）工业生产。工业生产的变化影响投资者所面对的投资机会及现金流量的实际价值。

他们认为任何能影响股票所产生的未来现金流量的因素，以及影响股票现金流量折现率的因素，都可能会影响股票的收益率。

9.2　套利组合

9.2.1　套利与价格均衡

套利（arbitrage）是人们利用相同或相关联的实物资产或证券的不同价格来赚取无风险收益的交易行为。假定H公司股票当前的价格为22.50元，H公司同时也有可转换债券在市场上交易。H公司可转换债券的面值为100元，转股价格为20元，当前的市场价格为110元。股票和可转换债券的交易手续费费率均为1‰。假设可转换债券当天转股后就可以立即卖出股票，聪明的投资者会发现存在一个无风险的获利机会。投资者可以进行这样的交易：以110元的价格买入H公司可转换债券10 000张，成交价款为1 100 000元，交易手续费为1 100元（110×10 000×1‰），共计支付资金1 101 100元，然后转换成H公司股票，可以转换50 000股（100÷20×10 000），并以22.50元的价格立即卖出，成交价款为1 125 000元，支付交易手续费1 125元（22.50×50 000×1‰），收到资金1 123 875元（1 125 000－1 125）。这个投资者可以获得收益22 775元（1 123 875－1 101 100）。投资者进行这项交易既不需要占用资金，也不用承担风险，并可以获得无风险利润，我们将这种交易称为套利。当投资者不需要进行净投资就可以赚取无风险收益时，便存在套利机会。套利是一种广泛使用的投资策略，最具代表性的套利活动是以较高的价格出售一种证券同时以较低的价格买进相同的证券或者经济特性上等价的证券，如上面例子中的 H 公司股票和可转换债券。

在功能完善的高效率市场中，资产的交易价格应当遵循**一价定律**（law of one price)。一价定律是指如果两项资产在所有的经济特性方面相同，那它们应该具有相同的市场价格。人们一旦发现资产价格违背了一价定律，就会进行套利活动——在价格低的地方买进资产同时在价格高的地方卖出资产。套利活动将促使低价市场上资产价格的上涨，同时高价市场上资产的价格被压低，直到价格趋于一致，套利机会消失。

套利是一种无风险的获利行为，当出现套利机会时，无论人们的风险厌恶程度和财富水平如何，他们都愿意持有无限的头寸。大量的套利交易会使资产价格上涨或下跌至套利机会完全消失，这样，资产价格将趋向均衡，满足无套利条件，并保持在无套利机会的价格水平上。

回顾第 8 章所阐述的资本资产定价模型。投资者采用均值-方差的方法进行风险与收益的权衡，并选择有效资产组合。当证券没有被正确定价时，投资者在构建投资组合时便会买入被低估的证券，或者卖出被高估的证券。尽管每个投资者进行较少数量的买低卖高交易，但是众多的投资者交易的汇总将使证券价格达到一个均衡状态。因此，存在大量对风险收益敏感的投资者对于市场均衡价格的形成是非常重要的。

套利交易同样能使证券价格达到均衡状态，但套利与资本资产定价模型在理论上对于均衡价格的形成存在重要区别。依据资本资产定价模型的理论，当证券的均衡价格关系被打破时，投资者将在一定程度上改变他们的投资组合，这些有限的投资组合改变的汇总将产生大量的买卖行为，重建证券的均衡价格。而依据套利定价理论，当市场出现套利机会时，每个投资者都愿意尽可能多地持有套利头寸，因此不需要很多投资者就会给价格带来压力，从而使证券价格达到均衡水平。因此，只要少数投资者发现了套利机会，就会使用大量资金进行套利交易，并在短时间内使价格达到均衡状态。从现实的角度看，套利定价理论对于均衡价格的形成更有实践价值。

9.2.2 套利组合的建立

下面用双因素模型来说明投资组合期望收益的生成过程以及套利是如何发生的。

假设证券收益率可以用下面的双因素模型（9－20）来描述。

$$R_i = \alpha_i + \beta_{i1} F_1 + \beta_{i2} F_2 + e_i \qquad (9-20)$$

因为各个证券的特有影响因素是相互独立的，所以证券 i 与证券 j 的随机误差项 e_i 与 e_j 的协方差为 0。如果投资组合是充分分散化的，那么随机误差项的风险趋近 0，随机误差项 e_i 也趋于 0，这样在模型中只有系统性风险发挥作用。因而，对于充分分散化的投资组合，双因素模型的组合收益率可以表示为公式（9－21）。

$$R_P=\alpha_P+\beta_{P1}F_1+\beta_{P2}F_2 \tag{9-21}$$

式中，R_P 为投资组合的收益率；α_P 为当所有宏观因素的值为 0 时，组合的期望收益率；F_1 和 F_2 为影响组合中所有证券收益的共同的宏观因素；β_{P1} 和 β_{P2} 为组合的收益率对宏观因素 F_1 和 F_2 的敏感系数。

在公式（9－21）中，影响投资组合系统性风险的只有 β_{P1} 和 β_{P2}。如果投资者关心的是组合的期望收益率和风险，那么他只需关注投资组合的三个属性：投资组合的期望收益率 $E(R_P)$ 和两个风险敏感系数 β_{P1}、β_{P2}。

现在假设有三个充分分散化的证券基金 A，B 和 C，它们的期望收益率和对宏观因素 F_1 和 F_2 的敏感系数如表 9－1 所示。

表 9－1　证券基金的期望收益率和敏感系数

证券基金	期望收益率（%）	β_{P1}	β_{P2}
A	14.5	0.7	1.0
B	12.7	0.8	0.5
C	11.5	0.6	0.5

某投资者的投资组合 P 持有这三个证券基金，三个证券基金在投资组合 P 中所占的权重分别为：基金 A 为 0.3，基金 B 为 0.4，基金 C 为 0.3。

投资组合 P 的期望收益率和敏感系数的计算见公式（9－22）至公式（9－24）。

$$E(R_P)=\sum_{i=1}^{n}W_i[E(R_i)] \tag{9-22}$$

$$\beta_{P1}=\sum_{i=1}^{n}W_i\beta_{i1} \tag{9-23}$$

$$\beta_{P2}=\sum_{i=1}^{n}W_i\beta_{i2} \tag{9-24}$$

式中，$\sum_{i=1}^{n}W_i=1$。

根据上面的公式，可以分别计算出投资组合 P 的期望收益率和敏感系数。

$$E(R_P)=0.3\times14.5\%+0.4\times12.7\%+0.3\times11.5\%=12.88\%$$

$$\beta_{P1}=0.3\times0.7+0.4\times0.8+0.3\times0.6=0.71$$

$$\beta_{P2}=0.3\times1.0+0.4\times0.5+0.3\times0.5=0.65$$

根据因素模型，如果两个资产组合有相同的因素敏感性，那么除了非因素风险以外，它们受共同宏观因素的影响是相同的。因而，具有相同的因素敏感性的资产组合应该有相同的期望收益率，遵循一价定律。否则，套利机会便会存在，投资者将利用这些套利机会获得无风险利润，最终使它们的期望收益率趋于一致。这就是套利定价理论的基本逻辑。

根据几何学，三点可以确定一个平面。在 $E(R_i)$，β_{P1} 和 β_{P2} 的空间中，证券基金 A，B 和 C 应该在一个平面上。由于平面上各点的加权组合（权重之和为 1）仍在该平面上，所以由证券基金 A，B 和 C 构成的全部组合位于基金 A，B 和 C 所确定的平面上。假设这个平面方程式为（9－25）：

$$E(R_i)=\lambda_0+\lambda_1\beta_{i1}+\lambda_2\beta_{i2} \tag{9-25}$$

因为证券基金 A，B 和 C 都在这个平面上，所以，将三个证券基金的期望收益率以及两个敏感系数都代入方程式（9－25），得到下列方程组：

$$\begin{cases}14.5=\lambda_0+0.7\lambda_1+\lambda_2\\12.7=\lambda_0+0.8\lambda_1+0.5\lambda_2\\11.5=\lambda_0+0.6\lambda_1+0.5\lambda_2\end{cases}$$

解得，$\lambda_0=5.5$，$\lambda_1=6$，$\lambda_2=4.8$。

所以，平面方程式为：

$$E(R_i)=5.5+6\beta_{i1}+4.8\beta_{i2}$$

如果有另一个证券或资产组合的风险与投资组合 P 相同，但是期望收益率大于或者小于投资组合 P，那么就存在套利机会。投资者可以建立一个套利组合获得无风险利润。套利组合具有以下三个特征：（1）投资者不需要净投资；（2）套利组合的风险为 0；（3）套利组合可以获得无风险利润。

假定有一个投资组合 D，对宏观因素 F_1 和 F_2 的因素敏感系数为 0.71 和 0.65，期望收益率为 15%。因为组合 D 与组合 P 的因素敏感系数相等，说明这两个组合的风险是相同的，但组合 D 的期望收益率大于组合 P，因而，组合 D 不在由证券基金 A，B 和 C 所确定的平面上，存在套利机会。

根据一价定律，风险相同的两个组合，当期望收益率不同时，可以进行套利交易。对于组合 D 和组合 P，投资者可以卖出组合 P，并将所得资金用于买入等量组合 D，这样既不需要净投资，又无风险，并且可以获得无风险利润。假设投资者卖出价值 10 000 元的组合 P，并买入价值 10 000 元的组合

D。这个套利交易如表 9-2 所示。

表 9-2　套利交易

	初始现金流量（元）	期末现金流量（元）	β_{P1}	β_{P2}
组合 P	+10 000	−11 288	−0.71	−0.65
组合 D	−10 000	+11 500	0.71	0.65
套利组合	0	212	0	0

这个套利组合的净投资为 0，组合的因素敏感系数为 0，不存在系统性风险，收益为 212 元。这种套利行为将会持续，直到组合 D 落在由证券基金 A，B 和 C 确定的同一个平面上。

为了验证上面的套利交易，可以用公式（9-25）来计算组合 D 的期望收益率。

$$E(R_D)=5.5+6\times0.71+4.8\times0.65=12.88$$

组合 D 的期望收益率为 12.88%，而其当前的期望收益率为 15%，偏离合理的收益水平，存在套利机会。

9.3　套利定价模型

套利定价模型解释了资产组合的期望收益率与引起系统性风险的各宏观因素之间的相关性。这方面类似于资本资产定价模型。但是，与资本资产定价模型相比，套利定价理论更加简洁，不需要资本资产定价模型那么多的假设。资本资产定价模型假设所有的投资者都采用均值-方差最优化的方法，而套利定价理论不需要这一假设。资本资产定价模型依赖于一个无法观测的、无所不包的市场组合，实际上这个市场组合是不可检测的，而套利定价理论采用可观测的因素，诸如市场指数等来描述收益。套利定价理论认为套利行为是形成市场均衡价格的一个决定因素，它描述了在市场均衡状态下证券的期望收益率是如何形成的。套利定价理论也需要一些假设，主要包括：

（1）因素模型能够描述证券收益的生成过程。

（2）市场上有足够多的证券来分散风险，投资组合是充分分散化的，这样可以消除残差风险。

（3）市场是有效的，不允许存在任何套利机会。少数的精明套利者会将市场套利机会消除。

（4）投资者是理性的，具有共同的预期。

在这些假设条件下，投资者对于各种证券的期望收益率和因素敏感系数都有共同的估计，当证券价格出现不均衡状态时，就会进行无风险套利，从而使证券价格达到市场均衡价格。

那么，在市场均衡状态下，套利定价模型是怎样的呢？

我们回顾上文中的方程式（9－25）：

$$E(R_i)=\lambda_0+\lambda_1\beta_{i1}+\lambda_2\beta_{i2}$$

这个模型就是在双因素模型条件下套利定价理论所生成的均衡模型。

方程式（9－25）中出现的常数 λ_0，λ_1 和 λ_2 是什么呢？假设存在一个无风险资产，我们知道无风险资产的期望收益率是一个常数，即无风险利率 R_f，并且无风险资产对任何宏观因素无敏感性。从方程式（9－25）可以看出，对于任何 β_{i1} 和 β_{i2} 为 0 的资产，它的期望收益率 $E(R_i)=\lambda_0$。这与无风险资产的期望收益率相同，因而，λ_0 必定等于 R_f。可以将方程式（9－25）改写为方程式（9－26）：

$$E(R_i)=R_f+\lambda_1\beta_{i1}+\lambda_2\beta_{i2} \tag{9-26}$$

对于 λ_1 和 λ_2 而言，我们考察两个纯因素组合（pure factor portfolio），纯因素组合只对某一个因素具有单位敏感性，对其他因素无敏感性，也就是说，对某一个因素的敏感系数为 1，对其他因素的敏感系数为 0。我们建立两个纯因素组合 S_1 和 S_2。

组合 S_1 的因素敏感系数：$\beta_{i1}=1$ 且 $\beta_{i2}=0$，其期望收益率用 $E(R_1)$ 表示；

组合 S_2 的因素敏感系数：$\beta_{i1}=0$ 且 $\beta_{i2}=1$，其期望收益率用 $E(R_2)$ 表示。

代入方程式（9－26），可以得到：

$$\lambda_1=E(R_1)-R_f$$

$$\lambda_2=E(R_2)-R_f$$

因此，λ_1 的含义是具有单位敏感性的纯因素组合（$\beta_{i1}=1$ 且 $\beta_{i2}=0$）的超额期望收益率，即该投资组合只针对因素 F_1 带来的风险的超额期望收益率（高于无风险利率的那部分收益率），它也被称为 F_1 的因素风险溢价（factor risk premium）。λ_2 的含义同理。

将 λ_1 和 λ_2 代入方程式（9－26），得到方程式（9－27）：

$$E(R_i)=R_f+\beta_{i1}[E(R_1)-R_f]+\beta_{i2}[E(R_2)-R_f] \tag{9-27}$$

方程式（9－27）是双因素模型下套利定价模型的另一种表达式。

如果收益率是由多因素模型生成的，只需将双因素模型下的套利定价模型进行扩展即可。

在有 k 个因素的多因素模型中，每个证券的收益率都由模型（9-28）生成：

$$R_i=\alpha_i+\beta_{i1}F_1+\beta_{i2}F_2+\cdots+\beta_{ik}F_k+e_i \tag{9-28}$$

所有证券和投资组合的期望收益率都可用模型（9-29）或模型（9-30）来表示：

$$E(R_i)=\lambda_0+\lambda_1\beta_{i1}+\lambda_2\beta_{i2}+\cdots+\lambda_k\beta_{ik} \tag{9-29}$$

或者

$$\begin{aligned}E(R_i)=R_f&+\beta_{i1}[E(R_1)-R_f]+\beta_{i2}[E(R_2)-R_f]+\cdots\\&+\beta_{ik}[E(R_k)-R_f]\end{aligned} \tag{9-30}$$

模型（9-29）中，λ_0 等于无风险利率 R_f，这是因为无风险资产对任何因素均无敏感性。λ_1，λ_2，…，λ_k 分别表示对各个宏观因素的因素风险溢价。$E(R_k)$ 代表一个投资组合的期望收益率，该组合只对因素 F_k 有单位敏感性，对其他因素无敏感性。

因此，证券的期望收益率等于无风险利率加上证券对 k 个因素的因素风险溢价。

本章重要名词

套利定价理论	因素模型	单因素模型	因素敏感度	指数模型
市场模型	多因素模型	套利	一价定律	套利定价模型

思考与练习题

思考题

1. 在构建一个因素模型时，确定因素应该遵循什么原则？
2. 因素模型中的随机误差项能通过分散化消除吗？为什么？
3. 证券之间的协方差为什么都可以与因素方差相联系？
4. 一个时期表现好的因素模型在另一个时期也会有效吗？
5. 因素模型是资产定价的均衡模型吗？
6. 市场模型与资本资产定价模型有何不同？
7. 卡哈特的四因素模型中包含动量因素，如何理解市场的动量效应？
8. 在现实经济活动中，进行套利交易需要注意哪些问题？

9. 对于市场均衡价格的形成，套利定价理论与资本资产定价模型的解释有何差别？

10. 如何理解套利定价理论的假设条件？

练习题

1. 假定投资组合 A 和 B 都是充分分散化的，投资组合 A 的期望收益率为 12%，投资组合 B 的期望收益率为 9%。经济中只有一个共同的宏观因素，投资组合 A 的 β 值为 1.2，投资组合 B 的 β 值为 0.8。请计算无风险利率。

2. 单因素模型的数据如下表所示。表中的投资组合都是充分分散化的组合。

投资组合	期望收益率（%）	β值
A	12.0	1.2
F	6.0	0

假设存在另一个充分分散化的投资组合 B，其 β 值为 0.6，期望收益率为 8%。请判断是否存在套利机会。如果存在，套利策略是什么？

3. 一位金融专业的学生在学习资本资产定价模型和套利定价理论之后，总结出以下结论，请判断是否正确。

a. 资本资产定价模型和套利定价模型都需要一个均值-方差有效的市场投资组合。

b. 资本资产定价模型假定一个特殊因素解释证券收益，而套利定价模型没有。

4. 假设可以采用双指数模型 $R_i=\alpha_i+\beta_{i1}F_1+\beta_{i2}F_2+e_i$ 来描述收益，下表中的三个充分分散化的投资组合是可以观察到的。

投资组合	期望收益率（%）	β_{P1}	β_{P2}
A	12.0	1	0.5
B	13.4	3	0.2
C	12.0	3	−0.5

a. 请计算并构建描述均衡收益的平面方程式。

b. 如果存在一个投资组合 D，其期望收益率为 10%，β_{D1} 为 2，β_{D2} 为 0。请问是否存在套利机会？

第10章 期权与期权定价

学习目标

1. 掌握期权及相关概念。
2. 理解期权的三种价值状态。
3. 理解并熟悉四种期权头寸及其价值线。
4. 理解期权的内在价值、时间价值。
5. 了解期权场外交易与场内交易。
6. 了解主要的期权市场和期权种类。
7. 了解期权的交易规则。
8. 了解期权的交易种类。
9. 理解期权价值的影响因素。
10. 了解布莱克-斯科尔斯模型和二项式模型。

10.1 什么是期权

10.1.1 期权及其相关概念

第3章介绍了期权合约。**期权**（option）合约是指合约的持有人有权在约定的时间按规定的价格买入或者卖出一定数量的标的资产的合约。期权代表一种选择权，其持有人在约定的时间可以但不是必须按规定的价格买入或卖出某项标的资产，也就是说，期权合约的持有人拥有执行或放弃执行合约的选择权，他仅拥有权利但不负有义务。

如果期权合约的持有人有按规定的价格买入标的资产的权利，这种期权称为**看涨期权**（call option）或买方期权（简称买权），因为标的资产未来价格上涨时拥有这种期权比较有利；如果期权合约的持有人有按规定的价格卖出标的资产的权利，这种期权称为**看跌期权**（put option）或卖方期权（简称卖权），因为标的资产未来价格下跌时拥有这种期权比较有利。

受供求影响，商品的价格总是处于波动中。为了获取更多利益，当我们想购买某种商品时，总希望其价格低于价值，并且越低越好；反之，当我们想出售某种商品时，总希望其价格高于价值，并且越高越好。有了期权赋予的选择权，就可以在交易中规避不利价格波动造成的风险，并且可以获得有利价格波动带来的收益。

假设你计划两年后在某市购买一套商品房。该地未来有良好的发展机遇，预计房价会持续上涨。新楼盘尚未开工，现在你与开发商签订一个合约并支付 1 万元的定金，合约规定两年后你有权以 12 000 元/平方米的价格购买该楼盘的商品房，也可以选择放弃购买该商品房，但会损失支付的定金。这个合约就相当于一个看涨期权合约，你拥有两年后以约定价格购买商品房的选择权。你希望购买的商品房就是该期权的**标的物**（underlying item）或**标的资产**（underlying asset），是期权作为看涨期权或看跌期权所对应的标的。在这次期权交易中，你作为期权的买入方或持有方被称为**多头**（long），而开发商作为期权的卖出方被称为**空头**（short）。期权的**头寸**（position）指期权买入和卖出的性质与数量。由于看涨期权和看跌期权都可以买入和卖出，因此，期权交易有四种头寸：

看涨期权多头（long call），是买入看涨期权合约一方的头寸。

看跌期权多头（long put），是买入看跌期权合约一方的头寸。

看涨期权空头（short call），是卖出看涨期权合约一方的头寸。

看跌期权空头（short put），是卖出看跌期权合约一方的头寸。

期权按标的物不同分为**商品期权**（commodity option）和**金融期权**（financial option）两类。商品期权的标的物包括石油、有色金属、钢铁等；金融期权的标的物包括股票、股票指数、外汇、利率（债券）等。上述标的物又可以分为期货和现货。所以，期权可以分为期货期权和现货期权。此外，现实中还存在大量以各种实物、项目、业务、企业等的价值为标的物的**实物期权**（real option）。

期权合约规定你在两年后才能履行购买商品房的权利，这就是期权的**到期日**（maturity date），即期权多头方有权执行合约的最后一天。如果期权多头方在到期日还不做对冲交易，那么他或者在规定的时间内执行期权，或者选择放弃执行期权。期权按行权的时间不同分为**欧式期权**（European option）和**美式期权**（American option）。欧式期权持有者只能在期权到期日这一天行权；美式期权持有者既可以在期权到期日行权，也可以在期权到期日之前的任何一个营业日行权。

你与开发商约定的以 12 000 元/平方米购买商品房的价格就是期权的**约定价格**（strike price）或**执行价格**（exercise price），是指期权合约规定的，期权多头方在行使期权时实际执行的价格，即期权多头方据以向期权空头方买入或卖出一定数量的标的资产的价格。在期权到期日前，无论标的资产的市场价格是多少，在期权多头方要求执行该期权时，期权空头方都必须按此约定价格履行其义务。

你为了获得购房权而支付的 1 万元定金就是**期权价格**或**权利金**，这也是你（多头方）在到期日选择放弃执行期权会造成的最大损失额。通过支付期权价格，期权多头方只享受权利、不承担任何义务，价格变动的风险从多头方转移到空头方；期权空头方获得期权价格，同时承担了价格变动的风险，因此通过期权交易，风险在期权空头方与多头方之间重新分配。对于期权空头方，期权价格也可理解为期权多头方给空头方的风险补偿，即**期权费**（option cost）；对于多头方，购买期权类似于获得一个保险，期权价格也可称为**期权保险费**（option premium）。

通过买入上述期权，两年后，如果房价上升，高于 12 000 元/平方米，你就可以要求履行合约，以 12 000 元/平方米的价格购买商品房。你的实际购买价格应当包括定金（期权价格）和约定价格。如果两年后，房价低于约定价格 12 000 元/平方米，你可以选择放弃期权合约，以市价购房。

10.1.2 期权的价值

期权的价值包含内在价值和时间价值两部分。为方便说明，以下仅考虑美式期权，即投资者可以在期权到期日之前的任何一个营业日行使其权利。

1. 内在价值

期权的**内在价值**（intrinsic value）是指在某一时间的标的物价格水平上，期权多头方执行期权可以得到的收益（相当于空头方的损失），也称为期权的执行价值。

以 S 代表期权标的资产的市场价格，X 代表期权合约规定的价格；下标 c 表示看涨期权，下标 p 表示看跌期权。

对于看涨期权来说，在到期之前，如果标的股票市场价格（S）低于或等于期权的约定价格（X），则多头方不必执行期权，空头方也不负有义务，此时看涨期权的内在价值为 0；如果标的股票市场价格（S）高于期权的约定价格（X），则多头方将会执行期权，以低于市价的价格购买标的资产，空头方应履行义务，将标的资产以约定价格卖给多头方，此时看涨期权的内在价

值为 $S-X$，可以用公式（10-1）表示：

$$V_c=\max(S-X,0) \tag{10-1}$$

对于看跌期权来说，在到期之前，如果标的股票市场价格（S）高于或等于期权的约定价格（X），则多头方不必执行期权，空头方也不负有义务，此时看跌期权的内在价值为 0；如果标的股票市场价格（S）低于期权的约定价格（X），则多头方将会执行期权，以高于市价的价格卖出标的资产，空头方应履行义务，以约定价格从多头方手中买入标的资产，此时看跌期权的内在价值为 $X-S$，可以用公式（10-2）表示：

$$V_p=\max(X-S,0) \tag{10-2}$$

图 10-1 显示了四种期权头寸的价值线。在可执行的情况下，看涨期权和看跌期权的价值线与横轴和纵轴的夹角都为 45 度，线上任意两点之间的水平距离和垂直距离总是相等。期权交易是零和游戏，期权交易的多头和空头双方之间收益之和与风险之和均为零。换句话说，在期权交易双方中，一方所赚的就是另一方所赔的。

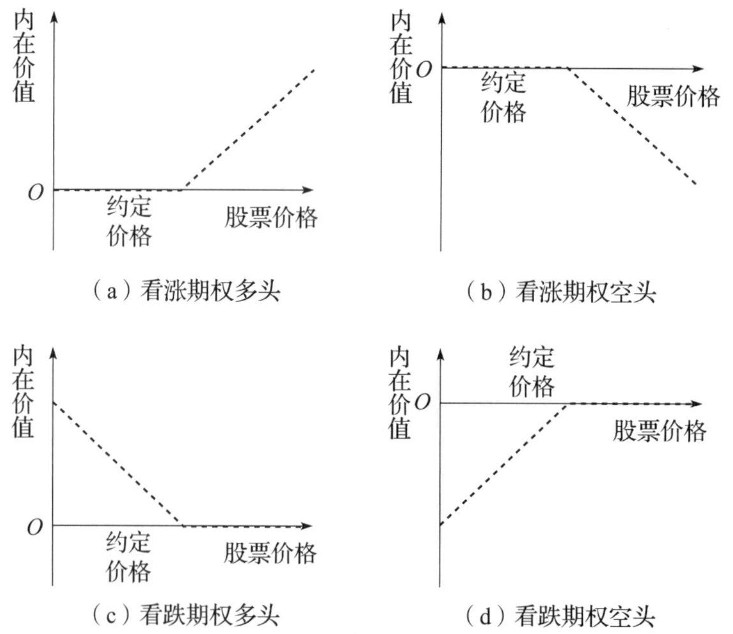

图 10-1　期权的价值线

按照期权是否值得执行，可以将期权划分为三种价值状态，即**实值**（in the money）、**虚值**（out of the money）与**平值**（at the money）。当期权多头方值得行权的时候，如 $S>X$ 情况下的看涨期权和 $S<X$ 情况下的看跌期权，

称期权处于实值状态；当期权多头方没必要行权的时候，如 $S<X$ 情况下的看涨期权和 $S>X$ 情况下的看跌期权，称期权处于虚值状态；当期权处于实值与虚值之间的转换点或分界点，即 $S=X$ 时，称期权处于平值状态。

容易看出，实值状态下，期权内在价值大于 0；虚值和平值状态下，期权内在价值等于 0。一般将接近平值的实值状态称为浅度实值，远离平值的实值状态称为深度实值；接近平值的虚值状态称为浅度虚值，远离平值的虚值状态称为深度虚值。

2. 时间价值

期权的**时间价值**（time value）指的是到期日前，期权价格高于其内在价值的部分。美式看涨期权和看跌期权的时间价值如图 10－2（a）和图 10－2（b）所示。图中，X 代表期权的约定价格，S_T 代表股市的市场价格。

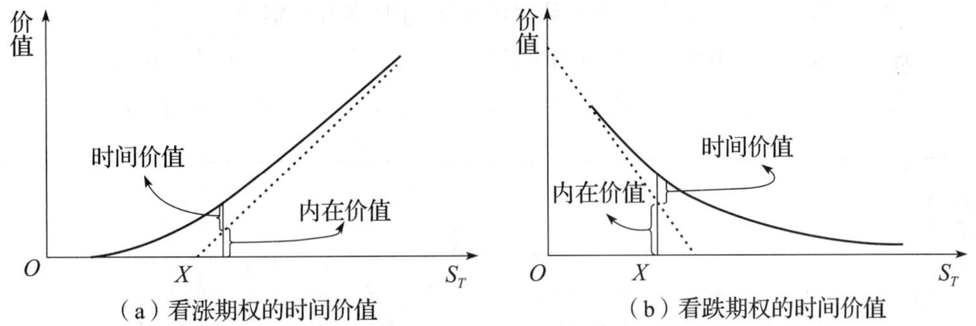

图 10－2　期权的时间价值

那么，期权为什么会有时间价值呢？

假设某美式看涨期权标的股票当前价格 S＝约定价格 X＝2 元，到期时间 T＝1 年，无风险利率 r＝4%。此时执行期权收益为 0，期权处于平值状态，内在价值为 0。如果标的股票价格在到期前一直为 2 元，也就是说，购买此期权在到期日前一直得不到任何收益，那么这个期权的价格是否应该为 0 呢？实际上期权的价格大于 0，因为其中包含了时间价值。

如何理解期权的时间价值呢？我们知道股票价格总是随着时间波动。假设在半年后，标的股票价格可能为 1 元，也可能为 3 元，概率各为 50%。那么半年后标的股票价格期望值仍为 2 元，其内在价值期望值为 0.5 元 [$0.5\times\max(1-2,\ 0)+0.5\times\max(3-2,\ 0)$]，也就是说，半年后执行期权得到的期望收益为 0.5 元。与股票、债券类似，期权的价值或价格也可以理解为其未来收益或内在价值期望值的现值。无论期权当前处于虚值状态还是平值状态，只要标的股票价格是波动的，那么在到期日前，期权都有可能处于实值状态。由于看涨期权的内在价值大于等于零，因此期权未来内在价值的期望值总是 0 和正数的加权平均，看涨期权的当前价值总是大于 0，大于内在价值的部分就是期权的时间价值。

从上述分析中可以看出，期权的时间价值受标的股票价格波动的影响。如图 10－3（a）所示，股票价格期望值为 2 元时，其内在价值为 0 元，股票价格波动越大，期权的时间价值越大。当股票价格可能为 1 元或 3 元，且概率各为 50%时，看涨期权内在价值期望值为 0.5 元；当股票价格可能为 0.5 或 3.5 元，且概率各为 50%时，看涨期权内在价值期望值上涨至 0.75 元。由于同一标的资产到期时间越长，未来价格波动越大，因此期权的时间价值也与到期时间长度相关。

此外，期权的状态离平值越远，其时间价值越小。也就是说，当期权处于深度实值或深度虚值时，其时间价值都相对较小。如图 10－3（b）所示，假设标的股票当前价格分别为 2 元、3 元、4 元，半年后股票价格可能上涨 50%或下降 50%，且概率各为 50%，那么看涨期权当前内在价值分别为 0 元、1 元、2 元，半年后看涨期权内在价值期望值分别为 0.5 元、1.25 元、2 元，分别比其当前内在价值高 0.5 元、0.25 元、0 元。可见，在波动率与到期时间相同的情况下，随着期权状态远离平值，其时间价值逐渐变小。

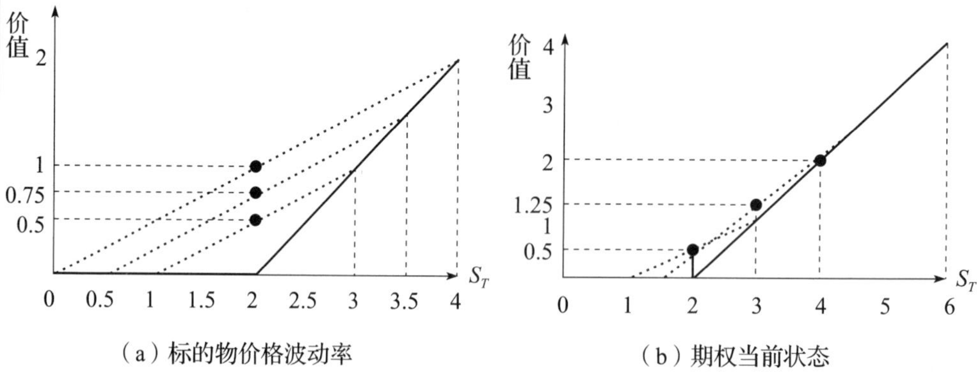

图 10－3 影响时间价值的因素

10.2 期权市场

10.2.1 期权市场发展情况

1. 期权市场的形成与发展

人们进行期权交易的历史十分悠久。公元前 1700 年，雅各布为了跟村长拉班的女儿瑞切尔结婚，签订了一份协议，只要为拉班工作七年，就可以娶到他的女儿瑞切尔。

20 世纪以前的期权交易以零散的场外交易为主。17 世纪的荷兰，郁金香交易盛行。由于无法事先确定收购郁金香的成本，批发商从郁金香种植者那里购买期权锁定未来郁金香的最高进货价格，从而规避风险、确保利润。此后，欧洲和美国也有了经常性的农产品期权交易。18 世纪，期权交易被引入金融市场，股票期权交易先后在欧洲和美国流行，成为经常性的期权交易。当时期权交易较为分散，仅依靠做市商为买方和卖方寻求配对，交易中充满了投机和市场欺诈行为，因此，期权的成交量有限且期权交易存在的合理性饱受争议。

20 世纪早期，一些企业组成“期权经纪人协会”以更有效地促成期权买方与卖方的交易，期权市场逐渐形成有组织的交易。但是，由于缺少二级市场以及缺乏对空头持有人的违约行为有效的惩罚机制，此时期权市场的效率仍然不高。

20 世纪 70 年代，受货币主义学说和新古典主义经济学说影响，发达国家放宽或取消了对利率的管制，导致市场风险增加，投资者规避市场风险的需求日益迫切。商品期货市场交易量的低迷令芝加哥期货交易所（Chicago Board of Trade，CBOT）讨论扩展其他业务的可能性。于是 1973 年 4 月 26 日，美国芝加哥期权交易所（Chicago Board Options Exchange，CBOE）顺势成立，同时推出了标准化期权合约，标志着有组织的期权交易时代的开始。

作为金融避险工具，期权能够将金融市场上的风险有效分离，并重新分配和转移。期权合约的标准化和挂牌交易不仅为投资者进行期权交易提供了方便，还极大地促进了二级市场的发展，提高了期权的流动性。1974 年，美国全国性期权结算机构——期权结算公司（Option Clearing Corporation，OCC）成立，为期权合约的履行提供了有效保障。有利的环境因素和制度因素令期权市场迅速发展，在 COBE 成立的第一个月底，其日交易量就已经超过了场外交易市场。1973—1983 年，在 CBOE 上市的股票期权标的股票由原来的 16 种增加到 145 种，未平仓合约数增加了 420 倍。

2. 场外交易

期权的**场外交易**（over the counter，OTC 或 not-organized trading）是指期权买卖双方按特定需要通过协商直接进行的**非标准化期权合约**（non-standardized option contracts）的交易。场外交易的参与者主要为投资银行或其他的专业及机构性投资者，期权交易的数量、约定价格、到期日以及履约时间等均由交易双方协商确定，国内也称为店头交易或柜台式交易。

在CBOE正式推出标准化股票期权合约之前，各种期权交易都按非标准的场外交易方式进行。可以说场外交易的长期发展和不断完善，为标准化场内交易的形成和推广奠定了基础。但是标准化的场内交易并未完全替代场外交易，外汇期权和利率期权的场外交易仍非常活跃。

非标准化期权合约最主要的优点是可以根据客户的需要设计期权合约，包括交易的数量、约定价格、到期日等，以最大限度地体现投资者避险、投机或套利的意图。

非标准化期权合约的优点制约其成为主流交易方式：（1）流动性差。合约的设计针对性太强，令期权不容易转手，难以形成有效的二级市场，导致期权流动性差。（2）风险大。流动性差意味着流动性风险上升，由于没有交易制度和程序的保障机制，不能保证空头履约，所以期权的风险较大。（3）费用高。不仅针对单个客户的设计使交易成本提高，由于流动性差、空头方承担风险较高，期权费也随之提高，从而导致场外交易整体费用上升。

3. 场内交易

期权的**场内交易**（organized trading or listed options trading）是指在交易所上市的**标准化期权合约**（standardized option contracts）的交易，因此场内交易也称为标准化交易。这种标准化体现在到期日、执行价格、合约规模上。

（1）到期日。标准化场内交易规定有限的几个到期日。如上证50ETF期权合约规定的到期月份为当月、下月及随后两个季月，到期日为到期月份的第四个星期三。

（2）执行价格。交易所一般会有一系列不同执行价格的期权合约上市交易。如德国、香港交易所的新上市期权合约通常有5～9个执行价格。一般而言，股票价格波动越大，交易所提供的执行价格的合约数量越多，但是过多的合约数量会分散期权产品的流动性。因此，交易所通常先选择两三个最接近股票现价的执行价格，在此基础上，再增加更高和更低的执行价格的合约。我国的上证50ETF期权在上市初期只设置了5个执行价格的合约上市，包括1个平值合约、2个实值合约和2个虚值合约。

（3）合约规模。合约规模（contract size），又称为合约单位，指每张合约对应的标的证券数量。如美国个股期权和ETF期权的合约单位均为100股，则可买卖的股票期权的数量是对应于100股、200股等股票的期权数量；上证50ETF期权合约单位为10 000份，其合约名义价值约2.5万元，与全球股票期权名义价值基本一致。此外，中国香港、德国等也有非固定数量的合约规模。规定合约规模大大压缩了交易数量的变化余地，从而使得交易更为集中。

需要注意的是，当公司分配股票股利或现金股利时，交易所会在分配当日对该公司股票所有未到期合约的合约规模、执行价格按照一定的公式进行调整。

10.2.2　期权市场基本格局

1. 期权市场

20 世纪 80 年代，西方各国放松金融管制，营造宽松的金融竞争环境，增大了市场对规避风险的需求，金融衍生工具市场获得了前所未有的发展，金融期权市场从其发源地芝加哥迅速向世界各地扩展。

（1）美国期权市场。

1973 年 4 月，CBOE 上市股票看涨期权合约，标志着场内金融期权市场的诞生。1977 年 6 月，股票看跌期权也开始在 CBOE 交易，同一时期，美国其他区域性的证券市场开始上市股票期权的看涨期权和看跌期权，至此，完整意义的场内期权市场真正建立起来，市场开始进入新的发展阶段。

1982 年 3 月澳大利亚悉尼期货交易所将期权交易运用到银行票据期货市场后，CBOE 于 1982 年 10 月 1 日率先推出长期债券期权。美国股票交易所于 1982 年 10 月 22 日推出了中期债券期权，1982 年 11 月 5 日又推出短期债券期权。从世界范围来看，美国各大银行是利率期权交易最活跃的参与者。

1982 年 12 月，美国费城股票交易所开展外汇期权交易。其后芝加哥商品交易所、阿姆斯特丹的欧洲期权交易所（EOE-GROEP）、加拿大的蒙特利尔交易所、伦敦国际金融期货交易所（LIFFE）等先后开展外汇期权交易。美国费城股票交易所和 CBOE 是世界上具有代表性的外汇期权市场。

1983 年，美国废除了禁止期货和期权实行现金交割的规定后，CBOE 推出了全球第一只股指期权合约——CBOE 100 股指期权（后更名为 S&P 100 股指期权）。股指期权产生后，由于其覆盖面广、应用便捷、市场需求大等特点，在全球成熟市场和主要的新兴市场蓬勃发展。

（2）欧洲期权市场。

欧洲市场也是全球最早且最重要的期权市场之一。1978 年位于荷兰阿姆斯特丹的欧洲期权交易所成立，这是继 CBOE 后世界上第二个期权交易所。此后，斯德哥尔摩期权交易所（OMX）、伦敦期权交易所（LSE）等一批交易所在欧洲出现，交易量增长十分迅速。

1978 年，伦敦证券交易所开始股票期权交易，1980 年，欧洲期权交易所首先推出荷兰盾债券期权，这是利率期权首次在有组织的市场上进行交易，

1984年，伦敦国际金融期货交易所推出英国金融时报100指数期权。

欧洲期权市场交易活跃，合约品种十分丰富，它也是世界上最国际化的期权市场。欧洲国家众多，各个国家或交易所之间经常进行合作和共同经营，加上近年来交易所全球化的兼并活动不断，欧洲期权市场尤其是股指期权市场成为最复杂的市场之一。

（3）亚洲期权市场。

1）新加坡期权市场。1977年，新加坡成立了亚洲第一个期权交易市场，并成立了期权清算公司。1979年开始营业的证券清算计算机服务中心可以为会员公司提供24小时结算便利的计算机服务，交易所的成员通过计算机终端分机可以获得每家上市公司的报价、交易额、最新财务报告等资讯。

2）韩国期权市场。1997年7月，韩国交易所推出了韩国KOSPI200指数期权，该产品自2000年以来一直是全球交易最活跃的股指期权产品，其交易量远远超过排名第二位的股指期权产品，2003年KOSPI200指数期权交易量再创纪录，占据全球近九成交易量，成为全球股指期权市场中不得不提的成功产品。

3）我国期权市场。香港期权市场开始于1993年，主要产品为指数期权、股票期权及股票期货期权。1993年3月5日，恒生指数期权合约在香港期货交易所交易。1995年9月8日，香港联合交易所推出股票期权，截至2002年9月底，共推出了33只股票期权。2001年10月4日，香港交易所推出国际股票期货期权，相关股票是在美国、日本、韩国及中国上市的20只国际股票，这种期权的相关资产是这20只股票于香港交易所买卖的期货合约。

2001年，台湾证券交易所推出台指期权。台指期权，是以台湾加权指数（TWSE）为标的物的指数期权。由于资本市场相对较小，台湾期权市场与其他成熟的期权市场有明显的差距。

2011年，我国推出了银行间市场人民币兑外汇期权，2015年2月2日，上海黄金交易所推出黄金实物期权。2015年2月9日，我国首个金融期权合约上证50ETF期权合约在上海证券交易所正式上市。2019年12月23日，上海证券交易所和深圳证券交易所的沪深300ETF期权合约上市，同时，中国金融期货交易所上市了沪深300股指期权合约。2017年3月31日，我国第一个商品期货期权合约豆粕期货期权合约在大连商品交易所上市。截至2021年年末，大连商品交易所有8个期货期权合约上市，郑州商品交易所有6个期货期权合约上市，上海期货交易所有6个期货期权合约上市。

2. 期权的种类

20世纪80年代以来，一方面，标准化期权交易逐渐向世界各地发展，期权交易量持续高速增长；另一方面，以多种金融证券为标的物的期权交易相继出现，包括各种外汇期权、利率期权、股票指数期权以及期货期权、互换期权等。随着期权向各种各样的金融载体渗透，期权市场日趋繁荣。

（1）外汇期权。**外汇期权**（currency options）是指以某种外币或外汇期货合约作为标的物的期权。如果期权合约的标的物为某种外币本身，则称为外汇现货期权，简称现汇期权；如果期权合约的标的物为某种外汇期货合约，则称为外汇期货期权。外汇期货期权的买入方在到期日或之前有权以约定的汇价购入或售出一定数量的某种外汇期货。与现汇期权不同的是，期货期权的行使有效期均为美式，即可以在到期日前任何时候执行权利。

（2）利率期权。**利率期权**（interest rate options）是以各种利率相关品（各种债务凭证）或利率期货合约为标的物的期权，因其盈亏取决于利率水平而得名。其持有者有权在指定的日期针对某一债务凭证或其期货合约接受或付出某一约定利率。目前较为流行的交易所内交易的利率期权是长期国债期货期权、中期国债期货期权和欧洲美元期货期权。

利率上升会引起债券价格下降，利率下降会引起债券价格上升。如果投资者预期利率下降，就可以考虑购买一个利率看涨期权，以从相应债务凭证价格上升中获利；相反，如果预期利率上升，期货市场价格下降，就可购买一个利率看跌期权，以从相应债务凭证价格下跌中获利。

（3）股票期权。**股票期权**（stock options）是指以股票为标的物的期权。一方面，由于股价波动相比汇率和利率更为频繁、强烈，股票期权交易有较大的投机性。另一方面，股票期权交易在某种程度上促进股价稳定，这是由于利用期权交易投机比利用股票交易投机收益更高，当股票价格有上升趋势时，一部分股票投资者会转向看涨期权交易，当股票价格有下降趋势时，一部分投资者会转向看跌期权交易，从而令股票价格趋于稳定。

相对于其他期权标的物，股票有其特殊性，即配股和拆股。配股是指按一定比例给原有的股东（股票持有人）配送股票，实际是以增加股票的形式发放红利。拆股是指将股权分割，又称股票拆细，即按规定的倍数增加股东手中的股票数量，当然，随着股票数量以这种方式增加，每股股票所代表的股权和价值也呈比例地下降。配股和拆股都会对股票数量和股票价值产生类似影响，但在影响程度上存在差别。无论如何，这种因配股和拆股而出现的股票价值或价格变化在其他期权标的物上通常是不会出现的。在实际操作中，在配股或拆股引起股票价值或价格变化的同时，该股票的期权合约通常按规则自动调整。实际期权交易并不受其影响。

（4）股指期权。股指期权是以某一股票市场的价格指数或某种股指期货合约作为标的物的期权。股指期权可分为股指现货期权与股指期货期权。股指现货期权在履约时根据当时市场上股价指数价格和约定价格之差进行现金结算，当股价指数价格大于约定价格时，看涨期权持有者可以收进这个差额收益；当股价指数价格小于约定价格时，看跌期权持有者可以收进这个差额收益。而股指期货期权的交易双方将根据约定价格把期权头寸转化为相应的期货头寸，并在期货合约到期前根据当时市场价格实行逐日结算，在期货合约到期时再根据最后结算价格实行现金结算。

由于股指期货的价格以点数来表示（如美国综合股票指数期货合约每点以 500 美元为计算单位），所以股指期权合约的价格也是以点数来衡量的。一般地，股指期权合约的到期日与股指期货合约相同。

10.3 期权交易

10.3.1 交易程序

交易所是期权合约买卖的场所。期权交易所通常以股份公司的形式由会员联合组成，为期权交易提供固定场所、设备和相关服务，CBOE 就是由 CBOT 的会员所组建的。期权交易所实行会员制，经纪公司或经纪人只有向交易所申请成为其会员并缴纳会费，才能取得进场参加交易的资格。为维护正常的交易秩序，保护投资者利益和社会公众利益，针对期权的上市、交易、行权及风险控制等事宜，期权交易所制定了严格的规章制度。

结算公司是期权交易所的结算机构。期权结算公司是由期权交易所联合成立的期权交易结算专业部门，在结算时充当期权卖出者的买方和期权购买者的卖方，保证合约的履行，并记录所有的期权买方和卖方交易的头寸状况。期权结算公司同样实行会员制，所有的期权交易必须通过其会员来结清。

期权交易涉及期权交易者、交易所及其会员、结算公司及其会员三个方面，具体的期权交易程序分为以下步骤：

（1）投资者选择经纪人。投资者不能直接参与期权交易，应当与经纪人签署合同，并开通对应的账户，通过事先委托的经纪人参与期权交易。经纪人接受客户委托后，以自己的名义为客户进行期权交易，并承担相应的交易、结算责任，交易结果由客户承担。

（2）投资者向经纪人下达交易指令。在决定某种期权交易后，投资者可以通过多种方式向经纪人下达交易指令，具体内容包括：合约账户号码、合约交易代码、买卖类型、委托数量、委托类型与价格等。

买卖类型中要具体说明期权头寸、是开仓交易还是平仓交易以及期权是否有保护，具体包括买入开仓、买入平仓、卖出开仓、卖出平仓、备兑开仓以及备兑平仓等。开仓交易指新建立一个头寸或增加目前的持仓量；平仓交易指通过与以前相反的操作消除一个头寸或对冲部分目前的持仓量。

委托类型中要说明交易价格是市价还是限价以及委托的有效期，具体包括普通限价委托、市价剩余转限价委托、市价剩余撤销委托、全额即时限价委托、全额即时市价委托等。限价申报指的是按限定的价格或低于限定的价格申报买入期权合约，按限定的价格或高于限定的价格申报卖出期权合约；市价申报指的是按市场可执行的最优价格买卖期权合约。市价委托中未成交的部分既可以撤销也可以转为限价申报。

（3）经纪人向场内经纪人传递交易指令。经纪人对投资者的指令进行核查，确保指令符合相关规定后，将买卖指令传递给自己的场内经纪人。**场内经纪人**（floor broker）在期权交易所内具体执行期权投资者的买卖指令，经纪人或公司通常都有其场内经纪人。

（4）场内经纪人寻求报价，完成交易手续。多数期权交易所采用做市商制度来进行交易。场内经纪人按照投资者的要求向做市商询价，做市商同时报出该期权的**买入价**（ask price）和**卖出价**（bid price），并承诺随时按报价以其自有账户与投资者进行交易。场内经纪人找出提供最高买入价或最低卖出价的做市商，并与其完成交易手续。交易所核定交易，并在结算公司登记。这一过程表现为场内经纪人将投资者的指令传递给**指令登记员**（order book officials），指令登记员将该指令及时输入计算机，交易指令通过计算机按照成交原则撮合成交。

做市商提供的即时服务使得在期权价格达到双方满意的水平时，买卖指令可以即刻执行，从而保持了市场的流动性。做市服务的价格就是买卖价差（bid-ask spread），即买入价与卖出价之间的差额，做市商借此弥补提供服务的成本费用，并实现一定的利润，交易所通常要规定买卖价差的上限。

投资者输入的指令通常为限价指令。一旦市场价格（下降）达到投资者输入的买价，或者市场价格（上升）达到投资者输入的卖价，场内经纪人就负责促成相应的买卖交易；当市价波动没有达到触发交易的价格时，该指令处于等待执行的状态。交易系统的计算机自动化处理确保了市场价格一旦达到限价，指令就会立即得到执行。

（5）期权买卖双方通过结算公司结清交易。完成交易手续次日，期权买方将期权费通过经纪人交到结算公司，结算公司发出期权；期权卖方将保证金通过经纪人交到结算公司。如果经纪公司或经纪人本身不是交易所和期权结算公司的会员，则必须通过期权结算公司的会员结清其交易。这样的机制使得期权买卖双方之间没有直接的权利义务关系，两者都与结算公司发生关系，交易的风险由结算公司承担。

为了降低风险，结算公司要求会员开立保证金账户，而会员则要求经纪人开立保证金账户，进一步，经纪人会要求期权卖方开立保证金账户，保证不利结果发生时履约。

(6) 期权履约。在期权到期前，如果卖掉期权比执行期权更划算，交易者会选择对冲平仓的方式结清头寸。在到期日，如果期权内在价值为零，期权多头方会放弃执行期权。只有在到期日，期权具有正的内在价值时，期权多头方才会选择执行期权。投资者首先要通知其经纪人，经纪人通过负责该交易的结算公司会员向期权结算公司发出执行指令，然后期权结算公司随机地选择某个持有相同期权空头的会员，该会员按程序选出某个持有该期权的空头方，空头方要履行合约。

10.3.2 交易规则

1. 保证金制度

保证金制度（margin system）通常包括保证金调整权限安排、保证金水平设置、清算机构设置、保证金等级区分等。保证金包括结算准备金和交易保证金，交易保证金又分为开仓保证金和维持保证金，其中开仓保证金是保证期权交易如期履约的关键。

开仓保证金如何保证期权交易顺利进行呢？在期权交易中，期权多头方支付期权费用，并取得相应的权利；期权空头方获得期权费用，并负有一定义务。此时期权空头方已经得到补偿，因此不承担来自多头方的信用风险；相反，在到期日，如果情况不利于空头方，空头方可能拒绝履约，因此多头方承担较大的信用风险。为了确保履约，结算公司要求期权空头方存入保证金，保证金的数额应该能够补偿多头方面临的信用风险。

投资者既可以卖出他所拥有的期权（多头平仓），也可以直接卖出他并不拥有的期权（卖空或卖出开仓）。在期权到期日，对于空头方而言，卖空所面临的风险往往更大，到期拒绝履约的可能性也更大。空头面临的风险越大，需要缴纳的保证金就越多。

如果投资者拥有足够的该期权的多头头寸，或拥有证券头寸用来对冲卖出期权所形成的空头头寸的风险，则其卖出的期权称为有保护的期权。如果投资者没有足够的可以进行对冲的证券头寸，则卖出的期权称为无保护的期权。无保护的期权比有保护的期权面临更大的风险，下面仅以看涨期权为例进行说明。

例 10－1

假设某投资者在没有上证 50ETF 基金头寸的情况下，以 0.145 2 元的价格开仓卖出 1 张 6 月份到期的执行价格为 2.20 元的上证 50ETF 看涨期权。1 张合约单位是 10 000 份上证 50ETF 基金，假设不考虑交易费用，该投资者卖出 1 张合约可以收到 1 452 元（0.145 2×10 000）的权利金。

显然该投资者卖出的是无保护的期权，称为裸露期权（naked option），如图 10－4 所示。如果到期日上证 50ETF 的价格低于 2.20 元，期权多头方将放弃执行期权，这笔卖空交易将获得 1 452 元的利润；如果到期日上证 50ETF 的价格超过 2.20 元，但未超过 2.345 2 元，虽然多头方会执行期权，但该投资者仍然有利可图；如果到期日上证 50ETF 超过 2.345 2 元，这笔卖空交易将会发生亏损，而且亏损额没有上限。由于裸卖空期权的风险较大，出于保护中小投资者的目的，上海证券交易所规定了严格的期权投资者适当性门槛，只有通过了三级期权资格考试的投资者才能进行期权交易。

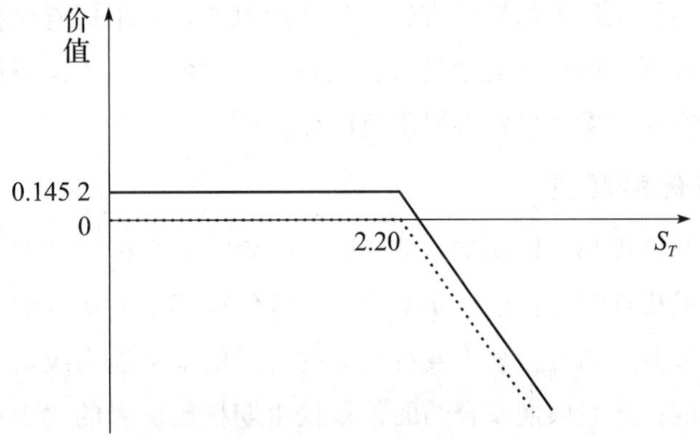

图 10－4　卖出无保护的看涨期权

例 10－2

假设投资者在持有 10 000 份上证 50ETF 的情况下，再以 0.145 2 元的价格开仓卖出 1 张 6 月份到期的执行价格为 2.20 元的上证 50ETF 看涨期权。

由于同时拥有看涨期权空头和股票多头，此时投资者卖出的是有保护的期权，称为**备兑看涨期权**（covered call），如图 10－5 所示。看涨期权空头造成的亏损额会随着上证 50ETF 价格的上升而增加，但是 50ETF 价的上升会对冲看涨期权空头价值的下降。也就是说，到期时，无论上证 50ETF 的价格上涨到多少，投资者都有能力进行交割，此时多头方几乎不面临信用风险。

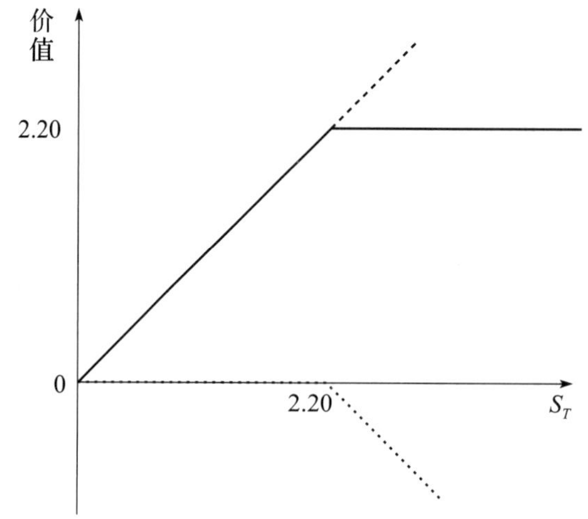

图 10-5　卖出有保护的看涨期权

由于出售无保护的期权有较大的违约风险，而出售有保护的期权几乎不存在违约问题，期权交易中只有无保护的期权的空头方需要缴纳保证金，而备兑期权交易不需要投资者提供保证金。

2. 持仓限额制度

股票和期权都可以卖空，但是股票的卖空需要投资者融券借入股票，而股票期权的投资者直接进行卖空交易，这使得期权的卖空成为非常普遍的操作。这导致股票的发行量由发行股票的公司的筹资能力决定，可供交易的数量是有限的；而股票期权合约的数量仅由期权投资者的卖出行为决定，与标的股票数量无关。因此市场上期权合约代表的某种股票的数量很可能多于实际存在的该股票数量。

如果不控制期权合约的数量，当期权合约的数量大于标的股票数量时会造成什么后果？假设 A 公司已发行并售出 1 000 万股普通股股票，而期权市场上的投资者通过买卖创造出 20 万张该股票的看涨期权合约，每张股票期权合约单位为 100 股，那么 20 万张看涨期权合约对应着 2 000 万股股票。在这种情况下，看涨期权合约的数量远远超过标的股票数量，也就是说，其中至少有一半的投资者卖出无保护的看涨期权合约。当到期标的股票价格上升，多头方执行看涨期权的时候，将无法保证有足够多的股票用于行权。

为避免市场交易失控，各交易所出台了持仓限额制度，对其会员或者客户可以持有的、按照单边计算的某一合约持仓的最大数量做了规定。同一合约标的的期权可以分为看涨期权和看跌期权，每种合约又有不同的到期时间和执行价格。单边计算不考虑同一合约标的期权到期时间和执行价格的区别，仅按看涨或者看跌方向进行划分，看涨期权多头和看跌期权空头属于看涨头寸，看涨期权空头和看跌期权多头属于看跌头寸。也就是说，持仓限额制度规定的是个人、公司、合伙组织或信托机构等持有的同一合约标的的期权看涨头寸或看跌头寸的总量上限，具体包括权利仓持仓限额、总持仓限额以及单日买入开仓限额。

10.3.3　期权交易种类

根据投资者交易期权的目的不同，期权交易可以分为避险交易、投机交易和套利交易三种。

1. 避险交易

避险交易（hedge）也称为**套期保值**，是指以规避风险为目的的期权交易。通过期权交易不仅可以规避不利的价格变动的风险，而且可以不放弃有利的价格变动的机会。以股票期权为例，当投资者预计股票未来价格上升时，可以利用看涨期权多头得到获利机会；当投资者预计其拥有的某种股票未来价格下降时，可以利用看跌期权多头规避风险。

例 10-3

上证 50ETF 目前以每股 2.35 元的价格交易。你认为该基金未来价格将会上涨，但一时没有足够的资金购买该基金，于是你以 0.058 元的价格购买了 1 张 9 月份到期、执行价格为 2.35 元的上证 50ETF 看涨期权，支付了期权费用 580 元（0.058×10 000=580，假定不考虑交易费用）。这样当期权合约到期时，如果上证 50ETF 的价格超过 2.35 元，你就可以执行看涨期权，以 2.35 元的价格买入 10 000 份上证 50ETF 基金。当上证 50ETF 的价格超过 2.408 元时，你将盈利，当上证 50ETF 的价格低于 2.408 元时，你将亏损，亏损总额不超过支付的期权费用 580 元。如果期权合约到期时上证 50ETF 的价格未超过 2.35 元，你将放弃执行看涨期权，损失所支付的期权费用 580 元。如图 10-6 所示，实线表示买入看涨期权的盈利情况，虚线表示直接买入基金的盈利情况。可见，买入上证 50ETF 看涨期权，你不必担心失去上证 50ETF 的投资机会，并将损失限制在 580 元以内。

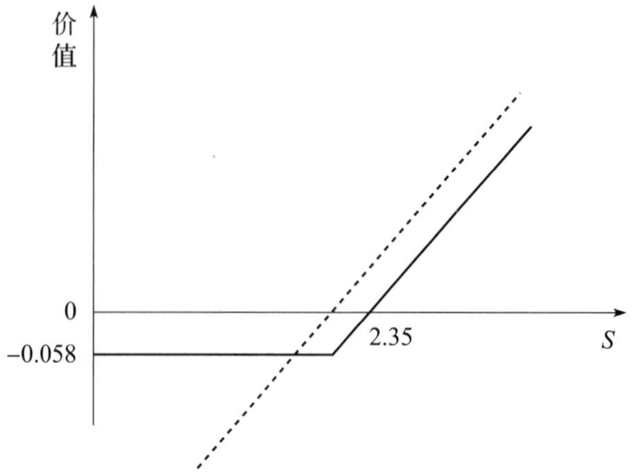

图 10-6 利用看涨期权多头避险

例 10-4

1 年前你以 2.15 元购买了 10 000 份上证 50ETF 基金，现已涨至 2.35 元，你想长期持有该基金获取更多利润，但又担心基金价格下跌对已有投资收益造成损失。于是你以 0.025 元购买了 1 张 6 月份到期、执行价格为 2.35 元的上证 50ETF 看跌期权，支付了期权费用 250 元（0.025×10 000＝250，假定不考虑交易费用）。如图 10-7 所示，图中实线表示基金＋有保护的看跌期权组合的盈利，虚线表示没有期权保护情况下基金的盈利。

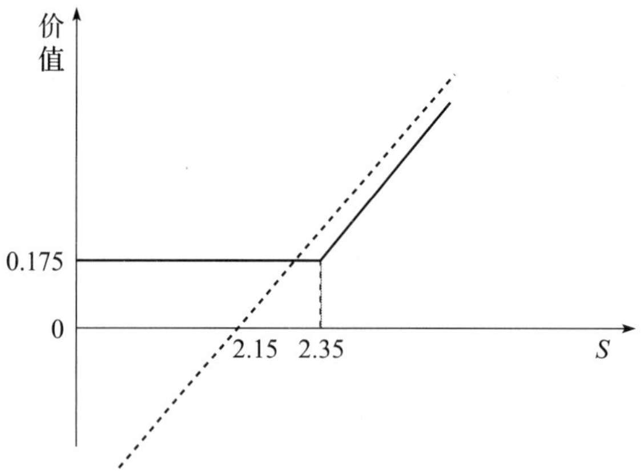

图 10-7 利用看跌期权多头避险

2. **投机交易**

投机交易（speculation）是指通过在一定时期内持有某种期权头寸（组

合），也就是主动承担风险而牟取利益。所以，与避险交易相反，投机交易的结果是增大投资者在市场中面临的风险。

与避险交易类似，投机交易也是以投资者对市场走势的判断为依据的。由于投资者对市场走势的判断不同，当前的价格并不能真正反映未来的市场走势。如果投机的判断正确的话，投机牟利就会成功。

根据投机原理，如果预计标的物未来价格上升，可以利用看涨期权多头投机；如果预计标的物未来价格下降，可以利用看跌期权多头投机。下面仍以上证 50ETF 为例，说明期权投机交易的特点。

例 10-5

通过研究大盘走势，你认为现价 2.50 元的上证 50ETF 基金半年内会大幅上涨。为了从中获利，你考虑投入 10 000 元，直接买入上证 50ETF 基金或以 0.05 元的价格买入 6 个月后到期、执行价格为 2.50 元的上证 50ETF 看涨期权。假设不考虑交易费用。

若你将 10 000 元用于购买当前价格为 2.50 元的上证 50ETF 基金，那么可以买入 4 000 份基金。若你将 10 000 元用于购买上证 50ETF 看涨期权，那么可以买入 20 张上证 50ETF 看涨期权合约（1 张合约单位是 10 000 份上证 50ETF 基金，每张价格＝0.05×10 000＝500 元）。现在我们来计算不同情况下的盈亏。

（1）假设 6 个月之后，上证 50ETF 的价格涨到 2.80 元，那么，买入基金和买入看涨期权的利润分别为：

买入基金的利润＝(2.80－2.50)×4 000＝1 200(元)

买入看涨期权的利润＝(2.80－2.50)×200 000－10 000＝50 000(元)

（2）假定 6 个月之后，上证 50ETF 的价格涨到 2.55 元，那么，买入基金和买入看涨期权的利润分别为：

买入基金的利润＝(2.55－2.50)×4 000＝200(元)

买入看涨期权的利润＝(2.55－2.50)×200 000－10 000＝0(元)

从上例可以看出，如果上证 50ETF 的价格在 2.50 元至 2.55 元之间，买入基金不会发生亏损，但买入期权将发生亏损。当上证 50ETF 的价格在 2.50 元以下时，买入期权的最大亏损为支付的全部权利金 10 000 元。

例 10-6

假设你认为现价 2.50 元的上证 50ETF 基金未来 6 个月内会大幅下降。为了从中获利，你考虑投入 10 000 元，融券卖空上证 50ETF 基金，融券利率为年利率 8%，或者以 0.05 元的价格买入 6 个月后到期、执行价格为 2.50 元的上证 50ETF

看跌期权。假设不考虑交易费用。

若融券卖空基金，你需向券商借入价值10 000元的上证50ETF基金，以当前价格可以借入4 000份基金（假定券商允许你不提供更多的融券保证金）。融券后，你以2.50元的价格卖出基金。若将10 000元用于购买上证50ETF看跌期权，你可以买入20张看跌期权合约（1张合约单位是10 000份上证50ETF基金，每张价格=0.05×10 000=500元）。现在计算不同情况下的盈亏。

（1）假定6个月之后，上证50ETF的价格跌到2.25元，那么，融券卖空基金和买入看跌期权的利润分别为：

卖空基金的利润=(2.50−2.25)×4 000−10 000×8%×0.5=600(元)

买入看跌期权的利润=(2.50−2.25)×200 000−10 000=40 000(元)

（2）假定6个月之后，上证50ETF的价格跌到2.45元，那么，融券卖空基金和买入看跌期权的利润分别为：

卖空基金的利润=(2.50−2.45)×4 000−10 000×8%×0.5=−200(元)

买入看跌期权的利润=(2.50−2.45)×200 000−10 000=0(元)

（3）假定6个月之后，上证50ETF的价格涨到2.60元，那么，融券卖空基金和买入看跌期权的利润分别为：

卖空基金的利润=(2.50−2.60)×4 000−10 000×8%×0.5=−800(元)

买入看跌期权的利润=−10 000(元)

从上例可以看出，如果上证50ETF基金价格在2.45元以上，买入看跌期权将发生亏损，最大亏损额为支付的全部权利金10 000元。

3. 套利交易

套利交易（arbitrage）是指同时进行多种金融产品的交易，以锁定一个无风险的收益。与投机相比，套利也是以牟取盈利为目的的交易，但套利人所牟取的是一种无风险的收益。套利交易是以存在套利机会为前提的，在市场有效的情况下，套利机会很少出现。

例10-7

假设某投资者持有A股票，当前股票价格为3.27元。执行价格为3.30元的A股票欧式看涨期权的价格为0.267元、欧式看跌期权的价格为0.333元。该看涨期权和看跌期权还有3个月到期，市场上3个月期限的国债年收益率为3.5%（可以看作无风险利率）。市场上是否存在套利机会？

投资者可以通过买入看涨期权、卖出看跌期权、卖出股票和以现金进行国债投资的组合进行套利，取得无风险收益。具体操作及现金流情况如表 10－1 所示。

表 10－1　投资组合及现金流量情况

投资组合	当前现金流量	到期现金流量	
		如果 $S_T<3.30$	如果 $S_T\geqslant 3.30$
买入看涨期权	－0.267	0	$S_T-3.30$
卖出看跌期权	＋0.333	$S_T-3.30$	0
卖出股票	＋3.270	$-S_T$	$-S_T$
现金投资	－3.272	＋3.30	＋3.30
合计	0.064＞0	0	0

投资者如果将 3.272 元的现金投资国债，3 个月后本利和为 3.30 元（3.272＋3.272×3.5%×3÷12）。如果期权到期日股票价格（S_T）低于 3.30 元，看跌期权将被执行，投资者需以 3.30 元的价格买入股票；如果期权到期日股票价格高于 3.30 元，投资者将执行看涨期权，以 3.30 元的价格买入股票。在何种情况下，投资者都可以用投资国债所得的现金买入股票。因此，到期现金流量在任何情况下都为零。

当前净现金流量＝3.270－0.267＋0.333－3.272＝0.064(元)

显然，投资者无须投入任何资金，也无须承担任何风险，每股就能赚取 0.064 元的利润。

然而，金融市场的套利机会转瞬即逝。如果投资者发现了像本例中的套利机会，就应进行大规模的套利交易。套利交易会导致看涨期权价格迅速上升，看跌期权和股票价格迅速下降，从而使股票价格和期权价格都达到市场均衡价格，最终套利机会会消失。

10.4　期权定价

10.4.1　影响期权价值的因素

下面以股票期权为例来阐述期权价值的影响因素。在期权合约到期之前，期权价值总是包含内在价值和时间价值两部分。这两部分价值会受到各种因素变化的影响。概括起来，影响股票期权价值的因素主要包括以下六项：

（1）股票当前价格 S；

（2）执行价格 X；

（3）期权期限 T；

（4）股价波动率 σ；

（5）无风险利率 r；

（6）期权期限内的现金股利 D。

下面分别讨论各项因素是如何影响期权价值的。在讨论一个因素对期权价值的影响时，假设其他因素不变。

1. 股票价格和执行价格

由于看涨期权在将来某一时间行权，期权收益等于股票价格与执行价格的差额，所以，看涨期权的价值与标的股票价格正相关，而与执行价格负相关。随着股票价格的上涨，看涨期权价格也会上涨；而随着执行价格的上升，看涨期权价格将会下降。对于看跌期权，情况刚好相反。行权时看跌期权的收益等于执行价格与股票价格的差额。因此，看跌期权的价值与标的股票价格负相关，而与执行价格正相关。随着股票价格的上涨，看跌期权价格会下降；而随着执行价格的上升，看跌期权价格将会上涨。

2. 期权期限

期权期限是指距离期权到期日的时间。对于美式期权来说，期权价值与期限正相关，即期权期限增加时，美式看涨期权与看跌期权价值都会上升。如果有两个美式看涨期权合约，这两个期权合约仅距离到期日的时间不同，那么期限较短的期权在行权时，期限较长的期权也可以行权。在这种情况下，期限较长的期权的价格至少不会低于期限较短的期权的价格。对于欧式期权来说，随着期权期限的增加，通常欧式看涨期权和看跌期权的价值也会增加，但这一结论并非总是成立。假定有两个相同标的的欧式看涨期权合约，一个期权合约的到期日在一个月后，另一个期权合约的到期日在两个月后。预计6个星期后，股票将支付一项金额较大的现金股利，股息会使得看涨期权价格下降。在这种情况下，一个月期限的看涨期权价格可能会高于两个月期限的看涨期权价格。

3. 股价波动率

股价波动率是衡量股票价格未来变化的不确定性的指标。对于所有期权来说，无论是看涨期权还看跌期权，也无论是欧式期权还是美式期权，标的资产波动率的上升都会导致期权价值上升。波动率与期权价值正相关，波动率的变化主要影响期权的时间价值。

4. 无风险利率

无风险利率对期权价值也会产生影响。在其他因素不变的情况下，无风险利率与看涨期权价值变化正相关，与看跌期权价值变化负相关。但是，实际的情况可能比较复杂，因为无风险利率的变化对期权价值产生影响的同时，也会影响股票价格。当利率上升（下降）时，股票价格往往会下降（上升）。因而，利率上升与相应的股票价格下降的净效应可能会使看涨期权价格下降，而看跌期权价格上升；反之，利率下降与相应的股票价格上升的净效应可能会使看涨期权价格上升，而看跌期权价格下降。

5. 现金股利

支付现金股利后，股票价格因在除息日除权而下降，因而会引起期权价值发生变化。对于看涨期权，期权价值与预期股息的大小负相关；对于看跌期权，期权价值与预期股息的大小正相关。但是，一般来说，支付现金股利之后，交易所会对原来的期权执行价格进行相应的调整，可能会出现一系列非标准执行价格的合约。

以上六项影响因素的变化与期权价值之间的关系见表 10-2。

表 10-2 影响因素与期权价值的关系

影响因素	变量符号	看涨期权价值	看跌期权价值
股票价格	S	+	−
执行价格	X	−	+
期权期限	T	+	+
股价波动率	σ	+	+
无风险利率	r	+	−
现金股利	D	−	+

注：+表示正向变化，−表示负向变化。

10.4.2 布莱克-斯科尔斯模型

期权定价问题是金融领域的高难度问题。关于期权定价模型的正式探讨早在 100 多年前就开始了，但直到 1973 年才有了实质性的突破。1973 年，布莱克（Fischer Black）、斯科尔斯（Myron Scholes）和默顿（Robert Merton）三位美国经济学家建立了期权定价模型。其中布莱克和斯科尔斯是合作研究，默顿则是个人独自研究。

这个模型通常被称为布莱克-斯科尔斯模型。该模型是基于无股息股票的欧式期权得出的。布莱克-斯科尔斯模型考虑了股票价格（S）及其波动率（σ）、期权执行价格（X）、行权期限（T）、无风险利率（r）五个因素。布莱克-斯科尔斯模型如公式（10－3）和公式（10－4）所示。

$$\text{看涨期权价值 } C=SN(d_1)-Xe^{-rT}N(d_2) \tag{10-3}$$

$$\text{看跌期权价值 } P=Xe^{-rT}N(-d_2)-SN(-d_1) \tag{10-4}$$

式中，C 和 P 分别表示欧式看涨期权价值和看跌期权价值；e^{-rT} 是利率为 r 且时间为 T 情况下连续复利的现值系数；$N(d_1)$ 和 $N(d_2)$ 分别表示在正态分布下，变量小于 d_1 和 d_2 时的累计概率。d_1 和 d_2 的取值如公式（10－5）和公式（10－6）所示。

$$d_1=\frac{\ln(S/X)+(r+\sigma^2/2)T}{\sigma\sqrt{T}} \tag{10-5}$$

$$d_2=\frac{\ln(S/X)+(r-\sigma^2/2)T}{\sigma\sqrt{T}}=d_1-\sigma\sqrt{T} \tag{10-6}$$

布莱克-斯科尔斯模型不仅可以解决金融期权的定价问题，也可以解决各种实物期权的定价问题。选择布莱克-斯科尔斯模型估算实物期权价值的步骤如下：(1) 估计有关参数数据；(2) 计算 d_1 和 d_2；(3) 评估看涨期权或者看跌期权的价值。

下面举例说明如何应用这个模型评估上证 50ETF 期权的价值。

例 10－8

4 月 25 日，你计划买入 6 月份到期、执行价格为 2.30 元的上证 50ETF 期权，上证 50ETF 看涨期权的价格为 0.054 8 元，上证 50ETF 看跌期权的价格为 0.020 7 元。上证 50ETF 当前价格为 2.343 元，根据历史数据，上证 50ETF 收益的波动率为 9%。买入期权后，你可以在 6 月 28 日行权，以 2.30 元购入或卖出上证 50ETF。无风险利率为 3.5%。请问你应该购买看涨期权还是看跌期权？

根据题目，$S=2.343$，$X=2.30$，$\sigma=9\%$，$r=3.5\%$，$T=64/365$。

$$d_1=0.672\,1$$

$$d_2=0.634\,4$$

$$C=SN(d_1)-Xe^{-rT}N(d_2)=0.070\,4(\text{元})>0.054\,8(\text{元})$$

$$P=Xe^{-rT}N(-d_2)-SN(-d_1)=0.013\,5(\text{元})<0.020\,7(\text{元})$$

因此，应该购买看涨期权，不应该购买看跌期权。

注意，在上述应用布莱克-斯科尔斯模型的评估中，所有的计算都可

以利用 Excel 来实现。其中复杂的计算，如 $N(d_1)$，$N(d_2)$，$N(-d_1)$，$N(-d_2)$ 等，可以利用 Excel 的内置函数 NORM. S. DIST(z,cumulative) 解决。

10.4.3　二项式模型

在评估期权的价值时，除了可以采用布莱克-斯科尔斯模型，还可以采用二项式模型。二项式模型（binomial model）也称二叉树模型，是由考克斯（John C. Cox）、罗斯（Stephen A. Ross）和鲁宾斯坦（Mark Rubinstein）于 1979 年创立的期权定价方法，因此也称为考克斯-罗斯-鲁宾斯坦模型（Cox-Ross-Rubinstein model）。二项式模型的有关计算也可以在 Excel 中实现。

二项式模型可以计算欧式期权的价值，也可以计算美式期权的价值。在多期二项式下，可以通过判断在各期末期权提前执行的必要性倒推计算各期末实物期权的价值，从而计算美式期权的价值，也可以考虑各种特殊期权的执行要求，从而实现对其价值的评估。

一期二项式模型和两期二项式模型的期权价值定价公式如公式（10－7）和公式（10－8）所示：

$$f=\mathrm{e}^{-rT}[pf_u+(1-p)f_d] \tag{10-7}$$

$$f=\mathrm{e}^{-2rt}[p^2f_{uu}+2p(1-p)f_{ud}+(1-p)^2f_{dd}] \tag{10-8}$$

式中，f 表示看涨期权或者看跌期权的价值；T 表示期权行权期限，t 表示每期的时间长度；p 被称为假概率，在模型中的数学地位相当于标的资产价格在一期中上升的概率，相应地，$(1-p)$ 相当于标的资产价格在一期中下降的概率，p 一般不需要专门估计，可以依据其他参数计算出来；u，d 分别表示标的资产价值一次上升后为原来的倍数和一次下降后为原来的倍数；f_u，f_{uu} 分别表示标的资产价值一次和两次上升后期权的价值；f_d，f_{dd} 分别表示标的资产价值一次和两次下降后期权的价值；f_{ud} 代表标的资产价值一次上升和一次下降后期权的价值。

u，d，p 的取值可以根据实际情况进行估计，也可以根据标的资产波动性、无风险利率以及时间长度，运用公式计算确定。u，d，p 的计算公式如下：

$$u=\mathrm{e}^{\sigma\sqrt{t}}$$

$$d=\mathrm{e}^{-\sigma\sqrt{t}}$$

$$p=\frac{\mathrm{e}^{rt}-d}{u-d}$$

在应用二项式模型进行实物期权评估时，可以根据需要将期权的行权期限划分为任意多个变化期，从而增加期权到期时标的资产价值的可能值个数及对应的期权价值的可能值个数。一般而言，划分的期数越多，考虑的实物期权执行的可能性越大，评估结果越精确。理论上，在极限（即划分期数无限多，每期长度无限短）情况下，根据二项式模型得到的期权价值等于按照布莱克-斯科尔斯模型计算的期权价值。借助计算机辅助计算，目前应用二项式模型时通常将实物期权的有效期划分为100～200期。

选择二项式模型估算实物期权价值的步骤如下：

（1）计算 u，d 和 p；

（2）计算标的资产到期价值以及期权到期的各种可能值；

（3）从后向前折现，计算期权在前一期各个时间节点的期望值；

（4）从后向前依次计算前一期各个节点的期权价值，直到得出实物期权在评估基准日的价值。

下面仍以上证50ETF期权为例，利用二项式模型评估其价值。以4月25日为评估基准日，到期时间 t 为64/365年，上证50ETF当前价格为2.343元，上证50ETF波动率 σ 为9%，无风险利率 r 为3.5%，执行价格为2.30元。

按照4期评估，$t=16/365$ 年。

（1）计算 u，d 和 p：

$$u=e^{\sigma\sqrt{t}}=1.0190$$

$$d=e^{-\sigma\sqrt{t}}=0.9813$$

$$e^{-rt}=0.9985$$

$$e^{rt}=1.0015$$

$$p=\frac{e^{rt}-d}{u-d}=53.60\%$$

$$1-p=46.40\%$$

（2）预计上证50ETF到期有5个可能的价格：2.5263元、2.4329元、2.3429元、2.2562元、2.1728元；对应的上证50ETF看涨期权的可能价值为：0.2263元、0.1329元、0.0429元、0元、0元；看跌期权的可能价值为0元、0元、0元、0.0438元、0.1272元。

（3）根据上面上证50ETF看涨期权到期时的可能价值可以计算出在第3期期末各个节点上证50ETF看涨期权到期时的4个期望价值，即 $pf_u+(1-p)f_d$；再折现得到第3期期末各个节点看涨期权的价值 $e^{-rt}[pf_u+(1-p)f_d]$。那么第3期期末4个节点上证50ETF看涨期权的价值为0.1827元、0.0910元、0.0230元、0元；同样，也可以计算出看跌期权的价值为0元、0元、

0.020 3 元、0.082 3 元。

（4）重复上述过程，分别得到第 2 期期末 3 个节点上证 50ETF 看涨期权的价值：0.139 9 元、0.059 3 元、0.123 元；第 1 期期末 2 个节点上证 50ETF 看涨期权的价值：0.102 4 元、0.037 5 元；最终得到目前上证 50ETF 看涨期权的价值 0.072 1 元，大于看涨期权的报价 0.054 8 元。

同理，也可分别得到第 2 期期末 3 个节点上证 50ETF 看跌期权的价值：0 元、0.009 4 元、0.049 0 元；第 1 期期末 2 个节点上证 50ETF 看跌期权的价值：0.004 4 元、0.027 7 元；最终得到目前上证 50ETF 看跌期权的价值 0.015 2 元，小于看跌期权的报价 0.054 8 元。

如果将时间划分为 12 期，即每期 5.3 天，那么可以计算出目前上证 50ETF 看涨期权的价值为 0.070 5 元，看跌期权的价值为 0.013 5 元。可见，划分为 12 期的情况下评估出的期权价值非常接近前面按照布莱克-斯科尔斯模型计算的结果。

本章重要名词

期权	看涨期权	看跌期权	实物期权
欧式期权	美式期权	实值	虚值
平值	内在价值	时间价值	外汇期权
利率期权	股票期权	股指期权	保证金制度
持仓限额制度	避险交易	投机交易	套利交易
布莱克-斯科尔斯模型	二项式模型		

思考与练习题

▶ 思考题

1. 什么是期权？什么是实物期权？
2. 什么是欧式期权？什么是美式期权？两者之间有什么关系？
3. 什么是期权的内在价值？什么是期权的时间价值？两者之间有什么关系？
4. 试以股票期权为例，说明什么是期权的避险、投机与套利，并说明其中的风险。
5. 如果预计标的资产的价格将会大涨，应当如何通过期权交易获利？
6. 如果预计在未来一段时期内标的资产的价格将在一个较小的范围内波动，应当如何通过期权交易获利？
7. 阐述影响期权价值的因素，并分析这些因素是如何影响内在价值和时间价值的。

8. 介绍布莱克-斯科尔斯模型和二项式模型，以及两者之间的关系。

练习题

1. 如果预计 6 个月后标的股票的价格将会大幅上涨，应该如何操作？操作的利润可能更高？哪种操作会发生亏损？

a. 买入该股票的看涨期权。

b. 买入该股票的看跌期权。

c. 卖出该股票的看涨期权。

d. 卖出该股票的看跌期权。

2. 假定你已经持有股票，在卖出该股票的看涨期权时，你应当考虑哪些问题？

3. 假定你已经持有股票，在卖出该股票的看跌期权时，你应当考虑哪些问题？

4. 在其他条件相同的情况下，股票的股价波动率越高，其看跌期权的价格是否越高？

5. 在其他条件相同的情况下，股票期权的执行价格越高，其看涨期权的价格是否越高？

6. A 股票的当前市场价格为 53 元，市场上有 A 股票的欧式看涨期权，6 个月后到期、执行价格为 50 元的看涨期权的价格为每张 7 元，执行价格为 55 元的看涨期权的价格为每张 4 元。每张期权行权可以买 1 股 A 股票。某投资者卖空执行价格为 55 元的看涨期权 1 000 张，同时买入执行价格为 50 元的看涨期权 1 000 张。

a. 假定不考虑交易费用，该投资组合的当前现金流量是多少？

b. 当到期日 A 股票的股价分别为 40 元、50 元、55 元和 60 元时，该投资组合的利润是多少？

c. 该投资组合的最大盈利是多少？最大亏损是多少？

d. A 股票价格为多少时，该投资组合达到盈亏平衡？

7. 假设你卖出 1 张执行价格为 3.30 元、明年 3 月份到期的上证 50ETF 看涨期权，卖出价格为 0.121 5 元。每张期权合约行权可以买入 10 000 份上证 50ETF。不考虑交易费用。

a. 当期权到期时，上证 50ETF 的价格是多少时，你刚好保本？

b. 你的最大盈利为多少？

c. 当期权到期时，如果上证 50ETF 的价格涨到 3.60 元，你的盈利或亏损是多少？

图书在版编目（CIP）数据

证券投资学 / 刘俊彦，张志强编著 . -- 北京 ：中国人民大学出版社，2022.7
新编 21 世纪财务管理系列教材
ISBN 978-7-300-30805-0

Ⅰ.①证… Ⅱ.①刘… ②张… Ⅲ.①证券投资－教材 Ⅳ.①F830.53

中国版本图书馆 CIP 数据核字（2022）第 121211 号

中国人民大学“十三五”规划教材
新编 21 世纪财务管理系列教材
证券投资学
刘俊彦　张志强　编著
Zhengquan Touzixue

出版发行	中国人民大学出版社		
社　　址	北京中关村大街 31 号	**邮政编码**	100080
电　　话	010－62511242（总编室）		010－62511770（质管部）
	010－82501766（邮购部）		010－62514148（门市部）
	010－62515195（发行公司）		010－62515275（盗版举报）
网　　址	http://www.crup.com.cn		
经　　销	新华书店		
印　　刷	北京昌联印刷有限公司		
规　　格	185 mm×260 mm　16 开本	**版　　次**	2022 年 7 月第 1 版
印　　张	16.5 插页 1	**印　　次**	2022 年 7 月第 1 次印刷
字　　数	295 000	**定　　价**	39.00 元

教师教学服务说明

中国人民大学出版社财会出版分社以出版经典、高品质的会计、财务管理、审计等领域各层次教材为宗旨。

为了更好地为一线教师服务，近年来财会出版分社着力建设了一批数字化、立体化的网络教学资源。教师可以通过以下方式获得免费下载教学资源的权限：

在中国人民大学出版社网站 www. crup. com. cn 进行注册，注册后进入“会员中心”，在左侧点击“我的教师认证”，填写相关信息，提交后等待审核。我们将在一个工作日内为您开通相关资源的下载权限。

如您急需教学资源或需要其他帮助，请在工作时间与我们联络：

中国人民大学出版社　财会出版分社

联系电话：010-62515987，62511076

电子邮箱：ckcbfs@crup. com. cn

通讯地址：北京市海淀区中关村大街甲 59 号文化大厦 1501 室（100872）

人大社财会